W0377979

Lenin heute

Slavoj Žižek

Lenin heute

Erinnern, Wiederholen und Durcharbeiten

Aus dem Englischen übersetzt von
Axel Walter

Mit Auszügen aus dem Werk von
Wladimir Iljitsch Lenin

wbg Academic

Die englische Originalausgabe erschien unter dem Titel *Lenin 2017*, © 2017 Verso
Einleitung und Nachwort: © 2017 Slavoj Žižek

Die hier abgedruckten Texte von Wladimir Iljitsch Lenin entstammen der deutschen Gesamtausgabe, herausgegeben vom Institut für Marxismus-Leninismus beim ZK der KPdSU: W.I. Lenin: *Werke*. (40 Bände). Berlin: Dietz Verlag. 1956–1972 sowie W.I. Lenin: *Briefe*. (10 Bände). Berlin: Dietz Verlag 1967–1976. Abdruck mit Genehmigung der Verlag 8. Mai GmbH.
Diese Ausgabe erscheint gemäß der Vereinbarung mit Verso in deutscher Erstübersetzung bei der Wissenschaftlichen Buchgesellschaft, Darmstadt.
Copyright der deutschen Übersetzung © 2018 Wissenschaftliche Buchgesellschaft, Darmstadt

Die Deutsche Nationalbibliothek verzeichnet diese Publikation in der Deutschen Nationalbibliografie; detaillierte bibliografische Daten sind im Internet über
http://dnb.d-nb.de abrufbar.

Das Werk ist in allen seinen Teilen urheberrechtlich geschützt.
Jede Verwertung ist ohne Zustimmung des Verlags unzulässig.
Das gilt insbesondere für Vervielfältigungen, Übersetzungen, Mikroverfilmungen und die Einspeicherung in und Verarbeitung durch elektronische Systeme.

wbg Academic ist ein Imprint der wbg.
© 2018 by wbg (Wissenschaftliche Buchgesellschaft), Darmstadt
Die Herausgabe des Werkes wurde durch die Vereinsmitglieder der wbg ermöglicht.
Satz: primustype Hurler GmbH, Notzingen
Redaktion: Dr. Malte Heidemann, Lektoratsbüro textbaustelle
Gedruckt auf säurefreiem und alterungsbeständigem Papier
Printed in Germany

Besuchen Sie uns im Internet: www.wbg-wissenverbindet.de

ISBN 978-3-534-27026-2

Elektronisch sind folgende Ausgaben erhältlich:
eBook (PDF): ISBN 978-3-534-74387-2
eBook (epub): ISBN 978-3-534-74388-9

Inhaltsverzeichnis

Einführung: Erinnern, Wiederholen und Durcharbeiten

von Slavoj Žižek

Erinnern und Wiederholen

Der Titel von Freuds kurzem Text von 1914, „Erinnern, Wiederholen und Durcharbeiten", liefert die beste Formulierung dafür, wie wir uns – heute, gut 100 Jahre später – auf das Ereignis der sogenannten Oktoberrevolution beziehen sollten. Die drei von Freud angeführten Begriffe bilden einen dialektischen Dreischritt: Sie bezeichnen die drei Phasen des Verlaufs einer Analyse, und bei jedem Übergang von einer Phase zur nächsten regt sich Widerstand. Im ersten Schritt geht es darum, die verdrängten traumatischen Ereignisse ins Gedächtnis zurückzurufen, sie wieder hervorzubringen, was auch durch Hypnose geschehen kann. Diese Phase mündet unmittelbar in eine Sackgasse: Dem hervorgebrachten Inhalt fehlt sein eigentlicher symbolischer Zusammenhang, und darum verfehlt er seine Wirkung. Er vermag das Subjekt nicht zu verwandeln. Der Widerstand bleibt bestehen und verhindert, dass die Dinge in größerem Umfang freigelegt werden. Das Problem besteht bei diesem Ansatz darin, dass er auf die Vergangenheit gerichtet bleibt und die gegenwärtigen Umstände, in denen sich das Subjekt befindet, außer Acht lässt. Dies hält die Vergangenheit am Leben, lässt sie symbolisch weiterwirken. Der Widerstand äußert sich selbst in Form der Übertragung: Was sich das Subjekt nicht richtig in Erinnerung bringen kann, wiederholt es, indem es die Konstellation der Vergangenheit auf die Gegenwart überträgt (dadurch etwa, dass der Analysand den Analytiker so behandelt, als sei er sein Vater). Woran sich das Subjekt nicht richtig zu erinnern vermag, agiert es aus, setzt es neuerlich in Szene - und wenn es vom Analytiker darauf hingewiesen wird, reagiert es mit Widerstand. Durcharbeiten heißt, den Widerstand durchzuarbeiten, ihn aus einem Hindernis in den eigentlichen Ausweg der Analyse zu verwandeln. Und diese Verwandlung ist im Hegel'schen Sinne selbstbezüglich: Der Widerstand bildet eine Verbindung zwischen Objekt und Subjekt, zwischen Vergangenheit und Gegenwart, einen Beweis, dass wir nicht einfach bloß auf die Vergangenheit fixiert sind, sondern dass diese Fixierung ein Effekt dessen ist, was die libidinöse Ökonomie des Subjekts in der Gegenwart blockiert.

Auch in Bezug auf 1917 steht das Erinnern am Anfang. Dabei geht es zunächst darum, sich die wahre Geschichte der Oktoberrevolution in Erinnerung zu rufen und natürlich ebenso ihren Umschlag in den Stalinismus. Das große ethisch-politische Problem kommunistischer Regime lässt sich am besten unter der Überschrift „Gründungsväter, Gründungsverbrechen" fassen. Kann ein kommunistisches Regime es überleben, wenn es sich seiner gewaltsamen Vergangenheit, in der Millionen eingesperrt und getötet wurden, offen stellt? Und wenn, in welcher Form und inwieweit? Der erste paradigmatische Fall einer solchen Konfrontation ist natürlich Nikita Chruschtschows „geheimer" Bericht über die Verbrechen Stalins an den XX. Parteitag der KPdSU im Jahre 1956. An diesem Bericht fällt zuerst auf, dass er die Persönlichkeit Stalins als entscheidenden Faktor behandelt und dabei jede systematische Analyse der Umstände vermissen lässt, die diese Verbrechen möglich gemacht haben. Zweitens sticht ins Auge, dass er eifrig um Reinhaltung der Quellen bemüht ist: Nicht nur bleibt die Verurteilung Stalins darauf beschränkt, dass er in den 1930er Jahren hochrangige Parteimitglieder und Militärs festnehmen und töten ließ (ganz punktuell kam es zu Rehabilitierungen, doch Bucharin oder auch Sinowjew und andere mehr galten weiter als Unpersonen, erst recht natürlich Trotzki), während die Hungersnot der späten

20er Jahre mit keinem Wort Erwähnung findet; in dem Bericht wird außerdem die Rückkehr der Partei zu ihren „leninistischen Wurzeln“ verlautbart, so dass Lenin als der reine Ursprung erscheint, der von Stalin verdorben und verraten wurde. In Sartres verspäteter, gleichwohl aber klarer Analyse des Berichts, die er 1970 niederschrieb, heißt es:

> Es ist *wahr*, Stalin hat Massenmorde in Auftrag gegeben, er hat aus dem Land der Revolution einen Polizeistaat gemacht; er war *wirklich* überzeugt, die UdSSR würde nicht zum Kommunismus gelangen, ohne dass sie den Sozialismus der Konzentrationslager durchläuft. Doch wie einer der Zeugen sehr richtig bemerkt: Wenn die Machthaber zur Wahrheit greifen, dann deshalb, weil sie keine bessere Lüge finden können. Diese Wahrheit aus offiziellem Mund wird unmittelbar zu einer von den Tatsachen gestützten Lüge. Stalin war ein böser Mann? Mag sein. Wie kommt es dann aber, dass ihn die sowjetische Gesellschaft auf den Thron gesetzt und dort ein Vierteljahrhundert lang belassen hat?[1]

Ist nicht das Schicksal, das Chruschtschow später ereilte (er wurde 1964 abgesetzt), ein Beleg für Oskar Wildes geistreiche Bemerkung, dass man früher oder später dabei ertappt wird, wenn man die Wahrheit sagt? Sartres Analyse greift in einem entscheidenden Punkt dennoch zu kurz: Auch wenn Chruschtschow „im Namen des Systems gesprochen hat“ - „die Maschine war in Ordnung, ihr oberster Maschinist war es nicht; kaum hatte dieser Saboteur die Welt von seiner Anwesenheit befreit, lief alles wieder reibungslos“[2] –, so hatte sein Bericht tatsächlich traumatische Folgen, und

1 Zitiert nach Ian H. Birchall, *Sartre against Stalinism*, New York: Berghahn Books 2004, S. 166.
2 Ebd.

mit seinem Eingreifen brachte er einen Prozess in Gang, der schließlich zum Niedergang des Systems führte. Und dies ist eine Lektion, an die es sich heute zu erinnern lohnt. In ebendiesem Sinne war jene Rede Chruschtschows, in der er Stalins Verbrechen verurteilte, ein wahrer politischer Akt – nach dem sich, wie es bei Richard Taubman heißt, „das Sowjetregime nie wieder vollständig erholte und er [Chruschtschow] genauso wenig".[3] Obgleich die opportunistischen Motive für diesen wagemutigen Schritt deutlich genug sind, beruhte er zweifellos nicht auf bloßer Berechnung. Vielmehr stellte er eine Art Exzess dar, eine Überschreitung ohne Rücksicht auf Verluste, die sich nicht mit strategischen Überlegungen erklären lässt. Nach der Rede war nichts je wieder wie zuvor. Das Grunddogma von der unfehlbaren Führung war verheerend erschüttert worden; kein Wunder also, dass die gesamte Nomenklatura infolge dieser Rede von einer zeitweisen Lähmung befallen wurde. Noch während der Rede selbst erlitt etwa ein Dutzend Abgeordnete einen Nervenzusammenbruch, so dass die Betreffenden hinausgetragen und medizinisch behandelt werden mussten. Einige Tage später erlag der als Hardliner bekannte Generalsekretär der Kommunistischen Partei Polens, Bolesław Bierut, einem Herzinfarkt und der Schriftsteller und Musterstalinist Alexander Fadejew erschoss sich selbst. Was nicht unbedingt heißt, dass diese Leute „aufrichtige Kommunisten" gewesen wären – die meisten von ihnen waren vielmehr gnadenlose Manipulierer, die sich keinen subjektiven Illusionen über das Sowjetregime hingaben. Es war die „objektive" Illusion, die bei ihnen einen Zusammenbruch erlebte: die Figur des „großen Anderen", die den Hintergrund geliefert hatte, vor dem sie ihrem Machtdrang rücksichtslos nachgeben konnten. Der Andere, dem sie ihren Glauben übertragen hatten,

3 William Taubman, *Khrushchev: The Man and His Era*, London: Free Press 2003, S. 493.

der gewissermaßen für sie glaubte, ihr für glaubend gehaltenes Subjekt, verlor seinen Zusammenhalt und zerfiel.

Chruschtschow setzte darauf, dass die kommunistische Bewegung durch sein (begrenztes) Eingeständnis gestärkt würde - und erst einmal passierte das auch. Man sollte sich stets vor Augen halten, dass die Chruschtschow-Ära die letzte Phase echter Begeisterung für den Kommunismus darstellte, in der auch der Glaube an das kommunistische Projekt noch entsprechend lebendig war. Als Chruschtschow sich 1959 während seines USA-Besuchs an die amerikanische Öffentlichkeit wandte und jene berühmte trotzige Äußerung tat, „Ihre Enkel werden Kommunisten sein", sprach er damit praktisch die Überzeugung der gesamten sowjetischen Nomenklatura aus. Nach deren Sturz 1964 waltete ein resignierter Zynismus, bis schließlich Gorbatschow den Versuch zu einer radikaleren Konfrontation mit der Vergangenheit unternahm (dann wurde auch Bucharin die postume Rehabilitierung zuteil, Lenin aber blieb - für Gorbatschow zumindest - der unverrückbare Bezugspunkt, und Trotzki galt weiterhin als Unperson).

Mit Deng Xiaopings Reformen schlugen die Chinesen eine völlig andere, fast entgegengesetzte Richtung ein. Während das, was man gewöhnlich unter „Kommunismus" versteht, auf wirtschaftlicher (und bis zu einem gewissen Grad auch auf kultureller) Ebene aufgegeben und das Tor zur „Liberalisierung" westlicher Prägung (Privateigentum, Profitstreben, hedonistischer Individualismus etc.) weit aufgestoßen wurde, wahrte die Partei dennoch ihre Vorherrschaft - nicht im Sinne der Doktrin (im offiziellen Diskurs wurde praktisch jeder Bezug auf den Kommunismus vermieden und durch die Rede von der „harmonischen Gesellschaft" konfuzianischer Prägung ersetzt), sondern kraft der Behauptung, Chinas Stabilität und Prosperität lasse sich nur durch Wahrung der unbedingten politischen Vorherrschaft der Partei sicherstellen. Dies erforderte eine strenge Überwachung und eingehende Regulierung des ideologischen Diskurses zur chinesischen Geschichte, insbesondere zur

Geschichte der letzten zwei Jahrhunderte: Die von den Staatsmedien und Lehrbüchern endlos variierte Story ist eine von Chinas Demütigung, die mit den Opiumkriegen begann und erst mit dem kommunistischen Sieg im Jahr 1949 ein Ende fand, weshalb es die Herrschaft der Partei patriotisch zu unterstützen gelte. Wenn der Geschichte eine solche legitimierende Rolle gegeben wird, verbietet sich natürlich jegliche substanzielle Selbstkritik; die Chinesen hatten die Lehre aus Gorbatschows Scheitern gezogen: Die vollständige Anerkennung der „Gründungsverbrechen" wird nur das ganze System zu Fall bringen. Folglich müssen jene Verbrechen verleugnet bleiben. Es ist zwar richtig, dass manche maoistischen „Auswüchse" und „Fehler" eine Verurteilung erfahren (der Große Sprung nach vorn und die darauffolgende verheerende Hungersnot; die Kulturrevolution), und die Bewertung der Rolle Maos, die Deng vorgenommen hat (70 % positiv, 30 % negativ), ist als offizielle Haltung festgeschrieben. Zugleich aber fungiert diese Bewertung als ein formeller Abschluss, mit dem die Sache ihr Bewenden haben soll: Auch wenn Mao als zu 30 Prozent schlecht gilt, so ist doch die ganze symbolische Wirkung dieses Eingeständnisses neutralisiert, und darum kann er weiter als Gründungsvater der Nation gefeiert werden, dessen Leichnam in einem Mausoleum aufgebahrt liegt, während sein Konterfei von jedem Geldschein prangt. Wir haben es hier mit einem eindeutigen Fall von fetischistischer Verleugnung zu tun: Obwohl man ganz genau weiß, dass Mao Fehler begangen und enormes Leid verursacht hat, wird seine Gestalt wie durch Zauberhand von diesen Tatsachen unberührt gehalten. Auf diese Weise können die chinesischen Kommunisten beides gleichzeitig haben: Die durch die wirtschaftliche „Liberalisierung" bewirkten radikalen Veränderungen verbinden sich bei ihnen mit derselben fortgesetzten Parteiherrschaft.

Yang Jishengs voluminöse und sorgfältig belegte Untersuchung *Grabstein – Mùbei: Die große chinesische Hungerkatastrophe 1958–1962* stellt einen exemplarischen Fall des Erinnerns dar: Auf der

Grundlage von Forschungsergebnissen fast zweier Jahrzehnte beziffert sie die Zahl der zwischen 1958 und 1961 „vorzeitig Verstorbenen" auf 36 Millionen.[4] (Nach offizieller Darstellung hatte die Katastrophe zu 30 Prozent natürliche Ursachen und sei zu 70 Prozent auf schlechtes Management zurückzuführen gewesen, was genau dem umgekehrten Verhältnis von Dengs Bewertung Maos entspricht.[5]) Als Journalist der staatlichen Nachrichtenagentur Xinhua war Yang in der privilegierten Lage, Archive im ganzen Land einsehen zu können und sich so das umfassendste Bild von der großen Hungersnot zu verschaffen, das sich je ein in- oder ausländischer Forscher von ihr machen konnte. Viele Menschen von innerhalb des Systems unterstützten ihn dabei – Demographen, die sich jahrelang in Regierungsbehörden abgemüht hatten, um genaue Zahlen über die Verluste an Menschenleben zusammenzutragen; örtliche Beamte, die über die Ereignisse in ihrem Landstrich schaurige Aufzeichnungen geführt hatten; die Archivare, die froh darüber waren, dass sie einem vertrauenswürdigen Genossen, der vorgeblich über die Geschichte der Weizenproduktion forschte, mit einem Nicken des Einverständnisses ihre Türen öffnen konnten. Wie ist die Reaktion auf das Buch ausgefallen? In Wuhan, einer Großstadt in Zentralchina, wurde es vom Büro des Komitees zur umfassenden Steuerung der sozialen Ordnung auf eine Liste „obszöner, pornographischer, gewalttätiger und gesundheits-

4 Yang Jisheng, *Grabstein – Mùbei: Die große chinesische Hungerkatastrophe 1958–1962*, Frankfurt a. M.: S. Fischer 2012 (*Mubei – Zhongguo Liushi Niandai Da Jihuang Jishi*, Hong Kong: Cosmos Books 2008).

5 Bis heute hat sich die chinesische Regierung nie dazu geäußert, wie viele Menschen ihr zufolge damals zu Tode gekommen sind, obwohl sie Mitte der 1980er Jahre eine Studie zur internen Verwendung in Auftrag gegeben hatte. Der Wissenschaftler, der sie erstellt hat, war den Großteil seines Lebens als Dozent im Bereich automatisierter Fertigungssysteme in Xi'an beschäftigt gewesen, bevor er für ein knappes Jahr in Indien Demographie studierte. Er kam auf eine Zahl von 17 Millionen vorzeitiger Todesfälle. Die Untersuchung ist auf weitgehende Ablehnung gestoßen, da sie hauptsächlich registrierte Todesfälle einbezogen hatte.

schädlicher Bücher für Kinder" gesetzt und umgehend konfisziert, sobald es irgendwo auftauchte. An anderen Orten wurde es von der Partei totgeschwiegen. Sie untersagte jede Erwähnung in den Medien und hielt sich von aufsehenerregenden Angriffen auf das Buch selbst zurück. Sein Autor aber lebt nach wie vor in China, wo er ein unbehelligtes Dasein im Ruhestand führt und gelegentlich in wissenschaftlichen Zeitschriften veröffentlicht. Es gehört zu den wichtigen Erkenntnissen in Yangs Buch, dass die Hungerkatastrophe ihre Ursache zu einem Teil in der schlecht fundierten Naturwissenschaft hatte, die damals als Grundlage für die Landwirtschaft diente: Die Zentralregierung verfügte einige Änderungen bei den landwirtschaftlichen Anbauverfahren, die auf den Ideen des ukrainischen Pseudowissenschaftlers Trofim Lyssenko basierten. Eine dieser Ideen war die enge Bepflanzung, bei der die Setzlinge zunächst dreimal so dicht und dann noch einmal doppelt so dicht ausgebracht wurden. Die theoretische Annahme dabei war, dass Pflanzen gleicher Art nicht miteinander konkurrieren, sondern sich gegenseitig unterstützen, gerade so, als ließe sich die Klassensolidarität auf die Natur übertragen – selbstverständlich aber konkurrierten sie in der Praxis miteinander, wodurch sie in ihrem Wachstum stark beeinträchtigt wurden, und dies führte zu entsprechenden Mindererträgen.[6]

Auf solche Weise sind im Hinblick auf die kommunistische Vergangenheit falsche Erinnerung und Wiederholung miteinander verquickt. Dergleichen ist jedoch keineswegs auf Kommunisten beschränkt, die sich einer harten Auseinandersetzung mit der Vergangenheit verweigern und damit selbst dazu verurteilen, in alte

6 Der Haupteinwand, der gegen Yangs Untersuchung erhoben wurde, speist sich aus Vergleichszahlen; so lässt sich etwa mit gutem Grund behaupten, dass die zusätzliche Sterblichkeit in Indien aufgrund des üblichen Mangels in „normalen" Zeiten viel größer ist als in China. Diesem Punkt kann man nur beipflichten, was der chinesischen Hungerkatastrophe freilich nichts von ihrem Grauen nimmt.

Muster zurückzufallen. Was Liberale oder Konservative dagegen nicht sehen, wenn sie die Oktoberrevolution wie üblich dämonisieren und auf einen brutalen Staatsstreich verkürzen, ist das Emanzipationspotenzial, das sie zweifelsohne in sich barg. Die Spannung zwischen diesen beiden Dimensionen der Revolution erlaubt allerdings nicht den Schluss, dass es sich bei der Wende zum Stalinismus um eine sekundäre Abweichung handelte. Denn wie man mit gutem Grund behaupten kann, war sie im Bolschewismus als Möglichkeit angelegt, was ihn von Beginn an zum Untergang bestimmte. Deshalb ist das bolschewistische Projekt wirklich tragisch zu nennen: eine authentische emanzipatorische Vision, die gerade durch ihren Sieg zum Scheitern verurteilt war.

Hier nun wird das Durcharbeiten des Kommunismus relevant. Und durchzuarbeiten heißt in seinem Falle, ihn radikal neu zu durchdenken, um ihm damit schließlich zu neuer Aktualität zu verhelfen. Aus diesem Grund steht es auch nur den getreuen Kommunisten zu, die traurige Wirklichkeit des Stalinismus und seiner Ableger einer wirklich grundlegenden Kritik zu unterziehen. Seien wir ehrlich: Lenin und sein Erbe erscheinen heute hoffnungslos veraltet, wie Relikte eines längst vergangenen „Paradigmas". Lenin war nicht allein für viele der heute zentralen Probleme (die Ökologie, die Kämpfe für eine befreite Sexualität etc.) verständlicherweise blind. Auch die Brutalität seines politischen Vorgehens ist mit dem demokratischen Empfinden unserer Tage vollkommen unvereinbar. Dazu ist sein Bild von der neuen Gesellschaft, die er sich als zentralstaatlich gesteuertes industrielles System vorstellte, schlicht irrelevant. Und so weiter. Wäre es darum nicht ratsamer, statt zu versuchen, den leninistischen Kern von den stalinistischen Schlacken zu befreien, man würde Lenin vergessen und zu Marx zurückkehren, um in dessen Werk nach den Gründen dafür zu suchen, weshalb die kommunistischen Bewegungen im 20. Jahrhundert fehlgeschlagen sind?

War Lenins Lage aber nicht dennoch durch eine ganz vergleichbare Hoffnungslosigkeit gekennzeichnet? Es stimmt, dass die heutige Linke sich mit dem Ende einer ganzen Epoche von Fortschrittsbewegungen konfrontiert sieht, und diese niederschmetternde Erfahrung zwingt sie, ihr Projekt von Grund auf neu zu erfinden. Doch genau aus einer solchen Erfahrung ist auch der Leninismus hervorgegangen. Man denke an Lenins Entsetzen, als sich die sozialdemokratischen Parteien Europas im Herbst 1914 dafür entschieden, auf die „patriotische Linie" einzuschwenken (mit der rühmlichen Ausnahme der russischen Bolschewiki und der serbischen Sozialdemokraten). Als das sozialdemokratische Parteiorgan *Vorwärts* berichtete, die Sozialdemokraten hätten im Reichstag für die Kriegskredite gestimmt, glaubte Lenin sogar, es müsse sich dabei um ein Fälschungsmanöver handeln, das von der russischen Geheimpolizei ausgeheckt worden sei, um die russischen Arbeiter hinters Licht zu führen. Wie schwer war es doch in einer Zeit der kriegerischen Auseinandersetzung, die den europäischen Kontinent in zwei Teile spaltete, dem allgemeinen Druck nicht nachzugeben und sich dem patriotischen Eifer im eigenen Land zu widersetzen! Wie viele große Geister sind der nationalistischen Versuchung erlegen (einschließlich Freud) und sei es auch nur für ein paar Wochen!

Der Schock von 1914 war, mit Alain Badiou gesprochen, ein *désastre*, eine Katastrophe, bei der eine ganze Welt verschwand: nicht bloß der behagliche bürgerliche Fortschrittsglaube, sondern *auch* die sozialistische Bewegung, die mit ihm einherging. Sogar Lenin selbst verlor den Halt – es gibt in seiner verzweifelten Reaktion in *Was tun?* keine Genugtuung, nichts Rechthaberisches nach dem Motto „Ich habe es doch gleich gesagt!". *Dieser* Moment der Verzweiflung, *diese* Katastrophe schaffte Platz für das leninistische Ereignis, sie erlaubte den Bruch mit dem evolutionären Historizismus der Zweiten Internationalen – und Lenin befand sich als Einziger auf der Höhe dieser neu eröffneten Möglichkeit, er war der Einzige, der die Wahrheit dieser Katastrophe aussprach. In diesem Verzweiflungsmoment trat der Lenin hervor, der über den Umweg der gründlichen Lektüre von Hegels *Logik* dahin gelangte, die einzigartige Chance für eine Revolution zu erkennen.

Die Linke befindet sich heute in einer Situation, die unheimliche Ähnlichkeit mit jener Situation hat, aus der heraus der Leninismus entstanden ist, und ihr Auftrag ist es, Lenin zu wiederholen. Damit aber ist *kein Zurück* zu Lenin gemeint. *Lenin zu wiederholen heißt zu akzeptieren, dass „Lenin tot ist"*, dass seine Lösung ein Fehlschlag war, ein ungeheurer Fehlschlag sogar. Lenin zu wiederholen heißt, dass man unterscheiden muss zwischen dem, was er tatsächlich getan hat, und dem Feld der Möglichkeiten, das er begründet hat. Es bedeutet, die Spannung anzuerkennen, die zwischen seinen Handlungen und einer anderen Dimension bei ihm bestand, dem, was „in Lenin mehr als Lenin selbst" war. Lenin zu wiederholen heißt nicht etwa, das zu wiederholen, was er *tat*, sondern das, was er *nicht tat*, es heißt, die von ihm *versäumten* Gelegenheiten wieder aufzugreifen.

Goodbye Lenin in der Ukraine

Im Westen sorgte Lenin letztmals 2014 im Zuge der Erhebung in der Ukraine für Schlagzeilen, bei der der prorussische Präsident Janukowytsch gestürzt wurde: In den Fernsehberichten über die Massenproteste konnte man immer wieder sehen, wie aufgebrachte Demonstranten auf Leninstatuen losgingen und sie niederrissen. Diese wütenden Angriffe waren insofern verständlich, als sie sich gegen Symbole der russischen Unterdrückung richteten und in der Politik Russlands unter Putin die Fortführung der sowjetischen Unterwerfung nichtrussischer Nationen unter die russische Herrschaft gesehen wird. Außerdem sollte man sich an den genauen geschichtlichen Zeitpunkt erinnern, als sich Leninstatuen überall im Land zu

Tausenden auszubreiten begannen: Allein 1956 wurden im Anschluss an die von Chruschtschow auf dem XX. Parteitag gegen Stalin erhobene Anklage Statuen von Stalin in großer Zahl durch jene von Lenin ersetzt. Letztere traten buchstäblich an deren Stelle, wie auch eine merkwürdige Begebenheit aus dem Jahr 1962 auf der Titelseite der *Prawda* verdeutlichte:

> 1945 erschien Lenin auf dem Titel der *Prawda* (man könnte in Anbetracht des destabilisierenden Einflusses der heimkehrenden Soldaten, die den Tod, aber auch das bürgerliche Europa gesehen hatten, und in Anbetracht auch der kursierenden Gerüchte, wonach Lenin auf dem Totenbett vor Stalin gewarnt hatte, spekulieren und behaupten, dass Lenin zur Bekräftigung von Stalins Macht über die Partei dort erschien). 1962, als Stalin auf dem XXII. Parteitag der Kommunistischen Partei öffentlich angeprangert wurde, erschienen plötzlich zwei Profilbilder Lenins auf dem Titel, als überdeckte der seltsame Doppel-Lenin den fehlenden „anderen Führer", der dort in Wirklichkeit nie abgebildet war![7]

Warum wurden daher zwei identische Leninprofile nebeneinander abgedruckt? In gewisser Weise kann man sagen, dass Stalin in dieser seltsamen Wiederholung als Abwesender präsenter denn je war. Insofern war seine schattenhafte Anwesenheit die Antwort auf die offensichtliche Frage, warum Lenin in zweifacher Ausführung erschien und nicht einfach nur ein einziger. Gleichwohl hatte es schon etwas sehr Ironisches, Ukrainer dabei zu beobachten, wie sie im Willen, mit der russischen Herrschaft zu brechen und ihre nationale Souveränität zu behaupten, Leninstatuen umstürzten. Schließlich war das goldene Zeitalter des ukrainischen Nationalbewusstseins nicht das zaristische Russland (in dem die Ukrainer an der Behaup-

7 Aus einem persönlichen Gespräch mit Xenia Cherkaev.

tung ihrer nationalen Identität gehindert worden waren), sondern das erste Jahrzehnt der Sowjetunion, als das ukrainische Volk seine volle nationale Identität begründete. So heißt es selbst in dem Wikipedia-Eintrag über die Ukraine in den 1920er Jahren:

> Der Bürgerkrieg, der schließlich die Sowjetregierung an die Macht brachte, hatte verheerende Auswirkungen auf die Ukraine. Er forderte mehr als eineinhalb Millionen Menschenleben und machte Hunderttausende obdachlos. Außerdem hatte die sowjetische Ukraine 1921 mit einer furchtbaren Hungersnot zu kämpfen. Angesichts einer ausgelaugten Ukraine blieb die sowjetische Regierung in den 20er Jahren äußerst flexibel. So beförderte sie unter der Ägide der Ukrainisierungspolitik der kommunistischen nationalen Führung von Mykola Skypnyk eine nationale Renaissance in Kunst und Literatur. Die ukrainische Kultur und Sprache blühten neu auf, als sich die Ukrainisierung zu einer lokalen Umsetzung der sowjetweiten Politik der *Korenisazija* [wörtlich Indigenisierung bzw. Einwurzelung] gestaltete. Die Bolschewiki bekannten sich auch zur Einführung einer allgemeinen Gesundheitsversorgung, zu Bildung und Sozialversicherungsleistungen sowie zum Recht auf Arbeit und Wohnen. Die Frauenrechte wurden durch neue Gesetze zur rigorosen Beseitigung jahrhundertealter Ungleichheiten enorm gestärkt. Die meisten dieser politischen Vorgaben aber sind in den frühen 1930er Jahren, als Josef Stalin seine Macht allmählich befestigt hatte und zum faktischen Oberhaupt der Kommunistischen Partei aufgestiegen war, stark eingeschränkt und zurückgenommen worden.

Die „Indigenisierung“ erfolgte nach den Prinzipien, die Lenin in unmissverständlicher Form dargelegt hatte:

> Das Proletariat [...] kann sich des Kampfes gegen die gewaltsame Zurückhaltung der unterjochten Nationen in den Grenzen des vorhandenen Staates nicht enthalten, und eben dies heißt für das Selbstbestimmungsrecht der Nationen kämpfen. Das Proletariat muß die Freiheit der politischen Abtrennung der von „seiner" Nation unterdrückten Kolonien und Nationen fordern. Andernfalls wird der Internationalismus des Proletariats zu leeren Worten; weder Vertrauen noch Klassensolidarität unter den Arbeitern der unterdrückten und der unterdrückenden Nation sind möglich.[8]

Lenin blieb dieser Position bis zum Ende treu. Unmittelbar nach der Oktoberrevolution lieferte er sich eine Auseinandersetzung mit Rosa Luxemburg, die dafür eintrat, kleineren Nationen nur dann die volle Souveränität zuzuerkennen, wenn die Vorherrschaft in dem neuen Staat von fortschrittlichen Kräften ausgeübt wurde, während er das unbedingte Recht auf Loslösung befürwortete, selbst wenn die „Bösen" in dem neuen Staat die Macht ergriffen. In seinem letzten Kampf gegen Stalins Entwurf zu einer zentralistisch organisierten Sowjetunion trat Lenin noch einmal für das unbedingte Recht kleiner Nationen auf Loslösung ein (in diesem Fall ging es um Georgien) und bestand auf der vollen Souveränität der nationalen Einheiten, aus denen sich der sowjetische Staat zusammensetzte. Daher verwundert es nicht, dass Stalin in einem an die Mitglieder des Politbüros gerichteten Brief vom 27. September 1922 Lenin offen „Nationalliberalismus" vorwarf. Woher bei Stalin bereits der Wind wehte, geht klar daraus hervor, wie er den Beschluss, die Regierung Sowjetrusslands auch zur Regierung der anderen

8 Wladimir Iljitsch Lenin, „Die sozialistische Revolution und das Selbstbestimmungsrecht der Nationen" (Januar-Februar 1916), in: Ders., *Werke*, Band 22, Berlin/DDR: Diez 1960, S. 144–159, hier S. 149.

fünf Republiken (Ukraine, Weißrussland, Aserbaidschan, Armenien und Georgien) auszurufen, durchzusetzen gedachte:

> Dieser Beschluß wird, wenn er vom Zentralkomitee der KPR bestätigt ist, nicht veröffentlicht, sondern als Runderlaß den Zentralkomitees der Republiken zugeleitet zur Bekanntgabe an die sowjetischen Organe, die Zentralexekutivkomitees oder die Sowjetkongresse der genannten Republiken, vor der Einberufung des Gesamtrussischen Sowjetkongresses, wo er als Ausdruck des Wunsches dieser Republiken verkündet werden wird.[9]

Der Austausch des Zentralkomitees (ZK) mit der Basis wurde demnach nicht einfach bloß abgebrochen, so dass die höhere Instanz schlicht ihren Willen durchsetzte; wie zum Hohn wurden die Dinge ins Gegenteil verkehrt und entsprechend inszeniert: Das ZK selbst entschied jetzt darüber, mit welcher Bitte um welche zu verfügende Sache sich die Basis nach oben wenden sollte, als handelte es sich dabei um ihren eigenen Wunsch. (Es gilt jedoch auch festzuhalten, dass Lenin den Prozess, gegen den er jetzt ankämpfte, durch sein Verbot von Parteifraktionen ein Jahr zuvor selbst in Gang gesetzt hatte.) Man denke an den offensichtlichsten Fall einer solchen Inszenierung, als die drei baltischen Staaten freiwillig um Aufnahme in die Sowjetunion baten, die ihnen ihren Wunsch gewährte. Stalins Handeln in den frühen 1930er Jahren kam daher schlichtweg einer Rückkehr zur zaristischen Außen- und Nationenpolitik gleich. So wurde etwa die russische Kolonisierung Sibiriens und des muslimischen Asiens im Zuge dieses Kurswechsels nicht mehr länger als imperialistische Expansion verurteilt, sondern als Bemühung gefeiert, diese Traditionsgesellschaften aus ihrer Trägheit heraus-

9 Moshe Lewin, *Lenins letzter Kampf*, Hamburg: Hoffmann und Campe 1970, S. 69.

zuholen und durch eine fortschreitende Modernisierung nach vorn zu bringen.

Heute bewegt Putin sich mit seiner Außenpolitik eindeutig auf dieser zaristisch-stalinistischen Linie und führt sie fort. Ihm zufolge bedeutete der Kurswechsel der Bolschewiki nach der Revolution eine Kränkung für Russland: Damals „traten die Bolschewiki aus verschiedenen Gründen – möge Gott darüber befinden – große Teile des Territoriums im historischen Süden Russlands an die Unionsrepublik Ukraine ab. Dies geschah ohne Rücksicht auf die ethnische Zusammensetzung der Bevölkerung; und diese Gebiete bilden nun heute den südöstlichen Teil der Ukraine."[10] In demselben Sinne äußerte sich Putin noch einmal im Januar 2016, als er über Lenins größten Fehler sprach:

> Man soll regieren und sich dabei von seiner Idee leiten lassen, so viel ist richtig. Allerdings muss die Idee dazu auch zum richtigen Ergebnis führen, nicht wie bei Wladimir Iljitsch. Diese Idee führte letztlich zum Zerfall der Sowjetunion. Es gab viele Ideen dieser Art. Autonomisierung und so weiter. Sie legten eine Atombombe unter das Gebäude, das Russland heißt, und diese Bombe ist dann später auch explodiert.[11]

Lenins Schuld besteht kurz gesagt darin, dass er die Autonomie der verschiedenen Nationen, die das russische Reich bildeten, ernst genommen und hierdurch die russische Vorherrschaft infrage gestellt hat. Kein Wunder, dass man bei russischen Militärparaden

---

10 Aus der Rede des Präsidenten der Russischen Föderation vom 18. März 2014, nach der offiziellen englischen Fassung „Address by President of the Russian Federation", abrufbar unter www.en.kremlin.ru/events/president/news/20603 [abgerufen am 12.7.2018 (Abrufdatum gilt für sämtliche im Text angeführten Internetbeiträge)].

11 Übersetzt nach „Russia's Putin Accused Lenin of Ruining the Soviet Union", *Newsweek*, 22. Januar 2016, abrufbar unter www.newsweek.com/russias-putin-accused-lenin-ruining-soviet-union-418519.

und öffentlichen Feierlichkeiten wieder Stalin-Porträts sieht, derweil sich von Lenin weit und breit keine Spur finden lässt. Vor ein paar Jahren ist Stalin aus einer großen Meinungsumfrage als drittgrößter Russe aller Zeiten hervorgegangen, während Lenin nirgends auftauchte. Stalin wird heute nicht als Kommunist gefeiert, sondern als derjenige, der Russland nach der von Lenin vollzogenen antipatriotischen „Abweichung" zu alter Größe zurückführte. Für Lenin gehörten der „proletarische Internationalismus" und die Verteidigung der Rechte kleinerer Nationen gegenüber den Großnationen zusammen. Der entscheidende Indikator dafür, dass eine „große" Nation es mit ihrem erklärten Internationalismus ernst meint, ist ihm zufolge das Recht, das sie den von ihr dominierten kleineren Nationen in vollem Umfang einräumt.

Gewalt, Terror, Disziplin

Doch auch wenn man Lenin hinsichtlich der Nationenpolitik freisprechen kann, wie geht man damit um, dass er brutale Gewalt, einschließlich Terror, befürwortet (und angewendet) hat? In der Geschichte der radikalen Politik wird Gewalt gewöhnlich mit dem sogenannten jakobinischen Erbe verknüpft, das aus genau diesem Grund als etwas abgelehnt wird, auf das es zu verzichten gilt, wenn man aufrichtig vorhat, noch einmal von vorn zu beginnen. Von diesem Erbteil des zentralisierten Staatsterrors fühlen sich auch viele heutige (Post-)Marxisten unangenehm berührt, und sie wollen Marx selbst davon wegrücken – nach ihrer Version der Geschichte war es Lenin, der das jakobinische Erbe (wieder) in den Marxismus hineinbrachte und Marx' libertären Geist auf diese Weise verfälschte. Trifft das aber wirklich zu? Schauen wir uns näher an, wie die Jakobiner sich im Namen derer, die „ewige Wahrheiten" geltend machen, effektiv gegen die Erwirkung eines Mehrheitsbeschlusses sperrten. Wie konnten sie nur so „totalitär" sein?

Wie konnten sie, die Anhänger der Einheit und des Kampfes gegen Lagerbildungen und Spaltungen, diese Weigerung rechtfertigen? „Die ganze Schwierigkeit besteht in der Unterscheidung zwischen der Stimme der Wahrheit, sei es auch die einer Minderheit, und der Stimme eines Lagers oder einer Gruppe, die nur künstlich zu spalten sucht, damit die Wahrheit im Verborgenen bleibt.“[12] Robespierres Antwort darauf lautet, dass sich die Wahrheit nicht auf Zahlen, also aufs Zählen, reduzieren lässt; sie kann auch in der Einsamkeit erfahren werden: Jene, die sich zu einer Wahrheit bekennen, die sie erfahren haben, sollten nicht als Sektierer angesehen werden, sondern als vernünftige und mutige Menschen. In diesem Zusammenhang der Bezeugung einer Wahrheit äußerte Robespierre am 28. Dezember 1792 in der Nationalversammlung, dass jede Berufung auf eine Mehrheit oder Minderheit bloß ein Mittel darstelle, um „diejenigen zum Schweigen zu bringen, die man mit dem Ausdruck [Minderheit] bezeichnet hat“: „Die Minderheit hat überall ein ewiges Recht, das darin besteht, die *Stimme der Wahrheit* hören zu lassen.“ Es ist sehr bezeichnend, dass Robespierre diese Äußerung im Zuge jener Versammlung vorbrachte, die aus Anlass des Prozesses gegen den König stattfand. Die Girondisten schlugen eine „demokratische“ Lösung vor: In einem solch schwierigen Fall sei es notwendig, einen „Aufruf an das Volk“ zu starten, landesweit Versammlungen einzuberufen und die Menschen darüber abstimmen zu lassen, was mit dem König geschehen solle – nur ein solcher Schritt würde dem Verfahren Legitimität verleihen. Darauf antwortete Robespierre, ein solcher „Aufruf“ entwerte im Grunde den souveränen Willen des Volkes, den es bereits bekundet hatte, als es sich auflehnte und den französischen Staat per Revolution in seinem Wesen zugunsten einer

12 Sophie Wahnich, „Faire entendre la voix de la vérité, un droit révolutionnaire éternel“, Manuskript, Juni 2010. Alle weiteren nicht ausgewiesenen Zitate sind diesem ganz hervorragenden Text entnommen.

Republik veränderte. Aus den Girondisten sprach faktisch die Überzeugung, dass die revolutionäre Auflehnung nur die Tat eines Teils des Volkes war, einer Minderheit sogar, und dass es um die, wenn man so will, schweigende Mehrheit zu werben gelte, damit sie sich äußern und ihre Meinung kundgeben würde. Für Robespierre hatte die Revolution bereits über den Fall entschieden. Aus der eigentlichen Tatsache der Revolution (wenn sie gerecht war und kein Verbrechen) folgte, dass der König schuldig war. Die Schuldfrage zur Abstimmung zu stellen hieße demnach, die Revolution selbst anzuzweifeln.

Mit seinem Argument weist Robespierre praktisch auf Lenin voraus. In seinen Schriften von 1917 spart Lenin die bissigste Ironie für jene auf, die endlos damit beschäftigt sind, nach irgendeiner Art von „Garantie" für die Revolution zu suchen. Diese Garantie nahm hauptsächlich zwei Formen an: entweder die verdinglichte Vorstellung gesellschaftlicher Notwendigkeit (das Risiko der Revolution sollte nicht zu früh eingegangen werden; man muss auf den richtigen Moment warten, wenn die Zeit mit Blick auf die historische Entwicklung und ihre Gesetze „reif" ist; „es ist zu früh für die sozialistische Revolution, die Arbeiterklasse ist noch nicht weit genug fortgeschritten") oder eine normative Vorstellung „demokratischer" Legitimität („die Bevölkerung ist mehrheitlich nicht auf unserer Seite und daher wäre die Revolution nicht wirklich demokratisch") – so als müsste sich der revolutionär Handelnde erst von irgendeinem großen Anderen die Erlaubnis holen (etwa indem er ein Referendum organisiert, um sicherzugehen, dass die Revolution die Unterstützung der Mehrheit hat), bevor er nach der Macht im Staat zu greifen wagt. Bei Lenin gilt genau wie bei Lacan, dass die Revolution *ne s'autorise que d'elle-même*:* Man muss davon ausgehen, dass die revolutionäre *Tat* nicht durch den großen Anderen gedeckt ist – die Angst vor einer „verfrühten" Machtergreifung, die

* „Die Revolution autorisiert sich durch nichts als durch sich selbst."

Suche nach einer Garantie, ist die Angst vor dem Abgrund der Tat. Dies ist es letztlich, was Lenin unentwegt als „Opportunismus" anprangert, und ihm geht es gerade darum, dass der Opportunismus eine grundsätzlich falsche Haltung ist, die die Angst vor dem Handeln mit einem Schutzschirm aus „objektiven" Fakten, Gesetzen oder Normen überdeckt. Darum besteht der erste Schritt zu seiner Bekämpfung darin, die Dinge klar beim Namen zu nennen. „Was also tun? Man muß *aussprechen, was ist**, die Wahrheit zugeben, daß bei uns im ZK und in den Parteispitzen eine Strömung oder Meinung existiert".[13]

Die Behauptung „starker Wahrheiten" (*les vérités fortes*) oder erschütternder Erkenntnisse ist immer mit symbolischer Gewalt verbunden. Wenn *la patrie est en danger*, so Robespierre, darf man keine Angst haben und muss sagen, dass „das Land verraten wird. Diese Wahrheit kennen jetzt alle Franzosen." „Gesetzgeber, die Gefahr ist immanent; die *Herrschaft der Wahrheit* muss beginnen: Wir haben Mut genug, euch das zu sagen; bringt ihr den nötigen Mut auf, es auch zu hören." In solch einer Situation ist für eine neutrale dritte Position kein Platz. In seiner Rede zur Feier der Toten vom 10. August 1792 erklärte Abbé Gregoire: „Es gibt Menschen, die so gut sind, dass man sie nicht brauchen kann; und in einer Revolution, die im Namen der Freiheit gegen die Despotie geführt wird, ist ein neutraler Mann eine perverse Gestalt, die zweifellos den Ausgang der Schlacht abwarten wird, um sich für eine Seite zu entscheiden." Bevor man diese Zeilen als Ausdruck totalitärer Gesinnung abtut, sollte man sich eine spätere Zeit ins Gedächtnis rufen, als die französische *patrie* abermals *en danger* war. Gemeint ist die Lage nach der französischen Niederlage 1940, als niemand anderer als General de Gaulle dem französischen Volk in seiner berühmten

---

13 Wladimir Iljitsch Lenin, „Die Krise ist herangereift", in: Ders., *Werke*, Band 26, Berlin/DDR: Diez 1961, S. 59–68, hier S. 65.

* Bei Lenin deutsch.

Radioansprache aus London die „starke Wahrheit" verkündete: Frankreich ist geschlagen, aber *der Krieg ist nicht vorbei*; gegen die pétainistischen Kollaborateure gelte es darauf zu bestehen, dass der Kampf weitergeht. In diesem Zusammenhang sei an die genauen Umstände dieser Äußerung erinnert: Selbst Jacques Duclos, der zweite Mann der französischen Kommunisten, räumte in einem vertraulichen Gespräch ein, dass Marschall Pétain mit 90 Prozent der Stimmen gewonnen hätte, wären in Frankreich zum damaligen Zeitpunkt freie Wahlen abgehalten worden. Als es de Gaulle in einem historischen Akt ablehnte, die Kapitulation gegenüber Deutschland anzuerkennen, und den Widerstand aufrechterhielt, behauptete er, nicht das Vichy-Regime, sondern er allein spreche für das wahre Frankreich (*für das „eigentliche" Frankreich und nicht nur für die „Mehrheit der Franzosen"!*). Was er sagte, war zutiefst wahr, auch wenn es nicht nur der „demokratischen" Legitimation entbehrte, sondern auch noch eindeutig im Widerspruch zur Mehrheitsmeinung der Franzosen stand. (Und das Gleiche gilt für Deutschland: Es war die kleine, sich Hitler aktiv widersetzende Minderheit, die für Deutschland stand, nicht die aktiven Nazis oder die unentschlossenen Opportunisten.) Das ist kein Grund, demokratische Wahlen geringzuschätzen; es gilt nur immer wieder darauf hinzuweisen, dass sie nicht per se ein Indikator der Wahrheit sind – in der Regel spiegeln sie tendenziell die von der hegemonialen Ideologie bestimmten aktuellen Meinungsverhältnisse wider. Es *kann* demokratische Wahlen geben, die ein Wahrheitsereignis darstellen – Wahlen, bei denen die Mehrheit für einen Moment aus der skeptisch-zynischen Trägheit „erwacht" und gegen die hegemoniale ideologische Meinung stimmt. Solch ein überraschender Wahlausgang bleibt allerdings die Ausnahme, und das zeigt, dass Wahlen als solche kein Medium der Wahrheit sind.

Diese Position einer für die Gesamtheit aller stehenden Minderheit ist in unserer heutigen postpolitischen Zeit der Meinungsvielfalt aktueller und wichtiger denn je: Unter solchen Bedingungen ist die universelle Wahrheit definitionsgemäß eine Minderheitenposition. Wie Sophie Wahnich mit Blick auf eine von den Medien korrumpierte Demokratie herausstellte, kommt „die Pressefreiheit ohne Widerstandspflicht" dem „Recht auf relativierende Betrachtung des politischen Geschehens" gleich, statt für die „fordernde und manchmal sogar tödliche Ethik der Wahrheit" einzutreten. In einer solchen Situation kann die kompromisslos drängende Stimme der Wahrheit (über die Ökologie, über die Biogenetik, über die Ausgeschlossenen) in ihrer mangelnden Berücksichtigung anderer Meinungen, ihrer Absage an den pragmatischen Kompromissgeist und überhaupt ihrer apokalyptischen Endgültigkeit nur als „irrational" erscheinen. In einem Brief Simone Weils findet sich eine einfache und prägnante Formulierung für diese Parteilichkeit der Wahrheit:

> In dieser Welt sind nur Wesen auf der niedersten Stufe der Demütigung, weit unter der des Bettlertums – also Menschen, die nicht nur kein soziales Ansehen genießen, sondern nach Ansicht aller nicht einmal die Grundwürde der Vernunft besitzen – wirklich imstande, die Wahrheit zu sagen. Alle anderen lügen.[14]

Die Bewohner der Slums sind tatsächlich die lebenden Toten des globalen Kapitalismus: am Leben, doch tot in den Augen der *polis*.

Der Ausdruck „ewige Wahrheit" sollte hier in einem dialektischen Sinne verstanden werden, als Verweis auf die in einem singulären zeitlichen Akt gründende Ewigkeit (wie im Christentum, in dem sich die ewige Wahrheit nur durch Bestätigung der zeitlich-historischen Einmaligkeit Christi erfahren und geltend machen lässt). Es ist die manchmal einsame Erfahrung von Leid und von Mut, die einer Wahrheit zugrunde liegt und sie begründet, und nicht die Größe oder Einflusskraft einer Mehrheit. Das heißt frei-

14 Zitiert nach Barbara Rohr, *Verwurzelt im Ortlosen: Einblicke in Leben und Werk von Simone Weil*, Münster: LIT 2000.

lich nicht, dass es unfehlbare Kriterien zur Wahrheitsbestimmung gibt: Mit der Behauptung einer Wahrheit verbindet sich eine Art Wette, sie ist an eine riskante Entscheidung geknüpft; man muss ihr den Weg bahnen, sie manchmal sogar erzwingen, und diejenigen, die die Wahrheit sagen, werden in aller Regel zuerst nicht verstanden. Sie ringen (mit sich selbst und mit anderen) und suchen nach der richtigen Sprache, um ihr Ausdruck zu verleihen. Es ist die vollständige Anerkennung dieser Dimension von Wagnis und Wette, des Fehlens jeder Garantie im Äußeren, die einen authentischen Einsatz für die Wahrheit von jeglichem „Totalitarismus" oder „Fundamentalismus" unterscheidet.

Wie soll man aber wiederum diese „fordernde und manchmal sogar tödliche Ethik der Wahrheit" von sektiererischen Bestrebungen unterscheiden, allen und jedem die eigene Position aufzudrängen? Wie können wir sicher sein, dass die Stimme des Minderheiten-„Teils ohne Anteil" wirklich die Stimme der universellen, allgemeinen Wahrheit ist und nicht einfach nur die einer partikularen, individuellen Kränkung? Zunächst einmal gilt es hier zu berücksichtigen, dass die Wahrheit, mit der wir es zu tun haben, keine objektive, sondern eine selbstbezügliche, die eigene subjektive Position betreffende Wahrheit ist. Als solche ist sie eine engagierte Wahrheit, die sich nicht an ihrer Faktengenauigkeit bemisst, sondern an ihrer Wirkung auf die Aussageposition des Subjekts. In seinem (unveröffentlichten) Seminar XVIII über einen „Diskurs, der nicht vom Schein wäre" legte Lacan eine bündige Definition der Deutungswahrheit in der Psychoanalyse vor: „Die Deutung wird nicht an einer Wahrheit erprobt, die mit Ja oder Nein entscheiden würde, sie löst die Wahrheit als solche aus. Sie ist nur insofern wahr, als sie wahrhaft beherzigt wird." An dieser präzisen Formulierung ist nichts Theologisches, sie enthält lediglich die Einsicht in die echt dialektische Einheit von Theorie und Praxis (nicht nur) in der psychoanalytischen Interpretation: Die Probe auf die Deutung des Analytikers besteht in dem Wahrheitseffekt, den sie im Patienten auslöst. Auf diese Weise sollten wir auch die 11. These von Marx (neu) lesen. Danach besteht die Probe der Marx'schen Theorie in dem Wahrheitseffekt, den sie in ihren Adressaten (den Proletariern) auslöst, darin, dass diese sie in revolutionäre Subjekte der Emanzipation verwandelt.

Das Problem ist natürlich, dass es heute keinen revolutionären Diskurs gibt, der einen solchen Wahrheitseffekt hervorbringen könnte – was ist also zu tun? Der grundlegende Text in dieser Frage ist Lenins wunderbare kurze Abhandlung „Über das Besteigen hoher Berge". Verfasst hat er sie 1922,[15] als die Bolschewiki sich nach dem Ende des Bürgerkriegs, der gegen alle Widerstände gewonnen worden war, auf eine Wirtschaftspolitik zurückziehen mussten, die unter der Bezeichnung „Neue Ökonomische Politik" in viel größerem Umfang Marktwirtschaft vorsah und Privateigentum zuließ. Lenin bringt den Vergleich mit einem Bergsteiger, der sich nach seinem ersten Anlauf zum Erklimmen eines neuen Gipfels wieder ins Tal zurückbegeben muss, und er beschreibt in diesem Bild, was ein Rückzug im Verlauf einer Revolution bedeutet, das heißt, wie man ihn antritt, ohne seiner Sache aus Opportunismus untreu zu werden:

> Stellen wir uns einen Menschen vor, der einen sehr hohen, steilen und noch unerforschten Berg besteigt. Nehmen wir an, es sei ihm gelungen, nach Überwindung unerhörter Schwierigkeiten und Gefahren viel höher zu steigen als seine Vorgänger, den Gipfel habe er aber dennoch nicht erreicht. Er befindet sich nun in einer Lage, in der ein Weiterkommen in der gewählten Richtung und auf dem eingeschlagenen Weg schon nicht mehr nur schwierig und gefährlich, sondern geradezu unmöglich geworden ist. Er muss umkehren, abwärts steigen, andere Wege suchen, die zwar länger sein mögen, dafür aber die Möglichkeit in Aussicht stellen, den Gipfel zu erreichen. Der Abstieg in dieser

15 Genauer im Februar 1922; siehe unten S. 122.

> in der Welt noch nie erlebten Höhe, auf der sich unser hypothetischer Bergsteiger befindet, bietet vielleicht gar noch größere Gefahren und Schwierigkeiten als der Aufstieg: man tut leichter einen Fehltritt; es ist nicht so bequem, sich die Stelle anzusehen, auf die man den Fuß setzt; es fehlt jene besonders gehobene Stimmung, die durch das unmittelbare Hinaufsteigen, direkt dem Ziel zu, entstanden war, usw. [...] Die Stimmen von unten aber klingen schadenfroh. Die einen zeigen ihre Schadenfreude offen, johlen und schreien: Gleich wird er abstürzen, geschieht ihm ganz recht, das ist ja Wahnsinn, was er macht! Die andern trachten ihre Schadenfreude zu verbergen, sie machen es vorwiegend wie Juduschka Golowljow: kummervoll richten sie ihre Blicke zum Himmel: Zu unserem größten Leidwesen bestätigen sich unsere Befürchtungen! Haben wir, die wir unser ganzes Leben auf die Vorbereitung eines vernünftigen Plans zur Besteigung dieses Berges verwandt haben, nicht den Aufschub der Besteigung verlangt, solange unser Plan nicht fix und fertig ausgearbeitet vorliegt? Und wenn wir den Weg so leidenschaftlich bekämpft haben, den dieser Wahnwitzige jetzt selber aufgibt (seht, seht, er ist zurückgegangen, er steigt abwärts, er müht sich stundenlang ab, um die Möglichkeit zu erhalten, eine armselige Elle vorwärtszukommen! Uns aber hat er mit den gemeinsten Worten beschimpft, als wir systematisch Mäßigung und Akkuratesse verlangten!) – wenn wir den Wahnwitzigen so leidenschaftlich verurteilt und alle davor gewarnt haben, ihn nachzuahmen und zu unterstützen, so haben wir das ausschließlich aus Liebe zu dem großen Plan der Besteigung dieses nämlichen Berges getan, um diesen großen Plan als Ganzes nicht zu kompromittieren!

Nachdem er die Errungenschaften des sowjetischen Staats aufgelistet hat, konzentriert Lenin sein Augenmerk im Folgenden auf das, was *nicht* getan wurde:

Nicht zu Ende geführt haben wir jedoch die Errichtung auch nur des Fundaments der sozialistischen Wirtschaft. Das können die uns feindlichen Kräfte des sterbenden Kapitalismus noch rückgängig machen. Man muss sich dessen klar bewusst sein und es offen zugeben, denn es gibt nichts Gefährlicheres als Illusionen (und Schwindelanfälle, zumal in großen Höhen). Und an dem Eingeständnis dieser bitteren Wahrheit ist entschieden nichts „Schreckliches", nichts, das berechtigten Anlass auch nur zur geringsten Verzagtheit gäbe, denn wir haben stets die Abc-Wahrheit des Marxismus verkündet und wiederholt, dass zum Sieg des Sozialismus die gemeinsamen Anstrengungen der Arbeiter mehrerer fortgeschrittener Länder notwendig sind. Wir aber stehen einstweilen immer noch allein, und wir haben in einem rückständigen Lande, in einem Lande, das mehr als die übrigen verwüstet ist, unglaublich viel geleistet. Ja, noch mehr: Wir haben die „Armee" der revolutionären proletarischen Kräfte bewahrt, wir haben ihre „Manövrierfähigkeit" bewahrt, wir haben den klaren Kopf behalten, der uns nüchtern zu beurteilen gestattet, wo, wann und wie weit man zurückgehen muss (um einen kräftigeren Sprung zu tun); wo, wann und wie das nicht zu Ende geführte Werk erneut in Angriff genommen werden muss. Als rettungslos verloren müsste man diejenigen Kommunisten bezeichnen, die sich einbilden wollten, dass man ohne Fehler, ohne Rückzüge, ohne ein vielmaliges Neubeginnen des nicht zu Ende Geführten und des falsch Gemachten solch ein weltgeschichtliches „Unternehmen" wie die Vollendung des Fundaments der sozialistischen Wirtschaft (besonders in einem Lande der Kleinbauernschaft) zu Ende führen könnte. Diejenigen Kommunisten aber, die weder in Illusionen noch in Verzagtheit verfallen, die sich die Kraft und Geschmeidigkeit des Organismus bewahren, um beim Herangehen an diese überaus schwierige Aufgabe wiederholt „von

Anfang zu beginnen", sind nicht verloren (und werden es aller Wahrscheinlichkeit nach auch nie sein).

Dies ist Lenin in bester Beckett-Manier und lässt an die bekannte Zeile aus *Worstward Ho* denken: „Wieder versuchen. Wieder scheitern. Besser scheitern."[16] Lenins Schlussfolgerung - „wiederholt ‚von Anfang zu beginnen'" - macht deutlich, dass es dabei nicht bloß um eine Verlangsamung geht, mit der das Erreichte verteidigt werden soll, sondern eben um ein *Zurücksteigen auf den Ausgangspunkt*: Es gilt, „von Anfang zu beginnen" und nicht von da aus, bis wohin man es beim vorherigen Versuch geschafft hatte. Mit Kierkegaard gesprochen ist ein revolutionärer Prozess keine allmählich fortschreitende Entwicklung, sondern eine Wiederholungsbewegung, eine Bewegung der ständig neuen *Wiederholung des Anfangs.* An ebendiesem Punkt befinden wir uns heute nach der „dunklen Katastrophe" von 1989. Genau wie 1922 klingen die Stimmen um uns herum schadenfroh: „Geschieht euch recht, ihr Wahnwitzigen! Ihr habt doch der Gesellschaft die totalitäre Vision dieser Leute aufzwingen wollen!" Die andern trachten ihre Schadenfreude zu verbergen und schauen kummervoll zum Himmel auf, wie um zu sagen: „Zu unserem größten Leidwesen bestätigen sich unsere Befürchtungen! Wie edel war doch eure Vision von der Erschaffung einer gerechten Gesellschaft! Mit dem Herzen waren wir bei euch, doch der Verstand sagte uns, dass ihr mit euren edlen Plänen Schiffbruch erleiden werdet, dass dies nur im Elend enden konnte und zu neuer Sklaverei führen musste!" Während wir jeden Kompromiss mit diesen verführerischen Stimmen ablehnen, müssen wir nun sicher „von Anfang beginnen", dürfen nicht „auf den Grundlagen der revolutionären Epoche des 20. Jahrhunderts aufbauen" (die von

16 Samuel Beckett, *Worstward Ho. Aufs Schlimmste zu*, Frankfurt a. M.: Suhrkamp 1989, S. 7.

1917 bis 1989 oder, genauer, 1968 reichte), sondern müssen zum Ausgangspunkt „hinabsteigen", um einen *anderen* Weg zu wählen.

Wenn das kommunistische Projekt erneuert und eine echte Alternative zum globalen Kapitalismus werden soll, braucht es einen klaren Bruch mit der Erfahrung des Kommunismus im 20. Jahrhundert. Dabei gilt es stets zu bedenken, dass 1989 nicht nur das Scheitern des kommunistischen Staatssozialismus, sondern auch das der westlichen Sozialdemokratie markiert. Nirgends zeigt sich die ganze Misere der heutigen Linken deutlicher als an ihrer grundsätzlichen Verteidigung des sozialdemokratischen Wohlfahrtsstaats. Da ihr ein Projekt fehlt, das ebenso realisierbar wie radikal wäre, kann die Linke den Staat nur mit immer neuen Forderungen nach Ausweitung des Sozialstaats bombardieren, wohl wissend, dass er sie nicht erfüllen kann. Diese unvermeidliche Enttäuschung wird den Menschen dann vor Augen führen, wie machtlos die sozialdemokratische Linke im Grunde ist, und sie einer neuen, radikalrevolutionären Linken in die Arme treiben. Es muss nicht eigens betont werden, dass eine solche zynische „Erziehungspolitik" zum Scheitern verurteilt ist: Unter den heutigen politisch-ideologischen Bedingungen nämlich wird die Reaktion auf den Ausfall des Sozialstaats zwangsläufig der Populismus von rechts sein. Um diese Entwicklung abzuwenden, braucht die Linke ein eigenes positives Projekt, mit dem sie über die Grenzen des sozialdemokratischen Wohlfahrtsstaats hinausgeht. Darum ist es auch völlig verfehlt, seine Hoffnungen auf starke souveräne Nationalstaaten zu setzen, die den Sozialstaat gegen multilaterale Institutionen wie die EU verteidigen können, von denen behauptet wird, sie dienten dem globalen Kapital als Werkzeuge zum Abbau verbleibender Restbestände des Sozialstaats.[17] Von dort aus ist es nur noch ein kleiner Schritt zu einem strategischen Bündnis mit der nationalistischen Rechten, die sich über das Schwinden des Nationalbewusstseins in einem transnationalen Europa sorgt (wie in Großbritannien mit dem Sieg des Brexit-Lagers bereits geschehen).

Die Mauern, die jetzt überall auf der Welt hochgezogen werden, sind von anderer Art als die Berliner Mauer, das Symbol des Kalten Krieges. Die heutigen Mauern scheinen nicht zum selben Begriff zu gehören, da die gleiche Mauer häufig mehreren Funktionen dient: als Verteidigung gegen Terrorismus, illegale Immigranten oder Menschenschmuggel, als Schutz vor kolonialer Landnahme und so weiter. Doch trotz dieser vielfältig scheinenden Zwecke besteht Wendy Brown zu Recht darauf, dass wir es dabei mit demselben, wenngleich häufig nicht als dasselbe erkannten Phänomen zu tun haben. Für sie nämlich sind die Mauern von heute eine Reaktion auf die Bedrohung, die der fortschreitende Globalisierungsprozess für die nationale Souveränität bedeutet: „Statt Ausdruck einer wieder-

17 Es ist eine der verrücktesten Folgen dieser Haltung, dass manche Linke den tschechischen liberalkonservativen Präsidenten Václav Klaus unterstützten, einen ausgesprochenen Skeptiker in Sachen Europa: Sein grimmiger Antikommunismus und heftiger Widerstand gegen den „totalitären“ Wohlfahrtsstaat werden als raffinierte Strategie abgetan, mit der er den Leuten seine antieuropäische Haltung schmackhaft zu machen sucht ... Zu den weiteren Dummheiten der Linken zählt eine seltsam ausgeprägte Kritik des „real existierenden Sozialismus“: Obwohl diese Staaten grundsätzlich fortschrittlich waren, missachteten sie die Demokratie und die persönliche Freiheit ... Gar nicht zu reden von der Vorstellung, die zentrale Planwirtschaft sei nie gescheitert, da sie nie wirklich umfassend getestet wurde. (Dies entspricht genau der Logik der Marktliberalen, die in der jüngsten Finanzkrise nicht das Ergebnis neoliberaler Politik sehen, sondern sie darauf zurückführen, dass der Marktliberalismus faktisch nie vollständig verwirklicht wurde.) Man muss hier fast zwangsläufig an die Logik des von Lacan angeführten Witzes denken: „Meine Verlobte kommt nie zu spät, wenn wir verabredet sind. Denn wenn sie einmal zu spät kommt, ist sie nicht mehr meine Verlobte!“ – Der Markt versagt nie, denn wenn er einmal versagt, beweist das nur, dass es sich nicht um den reinen Markt handelte. Wenn es je ein Modell dessen gab, was Hegel „abstraktes Denken“ nennt, dann ist es dieses.

auflebenden Souveränität des Nationalstaats sind die neuen Mauern Ikonen seines Untergangs. Sie mögen zwar wie übertriebene Symbole dieser Souveränität erscheinen, wie alle Übertreibungen deuten aber auch sie auf ein Zittern, eine Verwundbarkeit, Unbestimmtheit oder Instabilität im Zentrum dessen hin, das sie zum Ausdruck bringen wollen – auf Qualitäten also, die der Souveränität selbst diametral entgegengesetzt sind und aus diesem Grund Elemente ihrer Annullierung darstellen."[18] Was an diesen Mauern am meisten auffällt, ist ihre ausgesprochene Theatralik und die nicht minder ausgeprägte Ineffizienz: Sie bestehen im Wesentlichen aus altmodischen Materialien (Zement und Metall) und bilden auch insofern eine seltsam mittelalterlich anmutende Maßnahme gegen die immateriellen Kräfte, von denen die nationale Souveränität heute effektiv bedroht wird (digitale und wirtschaftliche Mobilität, hochentwickelte Cyberwaffen). Neben der Globalisierung stellt Brown zu Recht auch die Rolle der organisierten Religion als einer Handlungsmacht heraus, die den Staat in seiner Souveränität bedroht. Man könnte etwa argumentieren, dass China, ungeachtet seines jüngsten Nachgebens gegenüber der Religion als einem Instrument gesellschaftlicher Stabilität, einige Religionen (den tibetanischen Buddhismus, die Falun-Gong-Bewegung) gerade in dem Maße so heftig bekämpft, wie es in ihnen eine Bedrohung für die nationale Souveränität und die Einheit des Landes erkennt (Buddhismus ja, aber unter staatlicher Kontrolle; Katholizismus ja, aber die vom Papst ernannten Bischöfe müssen von den Behörden sorgfältig geprüft werden ...).

Eine der vertracktesten Formen falsch verstandener Treue gegenüber dem Kommunismus des 20. Jahrhunderts bildet die Zurückweisung des ganzen „real existierenden Sozialismus" im Namen irgendeiner authentischen Arbeiterbewegung, die nur darauf

18 Wendy Brown, *Mauern: Die neue Abschottung und der Niedergang der Souveränität*, Berlin: Suhrkamp 2018, S. 46.

warte loszubrechen. Bereits 1983 fertigte Georges Peyrol mit seinem Text „Dreißig Arten, wie man einen alten Marxisten leicht erkennen kann" ein wunderbar ironisches Porträt eines Marxisten traditionellen Schlags, für den feststeht, dass sich - früher oder später, man braucht nur Geduld - wieder eine echte revolutionäre Arbeiterbewegung formieren und die kapitalistische Herrschaft mitsamt den korrupten offiziellen Linksparteien und linken Gewerkschaften hinwegfegen wird ... Frank Ruda wies darauf hin, dass es sich bei „Georges Peyrol" um eines der Pseudonyme Alain Badious handelt.[19] Sein Angriff galt jenen noch verbliebenen Trotzkisten, die weiter daran glaubten, dass aus der Krise der marxistischen Linken heraus irgendwie eine neue revolutionäre Bewegung der Arbeiterklasse entstehen würde.[20] Wie kommt man aber dann aus dieser Sackgasse heraus? Was, wenn wir es wagen, einen schicksalhaften Schritt weiterzugehen, und nicht nur die Staats- und Marktregulierung zurückweisen, sondern auch deren utopischen Schatten - die Vorstellung einer unmittelbar von unten vollzogenen transparenten Regulierung des gesellschaftlichen Produktionsprozesses, die auf ökonomischem Gebiet dem Traum von der direkten Demokratie der Arbeiterräte entspricht?

---

19 In seiner Einführung zur deutschen Übersetzung von Badious *Peut-on penser la politique?*

20 Jaruzelskis Machtergreifung 1981 schützte auch die Solidarność vor der Enttäuschung ihrer politischen Profanierung: Hätte die Gewerkschaft in den 1980er Jahren noch frei arbeiten dürfen, hätte sie ihre Magie als gesamtnationale Kraft eingebüßt und wäre in politische Lager zerfallen, die allesamt eine eigene pragmatische Politik unter der katholisch-konservativen Vorherrschaft verfolgt hätten (wie es zehn Jahre später gekommen ist).

Leninistische Freiheit

Wie steht es also mit der Freiheit? In einer Polemik gegen die von den Menschewiki und Sozialrevolutionären 1922 vorgebrachte Kritik an der bolschewistischen Machtausübung legt Lenin seine Position wie folgt dar:

> Wahrhaftig, die Art von Predigt, wie sie [...] die Menschewiki und die Sozialrevolutionäre vom Stapel lassen, spiegelt ihre eigene Natur wider: „Die Revolution ist zu weit gegangen. Was du heute sagst, haben wir immer gesagt. Gestattet uns, das noch einmal zu wiederholen." Wir aber antworten darauf: „Gestattet uns, euch dafür an die Wand zu stellen. Entweder unterlaßt es gefälligst, eure Ansichten auszusprechen, oder aber, wenn ihr in der gegenwärtigen Lage, wo wir uns in weit schwierigeren Verhältnissen befinden als bei der direkten Invasion der Weißen, eure politischen Ansichten auszusprechen wünscht, dann werden wir, entschuldigt schon, mit euch verfahren wie mit den schlimmsten und schädlichsten weißgardistischen Elementen."[21]

Diese leninistische Freiheit der Wahl – nicht „Geld oder Leben!", sondern „Kritik oder Leben!" – erklärt in Verbindung mit Lenins abschätziger Haltung gegenüber der „liberalen" Idee von Freiheit den schlechten Ruf, den er unter Liberalen genießt. Deren Position beruht hauptsächlich auf der Ablehnung der üblichen marxistisch-leninistischen Entgegensetzung von „formaler" und „wirklicher" Freiheit. Dabei stellen doch auch Linksliberale wie Claude Lefort immer wieder nachdrücklich heraus, dass Freiheit ihrem Begriff

21 Wladimir Iljitsch Lenin, „Politischer Bericht des Zentralkomitees der KPR (B)" (27. März 1922), in: Ders., *Werke*, Band 33, Berlin/DDR: Diez 1962, S. 249–295, hier S. 269.

selbst nach „formal" sei, so dass „wirkliche Freiheit" dem Mangel an Freiheit gleichkomme.[22] An Lenin erinnert man sich in diesem Zusammenhang vor allem aufgrund seiner scharf formulierten Replik: „Freiheit – ja, aber für *wen*? Um *was* zu tun?" Für ihn lief die von den Menschewiki im oben angeführten Fall beanspruchte „Freiheit" zur Kritik an der bolschewistischen Regierung faktisch auf die „Freiheit" hinaus, die Regierung der Arbeiter und Bauern im Interesse der Konterrevolution nachhaltig zu schwächen. Ist es heute, nach der erschreckenden Erfahrung des „real existierenden Sozialismus", nicht mehr als offensichtlich, worin der Fehler dieses Denkens besteht? Erstens reduziert es eine historische Konstellation auf eine geschlossene, gänzlich kontextualisierte Situation, in der das eigene Handeln in seinen „objektiven" Folgen vollständig determiniert ist („beabsichtigt oder nicht, was du tust, dient jetzt objektiv ..."). Zweitens maßt man sich in dieser Position das Recht an, darüber zu entscheiden, was Handlungen objektiv bedeuten. Damit erweist sich der scheinbare Objektivismus (im Sinne von „objektiver Bedeutung") solcher Aussagen als sein genaues Gegenteil, nämlich als völliger *Subjektivismus*: Ich entscheide, was deine Handlungen objektiv bedeuten, denn ich definiere den Kontext der Situation (wenn ich etwa meine Macht als unmittelbaren Ausdruck der Macht der Arbeiterklasse begreife beziehungsweise als deren unmittelbare Entsprechung, dann ist jeder, der sich mir entgegenstellt, „objektiv" ein Feind der Arbeiterklasse). Gegen diese vollständige Kontextualisierung gilt es deutlich zu machen, worin Freiheit tatsächlich „wirklich" besteht. Freiheit nämlich erlangt gerade und ausschließlich als das Vermögen Wirklichkeit, eine bestehende Situation in den sie definierenden Koordinaten zu transzendieren, als die Fähigkeit zum Setzen der Voraussetzungen seines Tuns (wie Hegel dies ausgedrückt hätte), das heißt, die Situation selbst, mit

22 Siehe Claude Lefort, *Democracy and Political Theory*, Minneapolis: Minnesota University Press, 1988.

der man es zu tun hat, umzudefinieren beziehungsweise neu zu bestimmen. Außerdem ist, wie von vielen Kritikern herausgestellt, der Ausdruck „real existierender Sozialismus", der ja eigentlich geprägt wurde, um den Sozialismus als Erfolg darzustellen, an sich schon ein Beleg für dessen völliges Scheitern, für das Scheitern des Versuchs, die sozialistischen Regime zu legitimieren. Er kam in jenem geschichtlichen Moment auf, als der einzige Legitimationsgrund für den Sozialismus im bloßen Umstand seiner Existenz bestand.[23]

Doch ist damit alles gesagt? Wie funktioniert Freiheit eigentlich in den liberalen Demokratien selbst? Trotz aller Kompromisse kam die Gesundheitsreform Barack Obamas zumindest unter den heutigen Bedingungen einer Art *Akt* gleich, weil sie auf der Zurückweisung der hegemonialen Vorstellung basierte, dass die Staatsausgaben und der staatliche Verwaltungsaufwand drastisch reduziert werden müssten - in gewisser Weise hat die Reform das Unmögliche getan. Kein Wunder also, dass ihr ein solcher Widerstand entgegenschlug - in dem sich die Ideologie der Wahlfreiheit in ihrer ganzen körperlichen Wucht offenbarte. Obwohl die große Mehrheit der sogenannten einfachen Leute das Reformprogramm nicht einmal richtig kannte, gelang es der Medizinlobby (die doppelt so mächtig ist wie die berüchtigte Rüstungslobby!), der Öffentlichkeit einzureden, dass mit der allgemeinen Gesundheitsversorgung die Wahlfreiheit (in medizinischen Dingen) in irgendeiner Weise bedroht sei. Gegenüber diesem rein fiktiven Verweis auf die Wahlfreiheit stellte sich jeder Bezug auf die harten Fakten (in Kanada ist die Gesundheitsversorgung billiger und effektiver, ohne dass sich

23 Um es mit Badious Begriffsgegensatz von Sein und Ereignis zu sagen: Das Aufkommen des Ausdrucks „real existierender Sozialismus" signalisierte die endgültige und völlige Wiedereinschreibung der kommunistischen Regime in die positive Seinsordnung: Selbst das minimale utopische Potenzial, das sich noch in der wildesten stalinistischen Mobilisierung und später im „Tauwetter" unter Chruschtschow ausmachen ließ, verschwand unwiderruflich.

das einschränkend auf die Wahlfreiheit auswirken würde, und so weiter) als nutzlos heraus.

Die im eigentlichen Nervenzentrum der liberalen Ideologie angesiedelte Idee der Wahlfreiheit gründet sich auf die Vorstellung von einem „psychischen“ Subjekt, das nach Verwirklichung der in ihm angelegten Potenziale strebt. Und diese Vorstellung gilt umso mehr heute, im Zeitalter der sogenannten „Risikogesellschaft“,[24] da die herrschende Ideologie sich nach Kräften bemüht, uns ebendie Unsicherheit, die aus dem Abbau des Sozialstaats resultiert, als Möglichkeit zu neuen Freiheiten zu verkaufen. Du musst jedes Jahr deinen Job wechseln und dich mit Zeitverträgen abfinden, weil du keine langfristige Anstellung bekommst? Warum siehst du dies nicht als Befreiung von den Einschränkungen, die sich mit einer festen Stelle verbinden, als Chance, dich immer wieder neu zu erfinden, dir der Potenziale, die in deiner Persönlichkeit verborgen liegen, bewusst zu werden und sie dann zu verwirklichen? Du kannst dich nicht mehr auf das gewohnte Gesundheits- und Rentensystem verlassen, so dass du dich um eine bessere Absicherung kümmern musst und gezwungen bist, Zusatzversicherungen abzuschließen? Warum siehst du darin nicht eine zusätzliche Wahlmöglichkeit: entweder jetzt ein besseres Leben oder langfristige Sicherheit? Und wenn dich diese Situation beunruhigt, wird der postmoderne Ideologe dir gleich vorwerfen, du würdest „vor der Freiheit davonlaufen“, indem du dich stupide an die alten festen Formen klammerst.

Phänomene wie diese machen es heute umso nötiger, den Gegensatz von „formaler“ und „wirklicher“ Freiheit in einem neuen, genaueren Sinne zu *bekräftigen*. Was wir brauchen, ist ein „leninistischer“ *Traité de la servitude libérale*, eine neue Fassung von La Boéties *Abhandlung über die freiwillige Knechtschaft*, die das schein-

24 Siehe Ulrich Beck, *Risikogesellschaft: Auf dem Weg in eine andere Moderne*, Berlin: Suhrkamp 2016.

bare Oxymoron „liberaler Totalitarismus“ vollkommen rechtfertigen würde. In der experimentellen Psychologie hat Jean-Léon Beauvois einen ersten Schritt in diese Richtung unternommen, als er die Paradoxien, die sich aus der Übertragung der Wahlfreiheit auf das Subjekt ergeben, eingehend erkundete.[25] Wiederholte Experimente erbrachten das folgende paradoxe Resultat: *Nachdem* zwei Gruppen von Freiwilligen dazu bewegt werden konnten, sich an dem Versuch zu beteiligen, informiert man sie darüber, dass er mit einer unangenehmen Sache verbunden sein wird, die sogar gegen ihre ethischen Prinzipien geht. Teilt man nun der einen Gruppe mit, dass es jedem freisteht, sich gegen die Teilnahme zu entscheiden, sagt der anderen aber nichts dergleichen, wird der Prozentsatz derer, die ihrer weiteren Beteiligung zustimmen werden, in *beiden* Gruppen *gleich* (sehr) hoch sein. Anders gesagt *macht die Übertragung der formalen Entscheidungsfreiheit im Ergebnis keinen Unterschied*: Diejenigen, denen man sie gewährt, werden das Gleiche tun wie jene, denen man sie (stillschweigend) vorenthält. Was allerdings nicht heißt, dass der Hinweis auf die freie Entscheidbarkeit überhaupt keinen Unterschied macht: Diejenigen, denen man die Entscheidung explizit überlässt, werden sich tendenziell nicht nur für das Gleiche entscheiden, wie die, denen man sie vorenthält. Sie werden noch dazu bestrebt sein, ihrer „freien“ Entscheidung, sich weiter an dem Versuch zu beteiligen, eine vernünftige Rechtfertigung zu geben: Weil sie nicht imstande sind, die sogenannte kognitive Dissonanz auszuhalten (ihre Erkenntnis, dass sie *aus eigenem Antrieb* gegen ihre Interessen, Vorlieben oder Normen gehandelt haben), werden sie dazu neigen, *ihre Ansicht* über die Handlung, zu deren Ausführung sie aufgefordert wurden, zu *ändern*. Sagen wir, jemand erklärt sich zur Teilnahme an einem Experiment bereit, bei dem es darum geht, die eigenen Essgewohnheiten zu ändern, um dadurch den Hunger

25 Siehe Jean-Léon Beauvois, *Traité de la servitude libérale: Analyse de la soumission*, Paris: Dunod 1994.

in der Welt zu bekämpfen. Im Labor wird die betreffende Person dann aufgefordert, einen lebendigen Wurm herunterzuschlucken, wobei man sie explizit darauf hinweist, dass sie natürlich Nein sagen kann, wenn ihr das zuwider sei, da sie die völlige Entscheidungsfreiheit habe. In den meisten Fällen wird sie sich bereiterklären, es zu tun, und sich dann zu rechtfertigen suchen, indem sie sich etwa sagt: „Was man von mir verlangt, ist wirklich ekelhaft, doch ich bin kein Feigling. Ich sollte ein wenig Mut aufbringen und Selbstbeherrschung zeigen. Sonst werden mich die Wissenschaftler für einen schwachen Menschen halten, der beim ersten größeren Hindernis einen Rückzieher macht! In jedem Fall hat ein Wurm eine Menge Proteine, so dass die Tiere effektiv zur Ernährung der Armen genutzt werden könnten – wer bin ich denn, dass ich ein Experiment von solcher Wichtigkeit wegen meiner kleinlichen Empfindlichkeit behindern dürfte? Und womöglich ist mein Ekel vor Würmern bloß ein Vorurteil, vielleicht ist ein Wurm ja gar nicht so schlecht – und wäre es nicht auch eine neue und kühne Erfahrung, ihn zu schmecken? Was, wenn ich dadurch eine unvermutete, sei es auch leicht perverse, Dimension meiner selbst entdecken könnte, von der ich bisher nichts wusste?"

Beuavois macht in seiner Analyse dessen, was Menschen veranlasst, solch eine Handlung auszuführen, die ihren vermeintlichen Vorlieben und/oder Interessen zuwiderläuft, drei verschiedene Modi aus: einen *autoritären* (die reine Anweisung „Du sollst das tun, weil ich es sage, ohne es zu hinterfragen!", gekoppelt an eine Belohnung, sofern das Subjekt tut wie verlangt, und eine Strafe, falls nicht); einen *totalitären* (mit Verweis auf eine höhere Sache oder ein allgemeines Gut, das von größerer Bedeutung ist als das vermeintliche Interesse des Subjekts: „Du sollst es tun, auch wenn es nicht angenehm ist, denn es dient unserer Nation, der Partei oder der Menschheit!"); und einen *liberalen* (mit Verweis auf die innere Natur des Subjekts: „Was man von dir verlangt, erscheint vielleicht abstoßend, wenn du aber tief in dich hineinschaust, dann wirst du feststellen, dass es in deiner wahren Natur liegt, es zu tun, dann wirst du es reizvoll finden und dir neuer, unvermuteter Dimensionen deiner Persönlichkeit bewusst werden!“). Die von Beauvois vorgenommene Einteilung bedarf allerdings einer Korrektur, da ein unmittelbarer Autoritarismus praktisch nicht vorkommt – noch das unterdrückerischste Regime legitimiert seine Forderungen *gegenüber der Öffentlichkeit*, indem es auf irgendein höheres Gut Bezug nimmt, und letztlich schwingt das „Du musst gehorchen, weil ich es sage“ nur als dessen obszöne, zwischen den Zeilen herauslesbare Ergänzung mit. Wenn es den gewöhnlichen Autoritarismus kennzeichnet, dass er auf irgendein höheres Gut Bezug nimmt, so ruft der „Totalitarismus“, wie auch der Liberalismus, das Subjekt im Namen von *dessen eigenem* Besten an („Was dir vielleicht als äußerer Druck erscheint, ist in Wahrheit Ausdruck deiner objektiven Interessen, dessen, was du *wirklich willst*, ohne dir dessen bewusst zu sein!“). Der Unterschied zwischen beiden liegt woanders: Der „Totalitarismus“ zwingt dem Subjekt dessen eigenes Bestes auf, selbst wenn dies gegen seinen Willen geschieht – denken wir an die berühmt-berüchtigte Äußerung Charles’ I. gegenüber dem Earl of Essex: „Sollten sich einige so töricht unnatürlich verhalten und ihrem König, ihrem Land und ihrem eigenen Besten entgegenarbeiten, werden wir sie mit Gottes Segen glücklich machen – auch gegen ihren Willen.“ Wir begegnen hier bereits dem später bei den Jakobinern aufkommenden Thema des Glücks als politischem Faktor und auch der Auffassung Saint-Justs, wonach man die Menschen zu ihrem Glück zwingen müsse. Der Liberalismus hingegen versucht, dieses Paradox zu vermeiden (oder vielmehr zu verschleiern), indem er an der Fiktion der unmittelbaren und freien Selbstwahrnehmung durch das Subjekt festhält („Ich behaupte nicht, ich wüsste besser als du, was du willst – schau nur einfach tief in dich hinein und entscheide frei!“).

Der Fehler von Beauvois' Argumentation liegt darin, dass er nicht erkennt, dass die abgründige tautologische Autorität (das „Es ist so, weil ich es sage!" des Herrn) nicht einfach aufgrund der Sanktionen (Strafen oder Belohnungen) funktioniert, die sie explizit oder implizit ausspricht. Was veranlasst ein Subjekt aber dann dazu, sich freiwillig zu entscheiden, etwas zu tun, das ihm gegen seine Interessen beziehungsweise Vorlieben aufgedrängt wird? Es ist hier nicht mit einer Untersuchung der (im kantischen Sinne) „pathologischen" Beweggründe getan: Das Aussprechen einer Aufforderung, die ihrem Adressaten eine symbolische Verpflichtung auferlegt, weist eine eigene innere Kraft auf, und darum ist das, was uns dazu verleitet, ihr Folge zu leisten, genau jenes Merkmal, das viel eher als ein Hindernis erscheinen könnte – nämlich dass es keinen solchen Grund gibt. Hier kann uns Lacan eine gewisse Hilfe sein: Der Lacan'sche „Herrensignifikant" bezeichnet gerade diese hypnotische Kraft der symbolischen Aufforderung, die sich ausschließlich auf ihren Aussageakt stützt – wir stoßen hier auf die „symbolische Wirksamkeit" in ihrer reinsten Form. Die drei Formen zur Legitimierung der Ausübung von Autorität („autoritär", „totalitär" und „liberal") stellen einfach drei Formen dar, den Abgrund dieser leeren Aufforderung zu verschleiern und uns blind zu machen gegenüber ihrer verführerischen Macht. In gewissem Sinne ist der Liberalismus hier sogar die schlimmste der drei, weil er die Gründe für die Befolgung *naturalisiert*, indem er sie in die psychische Struktur des Subjekts hineinverlagert. Das Paradoxe besteht folglich darin, dass die „liberalen" Subjekte gewissermaßen die unfreiesten sind: Indem sie ihre Ansicht oder Wahrnehmung von sich ändern und das, was ihnen *aufgedrängt* wird, als etwas ihrer „Natur" Entspringendes akzeptieren, *bemerken* sie ihre Unterordnung nicht einmal mehr.

Nehmen wir die Situation in den osteuropäischen Ländern um 1990, als der „real existierende Sozialismus" zerfiel. Mit einem Mal hatten die Menschen „politische Wahlfreiheit". Sind sie aber je *wirklich* grundsätzlich gefragt worden, wie die neue Ordnung beschaffen sein soll, die sie eigentlich wollten? War es nicht vielmehr so, dass sie sich genau in der Situation des Subjekt-Opfers in einem Beauvois'schen Experiment wiederfanden? Zunächst sagte man ihnen, sie würden nun das gelobte Land der politischen Freiheit betreten; doch schon bald hieß es, dass diese Freiheit mit der unbeschränkten Privatisierung, dem Abbau der sozialen Sicherheit und anderem mehr verbunden sei. Dennoch stehe es ihnen frei zu entscheiden, und darum könnten sie sich diesem Weg verweigern, wenn sie das wollten. Weil aber unsere heldenhaften Osteuropäer ihre westlichen Vormünder nicht enttäuschen wollten, blieben sie stoisch bei der Entscheidung, die sie nie getroffen hatten, und legten sich mit Bedacht das Verhalten mündiger Staatsbürger zu, die sich darüber im Klaren sind, dass die Freiheit ihren Preis hat. Daher bildet die Vorstellung des mit natürlichen Neigungen ausgestatteten psychischen Subjekts, das sein wahres Selbst und sein Potenzial verwirklichen muss und das also für seinen Erfolg oder Misserfolg letztlich selbst verantwortlich ist, das Schlüsselelement liberaler Freiheit.

An dieser Stelle nun gilt es die Lenin'sche Entgegensetzung von „formaler" und „wirklicher" Freiheit erneut aufzugreifen: Eine wirklich freie Handlung zeichnet sich genau dadurch aus, dass man die verführende Macht der symbolischen Wirksamkeit zu *brechen* wagt. Darin liegt das Moment der Wahrheit von Lenins scharfer Erwiderung auf die von den Menschewiki vorgebrachte Kritik: Bei einer wirklich freien Wahl wähle ich nicht lediglich zwischen zwei oder mehreren Alternativen *innerhalb* einer Reihe vorgegebener Koordinaten; vielmehr entscheide ich mich dafür, die Koordinaten selbst zu ändern. Der Haken am Übergang vom „real existierenden Sozialismus" zum Kapitalismus bestand darin, dass die Osteuropäer nie die Möglichkeit hatten, das *ad quem* dieses Übergangs zu wählen – völlig unvermittelt wurden sie (fast buchstäblich) in eine neue Situation geworfen, in der sie eine Reihe von neuen feststehenden Optionen vorgesetzt bekamen (reiner Liberalismus, nationalistischer Konservatismus ...). Dies wiederum bedeutet, dass wirkliche Freiheit als Akt des bewussten Veränderns dieser Koordinaten sich nur dann ereignet, wenn man in einer Situation der erzwungenen Wahl so *handelt*, *als sei diese Wahl nicht erzwungen*, und sich für das Unmögliche entscheidet. Darum genau geht es bei Lenins heftigen Tiraden gegen die „formale Freiheit", und darin liegt auch der rationale Kern, den es heute zu bewahren gilt. Wenn Lenin insistiert, dass es keine „reine" Demokratie gibt, dass wir bei jeder konkreten Gestalt der Freiheit immer fragen sollten, wem sie dient und welche Rolle sie im Klassenkampf einnimmt, geht es ihm gerade darum, die Möglichkeit einer *wahren* radikalen Wahl zu erhalten. Hierauf läuft die Unterscheidung zwischen „formaler" und „wirklicher" Freiheit letztlich hinaus: „Formale Freiheit" meint die Freiheit der Wahl *innerhalb* der Koordinaten der bestehenden Machtverhältnisse, während „wirkliche Freiheit" die Stelle einer Intervention bezeichnet, die diese Koordinaten selbst untergräbt. Kurz gesagt besteht Lenins Ziel nicht darin, die Wahlfreiheit zu begrenzen, sondern die grundlegende Wahl aufrechtzuerhalten – wenn er die Frage nach der Rolle einer Gestalt der Freiheit im Klassenkampf aufwirft, dann lautet seine eigentliche Frage: „Trägt diese Freiheit dazu bei, die revolutionäre Grundoption offenzuhalten, oder schränkt sie sie ein?"

Dies bringt uns zum jakobinischen Revolutionsterror zurück, der, wie man sich furchtlos eingestehen sollte, den eigentlichen emanzipatorischen Kern bildet. Denken wir an die rhetorische Wende, die häufig als Beleg für Robespierres „totalitäre" Manipulation seiner Zuhörer genommen wird.[26] Vollzogen hat er sie während seiner Rede vor der Nationalversammlung vom 11. Germinal des Jahres II (am 31. März 1794); in der Nacht zuvor waren Danton, Camille Desmoulins sowie einige andere verhaftet worden, und daher

26 Siehe die detaillierte Analyse in Lefort, „The Revolutionary Terror", in: Ders., *Democracy and Political Theory*, S. 50–88.

hatten viele Mitglieder der Versammlung verständlicherweise Angst, sie könnten die Nächsten sein. Robespierre strich die Bedeutung des Augenblicks heraus: „Bürger, der Augenblick ist gekommen, die Wahrheit zu sagen." Dann nahm er die Furcht auf, die im Raum schwebte:

> Man will [*on veut*] euch Angst machen vor einem Machtmissbrauch, vor der Macht, die ihr im Lande ausgeübt habt. [...] Man will uns Angst machen, das Volk könnte den Komitees anheimfallen. [...] Man fürchtet, dass die Gefangenen unterdrückt werden.[27]

Es gibt hier einen Gegensatz zwischen dem unpersönlichen „man" (die Angstmacher werden nicht benannt) und dem in der Weise unter Druck gesetzten Kollektiv, welches sich fast unmerklich von „euch" (*vous*) zu „uns" verlagert (Robespierre schließt sich ritterlicherweise in das Kollektiv mit ein). Die letzte Formulierung leitet dann allerdings eine bedrohliche Wendung ein: Nun heißt es nämlich nicht mehr, „man will euch/uns Angst machen", sondern „man fürchtet". Und das bedeutet, dass der Feind, der die Angst schürt, sich nicht mehr außerhalb von „euch/uns", den Mitgliedern der Versammlung, befindet, sondern dass er hier ist, unter uns, unter den von Robespierre als „euch" Angesprochenen, und unsere Einheit von innen heraus zersetzt. Dies genau war der Moment, da Robespierre in einem wahren Geniestreich vollends zum Subjekt wurde – er wartete einen Augenblick, dass seine Worte die bedrohliche Wirkung entfalteten, und sprach dann in der *Ich*form weiter:

27 Zitiert nach „The Revolutionary Terror", ebd., S. 63.

> Ich sage, dass jeder, der in diesem Augenblick zittert, schuldig ist; die Unschuld nämlich fürchtet nie den prüfenden Blick der Öffentlichkeit.[28]

Was könnte „totalitärer" sein als diese Vorstellung, dass einen allein schon die Angst, man könnte für schuldig befunden werden, schuldig macht? Es handelt sich dabei um eine merkwürdige und verdrehte Über-Ich-Version des altbekannten Mottos, wonach das Einzige, wovor man Angst haben muss, die Angst selbst ist. Dennoch sollte man diese rhetorische Strategie nicht einfach als Beschuldigungsterror abtun, sondern das Moment der Wahrheit darin erkennen: Im kritischen Augenblick der revolutionären Entscheidung gibt es keine unschuldigen Beobachter, denn in einem solchen Moment stellt die Unschuld selbst - man hält sich aus der Entscheidung heraus und macht weiter, als ginge einen der Kampf, der sich um einen herum abspielt, im Grunde nichts an - den größten Verrat dar. Das heißt, die Angst, ich könnte des Verrats beschuldigt werden, *ist* mein Verrat, denn auch wenn ich nichts gegen die Revolution unternommen habe, beweist diese Angst, beweist die Tatsache, dass sie in mir aufgekommen ist, dass ich außerhalb der Revolution stehe und eine Revolution als Kraft erlebe, die mich von außen bedroht.

Diese einzigartige Rede hält jedoch noch aufschlussreichere Dinge parat. Robespierre greift darin unmittelbar die heikle Frage auf, die seine Zuhörer ganz zweifellos umgetrieben hat - wie kann er sicher sein, dass er selbst nicht der Nächste sein wird, den man beschuldigt? Robespierre ist nicht der vom Kollektiv ausgenommene Herr, das „Ich" außerhalb des „Wir" - schließlich hat er Danton einmal sehr nahe gestanden. Was, wenn die Nähe zu diesem einst mächtigen Mann, der jetzt im Gefängnis sitzt, morgen gegen ihn verwendet wird? Kurzum, wie kann Robespierre sicher sein,

28 Zitiert nach ebd., S. 65.

dass der Prozess, den er selbst in Gang gesetzt hat, nicht auch ihn verschlingen wird? An diesem Punkt gewinnt seine Stellung erhabene Größe – er nimmt es vollkommen für sich an, dass die Gefahr, in der Danton heute schwebt, morgen ihm drohen wird. Dass Robespierre so gelassen ist und sein Schicksal nicht fürchtet, liegt nicht darin begründet, dass Danton ein Verräter wäre, er selbst hingegen ein reiner Mensch, der unmittelbar den Volkswillen verkörpert. Seine Haltung rührt vielmehr daher, dass er *keine Angst hat zu sterben* – sein Tod, wenn er ihn schließlich ereilt, wird nichts als ein bloßer Zufall sein, völlig ohne Belang:

> Was soll mir die Gefahr ausmachen? Mein Leben gehört dem Vaterland; mein Herz ist frei von Furcht, und sollte ich sterben müssen, täte ich es ohne Vorwurf und ohne Schande.[29]

Insofern sich der Wechsel vom „Wir" zum „Ich" in der Tat als der Moment bestimmen lässt, in dem die demokratische Maske fällt und Robespierre sich auf offener Bühne zum „Herrn" aufschwingt (bis hierhin folgen wir Leforts Analyse), muss dem Begriff hier folglich sein ganzes Hegel'sches Gewicht gegeben werden: Der Herr ist die souveräne Gestalt, derjenige, dem die Aussicht aufs Sterben keine Angst macht, der bereit ist, alles zu wagen. Anders gesagt heißt „ich" in der Verwendung Robespierres letztlich: Ich habe keine Angst zu sterben. Nur dies ist es, was ihn autorisiert, nicht irgendein direkter Zugang zum großen Anderen. Robespierre nämlich behauptet nicht, es sei der Volkswille, der durch ihn spricht.

Eine weitere unmenschliche Dimension der von ihm beförderten Verbindung von Tugend und Terror bildet die Ablehnung der Gewohnheit (verstanden als die Instanz pragmatischer, lebensnaher Kompromissbildungen). Jede rechtliche oder explizit normative

29 Zitiert nach ebd., S. 64.

Ordnung muss sich auf ein komplexes, reflexives Netz informeller Regeln stützen, die uns sagen, wie wir uns zu den expliziten Normen verhalten und wie wir sie anwenden sollen; inwieweit sie buchstäblich zu nehmen sind; wie und wann es uns erlaubt oder sogar geboten ist, sie zu missachten, und so weiter - dies ist der Bereich der Gewohnheit. Wer die Gewohnheiten einer Gesellschaft kennt, der kennt die Metaregeln für die Anwendung ihrer Normen: Man denke etwa an das höfliche Angebot, das dazu gedacht ist, zurückgewiesen zu werden - es ist Usus, ein solches Angebot abzulehnen, und jeder, der es annimmt, begeht einen schweren Fauxpas. Das Gleiche gilt für viele politische Situationen, in denen uns nur unter der Bedingung eine Wahl eingeräumt wird, dass wir uns richtig entscheiden: Man erinnert uns feierlich daran, dass wir Nein sagen können - es wird jedoch erwartet, dass wir dieses Angebot ablehnen und begeistert Ja sagen. Bei vielen sexuellen Verboten verhält es sich genau umgekehrt: Mit dem ausdrücklichen „Nein“ verbindet sich die unausgesprochene Aufforderung „Tu es, aber bitte diskret!“. Gemessen daran sind egalitär-revolutionäre Figuren von Robespierre bis John Brown (zumindest potenziell) Figuren ohne Gewohnheiten. Sie lehnen es ab, den Gewohnheiten, nach denen sich das Funktionieren einer allgemeinen Regel näher bestimmt, Rechnung zu tragen. Robespierre selbst erklärte:

> So groß ist die natürliche Herrschaft der Gewohnheit, dass wir die willkürlichsten Konventionen, oft sogar die mangelhaftesten Einrichtungen als die vollkommene Richtschnur des Wahren oder des Falschen, des Gerechten oder des Ungerechten betrachten. Wir denken sogar nicht daran, dass die Mehrzahl notwendig noch an den Vorurteilen hängt, mit denen der Despotismus uns gefüttert hat; wir sind so lange unter sein Joch geschmiedet gewesen, dass wir uns nur schwer bis zu den ewigen Prinzipien der Vernunft wieder erheben, dass alles, was bis zur heiligen Quelle aller Gesetze zurückgeht, in unsern Augen

> einen ungesetzlichen Charakter anzunehmen scheint, und dass sogar die Ordnung der Natur uns als Unordnung erscheint. Die majestätischen Bewegungen eines großen Volkes, die erhabenen Aufschwünge der Tugend stellen sich unsern furchtsamen Augen oft als Ausbrüche eines Vulkanes oder als Umsturz der politischen Gesellschaft dar, und gewiss ist dieser ewige Widerspruch zwischen der Schwäche unserer Sitten, der Verderbnis unserer Geister und der Reinheit der Grundsätze, der Energie der Charaktere, welche eine freie Regierungsform voraussetzt, wie wir sie zu erstreben wagen, nicht die geringfügigste Ursache der Unruhen, die uns in Bewegung erhalten.[30]

Das Joch der Gewohnheit abzuschütteln kann zum Beispiel heißen: Wenn alle Menschen gleich sind, müssen sie auch alle gleich behandelt werden; wenn Schwarze genauso Menschen sind, sollten sie auch unmittelbar als solche behandelt werden. Denken wir zurück an die Anfänge des Kampfes gegen die Sklaverei in den USA, der noch vor dem Bürgerkrieg im bewaffneten Aufstand gipfelte und von der einzigartigen Gestalt des John Brown angeführt wurde:

> Die Afroamerikaner waren Karikaturen von Menschen, sie wurden als Spaßmacher und Minstrels abgestempelt, sie waren die Zielscheibe des Spotts in der amerikanischen Gesellschaft. Und selbst die Abolitionisten, so feindlich sie der Sklaverei auch gegenüberstanden, sahen die Afroamerikaner mehrheitlich nicht als Gleiche an. Die meisten von ihnen, und dies wurde von den Afroamerikanern ständig beklagt, waren zwar bereit, sich für das Ende der Sklaverei im Süden einzusetzen, nicht aber dazu, dasselbe für den Norden zu tun. […] Anders John Brown. Für

30 Zitiert nach Karl Brunnemann, *Maximilian Robespierre: ein Lebensbild nach zum Teil noch unbenutzten Quellen*, Hamburg: Severus 2011, Nachdruck der Originalausgabe von 1880, S. 125.

ihn war Gleichbehandlung der erste Schritt zur Beendigung der Sklaverei. Und Afroamerikaner, die mit ihm in Kontakt kamen, wussten dies sofort.[31]

Darum ist John Brown eine politische Schlüsselfigur in der US-amerikanischen Geschichte. Mit seinem leidenschaftlich vertretenen radikalen Abolitionismus christlicher Prägung war er am nächsten daran, eine jakobinische Logik in die US-amerikanische Politik hineinzubringen. „John Brown verstand sich selbst als bedingungslosen Egalitaristen. Und es war ihm sehr wichtig, Gleichheit auf allen Ebenen zu praktizieren. [...] Er machte sehr deutlich, dass es für ihn keinen Unterschied gab. Dazu aber ließ er Taten sprechen, nicht Worte."[32] Noch heute, lange nach der Abschaffung der Sklaverei, ist Brown eine Gestalt im kollektiven Gedächtnis Amerikas, die die Gemüter spaltet; umso bedeutsamer sind jene Weißen, die ihn unterstützten und zu denen überraschenderweise Henry David Thoreau gehörte, der große Gegner der Gewalt. Entgegen der üblichen Darstellung, in der Brown als blutrünstig, töricht und krankhaft besessen erscheint, zeichnet Thoreau das Porträt eines unvergleichlichen Mannes, der sich wie kein anderer einer Sache verschrieb; er geht sogar so weit, Browns Hinrichtung mit dem Tod Christi zu vergleichen.[33] Thoreau zieht gegen jene vom Leder, die sich abschätzig und verächtlich über Brown äußerten: Sie wüssten aufgrund ihres „toten" Daseins nichts mit ihm anzufangen; eigentlich lebten sie nicht, denn gelebt hätte nur eine Handvoll Menschen.

Gerade diese konsequente Gleichbehandlung aber kennzeichnet zugleich auch die Begrenztheit der jakobinischen Politik. Denken

31 Margaret Washington über die von Brown praktizierte Gleichheit: „Brown's egalitarianism", abrufbar unter www.*pbs*.org/wgbh/amex/brown/filmmore/reference/interview/washington05.html.

32 Ebd.

33 Siehe Henry David Thoreau, *Über die Pflicht zum Ungehorsam gegen den Staat und andere Essays*, Zürich: Diogenes 2010.

wir an Marx' grundlegende Einsicht in die „bürgerliche" Begrenztheit der Gleichheitslogik. Danach sind die kapitalistischen Ungleichheiten keine „prinzipienlosen Verstöße gegen das Gleichheitsprinzip", sondern der Gleichheitslogik absolut inhärent, sie sind das paradoxe Resultat von deren konsequenter Umsetzung. Es geht hier nicht bloß um das abgegriffene Thema, wonach der Marktaustausch formal gleichgestellte Subjekte voraussetzt, die auf dem Markt zusammenkommen und miteinander agieren; der entscheidende Punkt an Marx' Kritik der „bürgerlichen" Sozialisten ist der, dass die kapitalistische Ausbeutung mit keinerlei „ungleichem" Austausch zwischen Arbeiter und Kapitalist einhergeht – der Austausch geschieht vollkommen gleichberechtigt und „gerecht", denn (im Prinzip) bekommt der Arbeiter für die Ware, die er verkauft (seine Arbeitskraft), den vollen Wert bezahlt. Die radikalen bürgerlichen Revolutionäre sind sich dieser Begrenztheit natürlich bewusst, versuchen sie jedoch durch unmittelbare „terroristische" Durchsetzung von immer mehr faktischer Gleichheit aufzuheben (gleiche Löhne, gleiche Gesundheitsleistungen und so weiter). Damit aber schaffen sie nur neue Formen formaler Ungleichheit (wenn etwa die Unterprivilegierten bevorzugt behandelt werden). Kurz gesagt reicht das Axiom der „Gleichheit" entweder nicht weit genug (und bleibt die abstrakte Form realer Ungleichheit) oder zu weit (und bedingt die Erzwingung „terroristischer" Gleichheit) – „Gleichheit" ist eine im strengen dialektischen Sinne formalistische Idee, das heißt, ihre Begrenztheit liegt eben darin, dass ihre Form nicht konkret genug ist, sondern bloß ein neutrales Gefäß für einen Inhalt, der sich dieser Form entzieht.

Das Problem ist hier nicht der Terror als solcher – besteht unsere Aufgabe heute doch gerade darin, den emanzipatorischen Terror neu zu erfinden. Das Problem liegt woanders: Der egalitaristische „Extremismus" oder „Überradikalismus" sollte stets als Phänomen einer politisch-ideologischen *Verschiebung* verstanden werden: als Indiz für sein Gegenteil, für eine Begrenztheit, für die Weigerung, wirklich bis zum Ende zu gehen. Was war die Zuflucht der Jakobiner im radikalen Terror anderes als eine Art hysterisches Ausagieren, ein Zeugnis ihrer Unfähigkeit, an die Grundlagen der Wirtschaftsordnung zu rühren (Privateigentum und so weiter). Und ließe sich dasselbe nicht auch über die Auswüchse der politischen Korrektheit sagen? Zeugen sie nicht ebenfalls von einem Rückzug vom Kampf gegen die eigentlichen (wirtschaftlichen usw.) Ursachen von Rassismus und Sexismus? Daher ist es vielleicht an der Zeit, den Standardtopos praktisch aller „postmodernen" Linken infrage zu stellen, dem zufolge der politische „Totalitarismus" irgendwie aus der Vorherrschaft der materiellen Produktion und Technik über die intersubjektive Kommunikation beziehungsweise die symbolische Praxis resultiert. Nach diesem Verständnis liegt die Wurzel des politischen Terrors darin, dass das Prinzip der instrumentellen Vernunft, der technologischen Ausbeutung der Natur, auch auf die Gesellschaft ausgedehnt wird und die Menschen entsprechend als Rohmaterial betrachtet werden, um daraus den neuen Menschen zu schaffen. Was ist, wenn es sich genau *umgekehrt* verhält? Was, wenn der politische „Terror" gerade ein Zeichen dafür ist, dass der Bereich der (materiellen) Produktion in seiner Eigenständigkeit *verleugnet* und der politischen Logik *untergeordnet* wird? Ist es nicht so, dass der politische „Terror", von den Jakobinern bis zu Maos Kulturrevolution, die Verwerfung der eigentlichen Produktion zur Voraussetzung hat, ihre Reduktion auf das Kampfgebiet der Politik? Dies bedeutet mit anderen Worten nicht weniger als die Preisgabe der zentralen Marx'schen Erkenntnis, wonach der politische Kampf ein Schauspiel darstellt, das sich nur über die Ökonomie entschlüsseln lässt: „Liegt der analytische Wert des Marxismus für die *politische* Theorie nicht in dem nachdrücklichen Beharren, dass das Problem der Freiheit in den im liberalen Diskurs implizit für ‚unpolitisch' erklärten – das heißt naturalisierten – sozialen Beziehungen enthalten ist?"[34]

Diesem Kernpunkt hat sich Lenin in seinen letzten Jahren tatsächlich mutig gestellt.

Von Lenin zu Stalin ... und zurück

Die frühen Bolschewiken wären über die Entwicklung, die die Sowjetunion bis 1930 genommen hatte, zweifellos schockiert gewesen (wie es viele der noch Lebenden waren, bevor sie selbst in großen Säuberungsaktionen skrupellos beseitigt wurden). Ihre Tragödie war es jedoch, dass sie im stalinistischen Terror nicht das schlussendliche Resultat ihres eigenen Handelns zu erkennen vermochten. Was sie gebraucht hätten, wäre ihre eigene Version des *Tat twam asi* („Du bist das") gewesen. Diese alte Weisheit – die, wie ich deutlich sagen will, sich nicht als billiger Antikommunismus abtun lässt: Sie hat ihre eigene Logik, und sie billigt der alten Garde der Bolschewiken tragische Größe zu – gilt es gleichwohl als problematisch zu betrachten. Die Linke sollte hier einen eigenen Alternativvorschlag zu den „Was wäre wenn"-Geschichtsszenarien der Rechten machen: Die Antwort auf die ewige Zweifelsfrage der Linken, „Was wäre geschehen, hätte Lenin bei guter Gesundheit zehn Jahre länger gelebt und es geschafft, Stalin abzusetzen?", ist nicht so klar, wie es vielleicht scheint (grundsätzlich *nichts* – oder nichts wesentlich anderes: Es wäre zum gleichen Stalinismus gekommen, nur ohne dessen schlimmste Auswüchse), trotz vieler guter Argumente hierfür (hat nicht Rosa Luxemburg selbst bereits 1918 den Aufstieg des bürokratischen Stalinismus vorausgesagt?).

---

34 Wendy Brown, *States of Injury. Power and Freedom in Late Modernity*, Princeton: Princeton University Press 1995, S. 14.

Obwohl jedoch klar ist, wie der Stalinismus aus den Anfangsbedingungen der Oktoberrevolution und ihren revolutionären Nachwehen hervorging, sollte man die Möglichkeit, dass etwas anderes entstanden wäre, wenn Lenin seine Gesundheit erhalten und Stalin abgesetzt hätte, nicht von vornherein unberücksichtigt lassen – natürlich wäre nicht die Utopie des „demokratischen Sozialismus" eingetreten, dennoch aber hätte sich etwas substanziell anderes herausgebildet als der stalinistische „Sozialismus in einem Land", etwas, das aus einer Reihe viel stärker pragmatisch und improvisatorisch angelegter politischer und ökonomischer Entscheidungen resultiert hätte und mit einem ausgeprägten Bewusstsein von den Begrenztheiten des Unternehmens verbunden gewesen wäre. Lenins verzweifelter letzter Kampf gegen den wiedererwachten russischen Nationalismus, seine Unterstützung der georgischen Nationalisten, seine Idee von einer dezentralen Föderation und so weiter, dies waren nicht einfach taktische Kompromisse: Bei ihm verband sich damit eine Vorstellung von Staat und Gesellschaft, die aufs Ganze gesehen unvereinbar mit der Stalins war. Zwei Jahre vor seinem Tod, als klar wurde, dass mit einer gesamteuropäischen Revolution nicht unmittelbar zu rechnen war, und in dem Wissen, dass die Idee vom Aufbau des Sozialismus in einem Land nichts taugte, schrieb Lenin: „Wie aber, wenn die völlige Ausweglosigkeit der Lage, wodurch die Kräfte der Arbeiter und Bauern verzehnfacht wurden, uns die Möglichkeit eines anderen Übergangs eröffnete, um die grundlegenden Voraussetzungen der Zivilisation zu schaffen, als in allen übrigen westeuropäischen Staaten?"[35]

Man beachte, dass Lenin hier einen klassenneutralen Ausdruck verwendet, wenn er von den „grundlegenden Voraussetzungen der Zivilisation" spricht, und dass er sich auf die Länder Westeuropas, gerade als er Russlands Distanz von ihnen betont, eindeutig als Vor-

35 Wladimir Iljitsch Lenin, „Über unsere Revolution", in: Ders., *Werke*, Band 33, Berlin/DDR: Diez 1962, S. 462–465, hier S. 464.

lage bezieht. Der Kommunismus stellt den Inbegriff eines europäischen Ereignisses dar. Wenn Marxisten die Kraft des Kapitalismus zur Auflösung alter Gemeinschaftsbindungen loben und in dieser Auflösung den Freiraum sehen, der damit für eine radikale Emanzipation geschaffen wird, dann sprechen sie im Namen des emanzipatorischen Erbes Europas. Walter Mignolo und andere postkoloniale Gegner des Eurozentrismus lehnen die Idee des Kommunismus ab, weil sie sie für zu europäisch halten, und bringen stattdessen asiatische, lateinamerikanische und afrikanische Traditionen als Quellen des Widerstands gegen den globalen Kapitalismus ins Spiel. Es gilt hier eine äußerst wichtige Entscheidung zu treffen: Wehren wir uns gegen den globalen Kapitalismus im Namen der lokalen Traditionen, die er untergräbt, oder begrüßen wir diese zersetzende Kraft und leisten ihm im Namen eines universellen emanzipatorischen Projekts Widerstand? Der Antieurozentrismus ist heute gerade deshalb so weit verbreitet, weil der globale Kapitalismus viel besser funktioniert, wenn seine Auswüchse durch irgendwelche alten Traditionen reguliert werden: wenn globaler Kapitalismus und lokale Traditionen keinen Gegensatz mehr bilden, sondern auf derselben Seite stehen.

Deleuzianisch gesprochen ist die Bedeutung Lenins die des „dunklen Vorläufers", des verschwindenden Vermittlers, des verschobenen Objekts, das nie an seinem Platz zu finden ist, da es zwischen zwei Reihen operiert: der ursprünglichen „orthodoxen" Reihe marxistischer Revolutionen in den meisten entwickelten Ländern und der neuen „orthodoxen" Reihe des stalinistischen „Sozialismus in einem Land", der gefolgt wird von der maoistischen Identifikation der Drittweltstaaten mit dem neuen Weltproletariat. Die Verschiebung von Lenin zum Stalinismus lässt sich hier leicht eindeutig bestimmen: Für Lenin war die Lage verzweifelt, unerwartet, gerade darum aber musste sie für neue politische Entscheidungen schöpferisch erschlossen werden. Mit der Vorstellung vom „Sozialismus in einem Land" normalisierte Stalin die Lage wieder und fasste sie in ein neues Narrativ linearer „Stufen"-Entwicklung. Anders gesagt war Lenin zwar vollkommen bewusst, dass es zu einer „Anomalie" gekommen war (zur Revolution in einem Land, dem die Voraussetzungen fehlten, um eine sozialistische Gesellschaft zu errichten), dennoch zog er daraus nicht den ordinären evolutionistischen Schluss, dass die Revolution „verfrüht" gekommen sei, weshalb man einen Schritt zurück machen müsse, um erst einmal eine moderne, demokratische, kapitalistische Gesellschaft aufzubauen, die dann nach und nach die Bedingungen für eine sozialistische Revolution schaffen werde. Eben gegen diesen ordinären Schluss bestand Lenin darauf, dass „die völlige Ausweglosigkeit der Lage [...] die Möglichkeit eines anderen Übergangs eröffnete, um die grundlegenden Voraussetzungen der Zivilisation zu schaffen, als in allen übrigen westeuropäischen Staaten". Lenin machte hier praktisch einen impliziten Theorievorschlag zur „Alternativgeschichte": Unter der „verfrühten" Herrschaft der Kraft der Zukunft kann der gleiche „notwendige" Geschichtsprozess (der modernen Zivilisation) auf andere Weise (erneut) ablaufen.

Vielleicht war hier selbst Badiou zu voreilig, als er den Verrat am Ereignis in den unmittelbaren Nachwehen der Oktoberrevolution ausmachte, ja sogar in der revolutionären Machtübernahme selbst - in dem verhängnisvollen Moment, da die Bolschewiken ihre Konzentration auf die revolutionäre Selbstorganisation der proletarischen Massen aufgaben. Badiou stellt ganz zu Recht heraus, dass es nur unter Bezug auf das Geschehen *nach* der Revolution - den „Morgen danach", die harte Arbeit der Treue zum Ereignis - möglich ist, wahre revolutionäre Ereignisse von pathetischen Ausbrüchen des Freiheitsdrangs zu unterscheiden. Diese Erhebungen verlieren ihre Energie, wenn es an die prosaische Arbeit der sozialen Rekonstruktion geht - an dieser Stelle setzt die Lethargie ein. Denken wir hingegen an die enorme Kreativität, die die Jakobiner unmittelbar vor ihrem Sturz entfalteten, an die zahlreichen Vorschläge zu einer neuen Zivilreligion, zur Wahrung der Würde im Alter und so weiter. Dies macht auch die Berichte über das Alltagsleben in der Sowjetunion der frühen 1920er Jahre so interessant, als mit großem Eifer darangegangen wurde, neue Regeln für das alltägliche Dasein zu erfinden: Wie heiratet man? Nach welchen neuen Regeln läuft das Werben um eine Partnerin oder einen Partner ab? Wie wird ein Geburtstag gefeiert? Wie sollte eine Beerdigung vonstattengehen?[36]

An diesem Punkt ist die Kulturrevolution allerdings kläglich gescheitert. Es entbehrt nicht einer gewissen Ironie, dass Badiou die Auffassung des Akts als Verneinung zwar entschieden ablehnt, zugleich aber die historische Bedeutung der Kulturrevolution in dem verneinenden Signal erkennt, dass „es mit dem Parteistaat als zentralem Produkt der revolutionären Tätigkeit vorbei ist" – genau hier hätte Badiou, wäre er konsequent gewesen, der Kulturrevolution den Status eines Ereignisses absprechen müssen: Dies war sie nämlich keineswegs, sondern vielmehr eine äußerste Demonstration dessen, was Badiou gern als „morbiden Todestrieb" bezeichnet. Die Zerstörung alter Denkmäler war keine richtige Negation der Vergangenheit, sie war ein ohnmächtiger *passage à l'acte*, der vom Scheitern des Versuchs zeugt, die Fesseln der Vergangenheit abzuwerfen.

Es liegt also eine gewisse poetisch zu nennende Gerechtigkeit darin, dass Maos Kulturrevolution letztlich zu einer Explosion der kapitalistischen Dynamik in China geführt hat, die beispiellos ist. Man könnte auch so sagen, dass im Zuge der völligen Entfaltung des Kapitalismus mit seiner dauernden Selbstrevolutionierung, seinen Umschwüngen, Krisen und Neuerfindungen das normale Le-

36 Als Che Guevara 1965 von allen Funktionen zurücktrat und sogar die kubanische Staatsangehörigkeit ablegte, um sich von nun an ganz der Weltrevolution zu widmen, hat er da wirklich einen *Akt* vollzogen mit dieser suizidalen Geste, sämtliche Verbindungen zur institutionellen Welt zu kappen? Oder handelte es sich dabei lediglich um eine Flucht vor der unmöglichen Aufgabe, den Sozialismus zu errichten, davor, der Revolution in ihren *Konsequenzen* die Treue zu halten – das heißt um ein implizites Eingeständnis des Scheiterns?

ben selbst, das Leben in seiner bestehenden Form, gewissermaßen „karnevalisiert“ wird. Demnach besteht jenseits aller oberflächlichen Übereinstimmungen und Analogien tatsächlich eine ausgeprägte strukturelle Homologie zwischen der permanenten maoistischen Selbstrevolutionierung, dem ständigen Kampf gegen die Verknöcherung staatlicher Strukturen und der inhärenten Dynamik des Kapitalismus. Man ist hier versucht, die Brecht'sche Frage „Was ist der Einbruch in eine Bank gegen die Gründung einer Bank?“ neu und anders zu formulieren: Was sind die zerstörerischen Gewaltausbrüche eines von der Kulturrevolution erfassten Rotgardisten gegen die wahre Kulturrevolution, die permanente Auflösung sämtlicher stabilen Lebensformen, wie sie die kapitalistische Reproduktion verlangt? Die Tragödie von Maos „Großem Sprung nach vorn“ wiederholt sich heute als Komödie des turbokapitalistischen Großen Sprungs nach vorn in die Modernisierung, und dabei taucht auch der alte Slogan „eine Eisengießerei in jedes Dorf“ wieder auf, nur dass es jetzt „ein Wolkenkratzer in jede Straße“ heißt. Diese revolutionäre Seite der Kulturrevolution wird manchmal auch von konservativen Kritikern zugestanden, die sich gezwungen sehen, das „Paradox“ des „totalitären“ Führers zur Kenntnis zu nehmen, der die Menschen gelehrt hat, „selbstständig zu denken und zu handeln“, sich gegen den „totalitären Herrschaftsapparat“ selbst aufzulehnen und ihn zu zerstören. Nehmen wir etwa Gordon Changs Bemerkungen in der konservativen Zeitschrift *Commentary*:

> Paradoxerweise war es Mao selbst, der große Knechter, der die Menschen auf seine Weise zu selbstständigem Denken und Handeln angeleitet hat. In der Kulturrevolution drängte er Abermillionen radikaler Jugendliche dazu [...], historische Tempel in jedem Winkel des Landes niederzureißen, kulturelle Relikte zu zerstören und Ältere zu denunzieren, und dabei nicht nur ihre eigenen Mütter und Väter, sondern auch Regierungs-

> vertreter und Mitglieder der Kommunistischen Partei. [...] Selbst wenn Mao mit der Kulturrevolution eigentlich nur seine Feinde hatte ruinieren wollen, so wuchs sie sich doch zu einer richtigen Raserei aus, die das Gefüge der Gesellschaft zerstörte. Als die Regierung zusammenbrach und ihre Funktionen von Revolutionskomitees und „Volkskommunen" übernommen wurden, verschwanden die strikten Beschränkungen und Unterdrückungsmechanismen des Staates. Das Volk musste nicht mehr warten, bis jemand kam und ihm sagte, was es zu tun hatte – Mao hatte ihm das „Recht zum Aufbegehren" gegeben. Für die radikale Jugend war dies praktisch eine Zeit uneingeschränkter Leidenschaft. Der große Steuermann hatte in einem einzigen glänzenden Streich fast jede Form von Autorität delegitimiert.[37]

Die Kulturrevolution kann man demnach auf zwei verschiedenen Ebenen betrachten. Versteht man sie als Teil der historischen Wirklichkeit (des Seins), lässt sie sich leicht einer „dialektischen" Analyse unterziehen, die das Endresultat eines geschichtlichen Prozesses als dessen „Wahrheit" bestimmt. Unter diesem Blickwinkel zeugt ihr letztliches Scheitern von der inhärenten Widersprüchlichkeit schon des Projekts („Begriffs") einer Kulturrevolution als der Erklärung/Entfaltung/Aktualisierung dieser Widersprüchlichkeiten (genau wie für Marx die vulgäre, unheroische, alltägliche Realität des kapitalistischen Profitstrebens die „Wahrheit" des revolutionären Heldentums der Jakobiner darstellte). Nimmt man die Kulturrevolution jedoch als Ereignis, als Umsetzung der ewigen Idee egalitärer Gerechtigkeit in den Blick, so ist zu konstatieren, dass ihr faktisches Endresultat – die Tatsache ihres katastrophalen Scheiterns und anschließenden Umschlagens in die kapitalistische Dy-

37 Gordon G. Chang, „China in Revolt", in: *Commentary*, Dezember 2006, abrufbar unter www.commentarymagazin.com/article/china-in-revolt/.

namik – nicht ihr Reales erschöpft: Die ewige Idee der Kulturrevolution überdauert das Scheitern ihrer Umsetzung in der soziohistorischen Wirklichkeit; sie führt weiter ein geisterhaftes Dasein als Gespenst einer gescheiterten Utopie, das auch unter künftigen Generationen umgehen wird und geduldig seiner nächsten Auferstehung harrt. Dies bringt uns zurück zu Robespierre und seinem schlichten Glauben an die ewige Idee der Freiheit, die durch alle Niederlagen hindurch bestehen bleibt und ohne die „eine Revolution bloß ein lärmendes Verbrechen wäre, das ein anderes Verbrechen auslöscht". So heißt es in seiner allerletzten Rede, die er am 8. Thermidor des Jahres II, dem Tag vor seiner Verhaftung und Hinrichtung, im Konvent hielt. Dort erklärte er:

> Ihr könnt versichert sein, dass es sie gibt, die fühlenden und reinen Seelen; sie existiert, die zarte, fordernde und unwiderstehliche Leidenschaft, die Qual und Freude großmütiger Herzen; es gibt jenen tiefen Abscheu vor der Tyrannei, den mitfühlenden Eifer für die Unterdrückten, die heilige Liebe für das Heimatland, die noch erhabenere und heiligere Liebe zur Menschheit, ohne die eine große Revolution bloß ein lärmendes Verbrechen wäre, das ein anderes Verbrechen auslöscht; er existiert, der hochherzige Ehrgeiz, hier auf Erden die erste Republik zu errichten.[38]

Gilt dies nicht umso mehr für den letzten großen Versuch zur Umsetzung dieser Idee, die maoistische Kulturrevolution – ohne diese Idee, auf die sich die revolutionäre Begeisterung stützte, wäre die Kulturrevolution in noch höherem Maße „bloß ein lärmendes Verbrechen [gewesen], das ein anderes Verbrechen auslöscht". Man sollte hier an Hegels hehre Worte denken, mit denen er die Franzö-

38 Robespierre, *Virtue and Terror*, S. 129.

sische Revolution in seinen *Vorlesungen über die Philosophie der Geschichte* bedachte:

> Man hat gesagt, die Französische Revolution sei von der Philosophie ausgegangen, und nicht ohne Grund hat man die Philosophie Weltweisheit genannt, denn sie ist nicht nur die Wahrheit an und für sich, als reine Wesenheit, sondern auch die Wahrheit, insofern sie in der Weltlichkeit lebendig wird. Man muss sich also nicht dagegen erklären, wenn gesagt wird, daß die Revolution von der Philosophie ihre erste Anregung erhalten habe. [...]
>
> Solange die Sonne am Firmament steht und die Planeten um sie herumkreisen, war nicht gesehen worden, daß der Mensch sich auf den Kopf, d. i. auf den Gedanken stellt und die Wirklichkeit nach diesem erbaut. [...] [N]un aber erst ist der Mensch dazu gekommen, zu erkennen, daß der Gedanke die geistige Wirklichkeit regieren solle. Es war dieses somit ein herrlicher Sonnenaufgang. Alle denkenden Wesen haben diese Epoche mitgefeiert. Eine erhabene Rührung hat in jener Zeit geherrscht, ein Enthusiasmus des Geistes hat die Welt durchschauert, als sei es zur wirklichen Versöhnung des Göttlichen mit der Welt nun erst gekommen.[39]

Dies hielt Hegel freilich nicht davon ab, die innere Notwendigkeit zu analysieren, mit der diese Explosion abstrakter Freiheit in ihr Gegenteil, den selbstzerstörerischen Terror der Revolution, umgeschlagen ist. Dabei sollte man jedoch nicht vergessen, dass Hegels Kritik immanent bleibt und er das Grundprinzip der Französischen Revolution (und deren wesentliche Ergänzung, die Haitianische

---

39 Georg Wilhelm Friedrich Hegel, *Werke in 20 Bänden,* Band 12, Frankfurt a. M.: Suhrkamp 1979, S. 527–529.

Revolution) akzeptiert. Und ganz genauso sollte man im Hinblick auf die Oktoberrevolution (und die später folgende Revolution in China) verfahren, bei der es sich, wie Badiou herausgestellt hat, um den ersten Fall eines erfolgreichen Aufstands der ausgebeuteten Armen in der Geschichte der Menschheit handelte – sie, die Armen, bildeten den Ausgangspunkt der neuen Gesellschaft; sie gaben die Standards vor. Die Revolution verfestigte sich zu einer neuen Gesellschaftsordnung; es wurde eine neue Welt geschaffen, die unter unvorstellbarem wirtschaftlichem und militärischem Druck und trotz Isolation wie durch ein Wunder Jahrzehnte überdauerte. Dies war tatsächlich „ein herrlicher Sonnenaufgang. Alle denkenden Wesen haben diese Epoche mitgefeiert." Wider alle hierarchischen Ordnungen ist die egalitäre Universalität direkt an die Macht gelangt.

Dieser Alternative liegt ein elementares philosophisches Dilemma zugrunde: Die einzig konsistente hegelianische Sicht scheint hier offenbar die zu sein, den Begriff am Erfolg oder Misserfolg seiner Verwirklichung zu messen, so dass aus der Perspektive der totalen Vermittlung des Wesens durch seine Erscheinung jede Transzendenz der Idee über ihre Verwirklichung unglaubwürdig ist. In der Konsequenz heißt das: Hält man fest an der ewigen Idee, die ihre gescheiterte Umsetzung überdauert, so verbindet sich damit – hegelianisch ausgedrückt – zwangsläufig ein Rückschritt von der Ebene des Begriffs als vollkommen verwirklichter Einheit von Wesen und Erscheinung auf die des Wesens, das vermeintlich seine Erscheinung transzendiert. Aber trifft das auch zu? Man kann genauso behaupten, dass der Überschuss der utopischen Idee, der ihr geschichtliches Scheitern überdauert, in keinem Widerspruch zur totalen Vermittlung von Idee und Erscheinung steht: Hegels Grundeinsicht, wonach das Scheitern der Wirklichkeit an der vollständigen Verwirklichung einer Idee zugleich das Scheitern (die Begrenztheit) der Idee ist, gilt auch weiter. Man sollte bloß hinzufügen, dass der Abstand, der die Idee von ihrer Verwirklichung trennt, auf einen

Abstand hinweist, eine Lücke, die innerhalb der Idee selbst besteht. Darum ist das fortgesetzte Herumspuken der gespenstischen Idee in der historischen Wirklichkeit *ein Zeichen dafür, dass an dieser neuen historischen Wirklichkeit selbst etwas faul ist, dass sie hinter ihrem eigenen Begriff zurückbleibt* – so ist etwa das Scheitern der jakobinischen Utopie, ihre Verwirklichung in der utilitaristischen bürgerlichen Realität, zugleich die Begrenztheit dieser utilitaristischen Wirklichkeit selbst. Ihr Scheitern war gerade das Scheitern daran, dem täglichen Leben eine neue Form zu geben: Es blieb bei einem karnevalistischen Exzess, bei dem der Staatsapparat den Fortgang des täglichen Lebens, der Produktion, gewährleistete.

Als Lehre aus diesem Scheitern gilt es den Fokus zu verlagern – weg von dem utopischen Ziel der umfassenden Herrschaft produktiver menschlicher Ausdruckstätigkeit, die keiner Repräsentation, keiner staatlichen Ordnung, keines Kapitals usw. mehr bedarf, hin zu der Frage nach der Art der repräsentativen Vertretung, die den bestehenden liberaldemokratischen Repräsentationsstaat ablösen soll. Diese Frage wurde nach 1917 bald äußerst dringlich, als der revolutionäre Ausnahmezustand allmählich der Aufgabe wich, das tägliche Leben zu organisieren. Trotzki sprach sich für ein Zusammenspiel von Selbstorganisation der Klasse und politischer Führung durch die revolutionäre Vorhutpartei aus.[40] Lenins Lösung mutet fast kantisch an: freies Debattieren auf öffentlichen Versammlungen an den Wochenenden, aber disziplinierte Unterordnung und werktätiges Schaffen am Arbeitsplatz:

40 Besonders interessant ist in diesem Zusammenhang ein Argument Trotzkis für die Notwendigkeit einer Vorhutpartei. Danach kann die Rolle der Partei aus politisch-psychologischen Gründen nicht von der Selbstorganisation in den Räten übernommen werden, weil „Menschen […] nicht jahrelang ununterbrochen in einem Zustand höchster Spannung und Aktivität leben" können (zitiert nach Ernst Mandel, *Trotzki als Alternative*, Berlin 1992, S. 118).

Vor der Oktoberrevolution hatte [ein Arbeiter] praktisch noch *nicht* gesehen, daß die besitzenden, ausbeutenden Klassen tatsächlich etwas für sie wirklich Bedeutendes geopfert, zu seinen Gunsten auf etwas verzichtet hätten. Er hatte *noch* nicht gesehen, daß man ihm das so oft versprochene Land und die Freiheit, daß man ihm den Frieden gegeben hätte, daß man auf die Interessen der „Großmachtstellung" und der von den Großmächten geschlossenen Geheimverträge, daß man auf Kapital und Profite verzichtet hätte. Er sah das erst nach dem 25. Oktober 1917, als er es selbst mit Gewalt nahm und das Genommene [...] mit Gewalt verteidigen mußte. Es ist begreiflich, daß all seine Aufmerksamkeit, sein ganzes Trachten, alle seine Geisteskräfte eine gewisse Zeit lang lediglich darauf gerichtet sind, ein wenig aufzuatmen, sich aufzurichten, sich zu entfalten und nach den nächstliegenden Gütern des Lebens zu greifen, die man nehmen kann und die ihm die gestürzten Ausbeuter nicht gegeben hatten. Es ist begreiflich, daß eine gewisse Zeit notwendig ist, damit der einfache Vertreter der Masse nicht nur selbst sehe, nicht nur sich überzeuge, sondern auch fühle, daß man nicht so einfach „nehmen", an sich reißen, an sich raffen darf, daß das zu noch stärkerer Zerrüttung, zum Untergang, zur Rückkehr der Kornilow führt. Der entsprechende Umschwung in den Lebensbedingungen (und folglich auch in der Denkweise) der einfachen werktätigen Masse hat eben erst eingesetzt. Und unsere ganze Aufgabe, die Aufgabe der Partei der Kommunisten (Bolschewiki), die das Streben der Ausgebeuteten nach Befreiung bewußt zum Ausdruck bringt, besteht darin, sich dieses Umschwungs bewußt zu werden, seine Notwendigkeit zu begreifen, an die Spitze der erschöpften und müde nach einem Ausweg suchenden Masse zu treten, sie auf den richtigen Weg zu führen, den Weg der Arbeitsdisziplin, der Koordinierung der Aufgabe, Versammlungen *über* die Arbeitsbedingungen abzuhalten, mit der Aufgabe unbedingter Unterordnung

> unter den Willen des sowjetischen Leiters, des Diktators, *während* der Arbeit. [...] Wir müssen es lernen, den stürmischen, wie Hochwasser im Frühjahr über alle Ufer brandenden Versammlungsdemokratismus der werktätigen Massen zu verbinden mit eiserner Disziplin während der Arbeit, mit der *unbedingten Unterordnung* unter den Willen einer Einzelperson, des sowjetischen Leiters, während der Arbeit.[41]

Man kann sich hier leicht über Lenin lustig machen (oder vor dem entsetzen, was er sagt), man kann ihm auch leicht vorwerfen, er sei im industrialistischen Paradigma gefangen, und so weiter – die Frage aber bleibt bestehen. Die Hauptform direkter Demokratie der nach Ausdruck suchenden Menge im 20. Jahrhundert waren die sogenannten Arbeiterräte („Sowjets") – (fast) jeder im Westen liebte sie, auch Liberale wie Hannah Arendt, die darin einen fernen Nachhall der altgriechischen Polis spürte. Im Zeitalter des „real existierenden Sozialismus" war die direkte Demokratie der „Sowjets", als Form der Selbstorganisation des Volkes, die heimliche Hoffnung der „demokratischen Sozialisten", und es ist äußerst bezeichnend, dass mit dem Niedergang des „real existierenden Sozialismus" auch dieser emanzipatorische Schatten, der ihn kontinuierlich verfolgt hatte, verschwand. Ist dies nicht die endgültige Bestätigung der Tatsache, dass das Versammlungsmodell des demokratischen Sozialismus nur ein gespenstischer Doppelgänger des bürokratischen real existierenden Sozialismus war, nur dessen inhärente Überschreitung ohne eigenen positiv-substanziellen Inhalt und damit untauglich, als dauerhaftes Grundprinzip der Organisation einer Gesellschaft zu dienen? Das Gemeinsame von real existierendem Sozialismus und Rätedemokratie war der Glaube an die Möglichkeit einer selbstdurchsichtigen Organisation der Gesell-

41 Wladimir Iljitsch Lenin, „Die nächsten Aufgaben der Sowjetmacht", in: Ders., *Werke*, Band 27, Berlin/DDR: Diez 1960, S. 225–268, hier S. 260–262.

schaft, die politische „Entfremdung“ (Staatsapparate, institutionalisierte Regeln des politischen Lebens, Rechtsordnung, Polizei und so weiter) ausschließen würde. Besteht nicht die Grunderfahrung des Endes des „real existierenden Sozialismus“ gerade in der Zurückweisung dieser *Gemeinsamkeit*, im gleichgültigen „postmodernen“ Hinnehmen der Tatsache, dass die Gesellschaft ein komplexes Netz aus Subsystemen bildet und ein gewisser Grad an Entfremdung daher konstitutiv zum menschlichen Zusammenleben gehört, weshalb eine vollkommen selbstdurchsichtige Gesellschaft eine Utopie ist, die voller totalitärer Gefahren steckt?[42] Kein Wunder also, dass dasselbe ebenso für die heutigen Formen direkter Demokratie gilt, angefangen bei den Favelas bis hin zur postindustriellen digitalen Kultur (Lassen die Beschreibungen der neuen „Stammesgemeinschaften“ der Computerhacker nicht häufig an die Logik der Rätedemokratie denken?): Sie alle müssen sich auf einen Staatsapparat stützen, da sie aus strukturellen Gründen nicht das gesamte Feld einnehmen können.

Den Ideologen des postmodernen Kapitalismus zufolge bleibt die marxistische Theorie (und Praxis) in den Beschränkungen der hierarchischen und zentralistischen Logik staatlicher Kontrolle gefangen und ist daher nicht imstande, mit den sozialen Auswirkungen der neuen Informationsgesellschaft zurechtzukommen. Für diese Behauptung gibt es starke empirische Gründe: Es ist wiederum eine äußerste Ironie der Geschichte, dass der Zerfall des Kommunismus das überzeugendste Beispiel abgibt für die Richtigkeit der Marx'schen Dialektik von Produktivkräften und Produktionsverhältnissen, auf die der Marxismus zur Überwindung des Kapitalismus setzte. Was die kommunistischen Regime tatsächlich zugrunde richtete, war ihre Unfähigkeit, sich auf die mit der Informa-

42 Für eine klare Auseinandersetzung mit dieser Position siehe Martin Jay, „No Power to the Soviets“, in: *Cultural Semantics*, Armherst: University of Massachusetts Press, 1998.

tionsrevolution aufgekommene neue soziale Logik einzustellen: Sie versuchten, diese Revolution in ein weiteres groß angelegtes und zentral vom Staat geplantes Projekt zu überführen. Heute aber mehren sich die Anzeichen dafür, dass der Kapitalismus selbst nicht imstande ist, mit der Informationsrevolution zurechtzukommen (man denke an die Schwierigkeiten im Zusammenhang mit dem geistigen Eigentum, an das Aufkommen der *cooperative commons* und dergleichen mehr).

Was geschah daher, als Lenin sich in seinen letzten Jahren der Grenzen der bolschewistischen Macht vollkommen bewusst wurde? An dieser Stelle gilt es Lenin und Stalin einander erneut gegenüberzustellen: In Lenins allerletzten Schriften, lange nachdem er sich von der Utopie von *Staat und Revolution* verabschiedet hatte, lassen sich die Umrisse eines bescheidenen „realistischen" Projekts dazu erkennen, was die Bolschewiki mit ihrer Macht tun sollten. Aufgrund der unzureichenden wirtschaftlichen Entwicklung und der kulturellen Rückständigkeit der russischen Massen sei, so Lenin, dem Land die Möglichkeit versperrt, „unmittelbar zum Sozialismus überzugehen". Die Sowjetmacht könne nur eines tun, nämlich die moderate Politik des „Staatskapitalismus" mit intensiven Anstrengungen zur kulturellen Erziehung der trägen Masse der Bauern zu verbinden – was aber *nicht* heiße, sie durch „kommunistische Propaganda" einer Gehirnwäsche zu unterziehen, sondern sie geduldig und schrittweise mit den weiterentwickelten zivilisatorischen Standards vertraut zu machen. Fakten und Zahlen „zeig[en], wieviel dringende Kleinarbeit wir noch zu leisten haben, um das Niveau eines gewöhnlichen zivilisierten westeuropäischen Staates zu erreichen. [...] Es muß die Rede sein von der halbasiatischen Kulturlosigkeit, aus der wir bisher nicht herausgekommen sind."[43] Lenin warnt wiederholt vor jedweder direkten „Verpflanzung des Kommunis-

43 Wladimir Iljitsch Lenin, „Tagebuchblätter", in: Ders., *Werke*, Band 33, Berlin/DDR: Diez 1962, S. 447–452, hier S. 448.

mus": „Das darf auf keinen Fall so aufgefaßt werden, als sollten wir sofort rein kommunistische Ideen im engsten Sinne des Wortes ins Dorf tragen. Solange bei uns auf dem flachen Lande die materielle Grundlage für den Kommunismus nicht gegeben ist, würde das für den Kommunismus, man kann sagen, schädlich sein, würde das, man kann sagen, verhängnisvoll sein."[44] Oder wie es an anderer Stelle leitmotivisch heißt: „Hier wäre es am allerschädlichsten, sich zu übereilen."[45] Gegen diese positive Haltung gegenüber einer „Kulturrevolution" entschied sich Stalin für den „Aufbau des Sozialismus in einem Land" und damit für eine durch und durch antileninistische Idee.

Heißt das nun, dass Lenin sich die Standardkritik der Menschewiki am Utopismus der Bolschewiken stillschweigend zu eigen gemacht hätte und ihnen darin zustimmte, dass eine Revolution nach notwendigen vorbestimmten Phasen ablaufen muss? An diesem Punkt offenbart sich Lenins feines dialektisches Gespür: Ihm war völlig klar, dass es sich bei den wichtigsten Aufgaben, vor denen die Bolschewiki in den 1920er Jahren standen, um Aufgaben eines progressiven bürgerlichen Regimes handelte (allgemeine Bildung der Bevölkerung usw.). Doch gerade die Tatsache, dass es eine *proletarische revolutionäre* Macht war, die sich dieser Aufgaben annahm, veränderte die Situation von Grund auf – es bot sich die einmalige Chance, diese zivilisierenden Maßnahmen so umzusetzen, dass ihr eng begrenzter bürgerlich-ideologischer Rahmen aufgebrochen wurde (die allgemeine Bildung wirklich im Dienste des Volkes stand und keine ideologische Maske darstellte, um beschränkte bürgerliche Klasseninteressen zu propagieren, und so weiter). Das dialektische Paradox besteht folglich darin, dass es genau jene *Hoffnungslosigkeit* der in Russland bestehenden Lage war (jene Rückständig-

44 Ebd., S. 450f.

45 Wladimir Iljitsch Lenin, „Lieber weniger, aber besser", in: Ders., *Werke*, Band 33, Berlin/DDR: Diez 1962, S.474–490, hier S. 475.

keit, welche die proletarischen Kräfte dazu zwang, einen bürgerlichen Zivilisationsprozess in Gang zu setzen), die sich in einen einzigartigen Vorteil verwandeln ließ.

Wir haben es hier mit zwei Modellen, zwei unvereinbaren „Logiken" der Revolution zu tun: entweder zu warten, bis der teleologische Augenblick gekommen ist, jener Moment der endgültigen Krise, wenn die Revolution kraft Notwendigkeit der geschichtlichen Entwicklung „zur richtigen Zeit" ausbrechen wird; oder einzusehen, dass es keine „richtige Zeit" für eine Revolution gibt, und die revolutionäre Chance als etwas zu begreifen, das sich ergibt und das auf den Umwegen der „normalen" geschichtlichen Entwicklung ergriffen werden muss. Lenin war kein voluntaristischer „Subjektivist" - seine feste Überzeugung war es, dass die Ausnahmesituation (eine Reihe außergewöhnlicher Umstände wie jene in Russland 1917) eine Möglichkeit bot, die Norm selbst zu untergraben. Und ist diese Argumentation, diese Grundhaltung, heute nicht aktueller denn je? Leben nicht auch wir in einer Zeit, in der der Staat und seine Apparate, einschließlich der politisch Handelnden, immer weniger in der Lage sind, die entscheidenden Themen zur Sprache zu bringen? Der Illusion von 1917, dass die drängenden Probleme, denen Russland gegenüberstand (Frieden, Landverteilung usw.), sich durch „legale" parlamentarische Mittel hätten lösen lassen, gleicht unser illusorischer Glaube, die ökologische Bedrohung etwa ließe sich dadurch vermeiden, dass man die Logik des Marktes auf den Bereich des Umwelt- und Naturschutzes ausweitet (indem man Umweltsünder zur Kasse bittet und sie für die Schäden bezahlen lässt, die sie angerichtet haben, und dergleichen Maßnahmen mehr).

Das Wunder eines neuen Herrn

Dies ist allerdings noch nicht alles, was sich von Lenin heute lernen lässt. Gegen Ende seines Lebens spielte er mit einer anderen Idee, die trotz ihrer scheinbaren Marginalität enorme Konsequenzen hat und neue Horizonte eröffnet. Sie betrifft den grundlegenden diskursiven Status des Sowjetregimes („Diskurs" hier im Lacan'schen Sinne des „sozialen Bandes" verstanden). Welchem Typus der vier von Lacan formalisierten Diskurse entspricht die bolschewistische Macht?[46] Beginnen wir mit dem Kapitalismus, der zwar auch weiter einen Herrendiskurs darstellt, jedoch einen, bei dem die Herrschaftsstruktur verdrängt, zugedeckt wird (die Einzelnen sind formal frei und gleichgestellt, Herrschaft und Beherrschung werden auf die Beziehungen zwischen Dingen/Waren verschoben). Anders gesagt ist die zugrunde liegende Struktur die eines kapitalistischen Herrn, der seinen Anderen (den Arbeiter) dazu antreibt, Mehrwert zu schaffen, den er (der Kapitalist) sich aneignet. Weil diese Beherrschungsstruktur aber verdrängt wird, kann ihre Erscheinungsform kein (weiterer) einzelner Diskurs sein: Sie kann nur in zwei Diskurse gespalten erscheinen. Sowohl der Diskurs der Universität als auch der des Hysterikers resultieren aus dem Scheitern des Diskurses des Herrn: Wenn der Herr seine Autorität einbüßt und sich hysterisiert (nachdem seine Autorität infrage gestellt, als Schwindel erfahren wurde), stellt sich diese Autorität wieder ein, jetzt aber verschoben, entsubjektiviert, in die Gestalt eines neutralen Expertenwissens versetzt („*Ich* bin es nicht, der hier Macht ausübt, ich lege bloß objektive Fakten beziehungsweise Erkenntnisse dar").

Hieraus ergibt sich in der Folge ein interessanter Schluss: Wenn der Kapitalismus durch die Parallaxe von hysterischem und univer-

46 Lacan entwarf seine Matrix der vier Diskurse in dem von ihm 1969/70 abgehaltenen *Séminaire XVII: L'envers de la psychoanalyse*. Zu beachten gilt es, dass dieses Seminar Lacans Reaktion auf die Ereignisse vom Mai 1968 darstellte.

sitärem Diskurs charakterisiert ist, ist dann der Widerstand gegen den Kapitalismus durch die gegenteilige Achse von Herr und Analytiker charakterisiert? Der Rekurs auf den Herrn bezeichnet hierbei nicht den konservativen Versuch, der kapitalistischen Dynamik durch Wiederbelebung einer herkömmlichen Autoritätsfigur entgegenzuwirken; er verweist vielmehr auf den neuen, von Badiou herausgestellten Typus eines kommunistischen Herrn oder Führers. Badiou scheut sich nicht, unsere „demokratische" Sensibilität herauszufordern und sie mit der Unerlässlichkeit des Herrn und seiner Rolle zu konfrontieren: „Ich bin überzeugt, dass man wieder dahinkommen muss, Führern eine zentral wichtige Funktion im Prozess des Kommunismus zuzuerkennen, egal auf welchem Entwicklungsstand."[47] Ein wahrer Herr ist niemand, der auf Disziplin und Verbote setzt. Er verbreitet kein „Du darfst nicht!" oder „Du musst ...!" Von ihm kommt vielmehr ein befreiendes „Du darfst!". Und zwar was? Das Unmögliche tun – das heißt das, was im Rahmen des Bestehenden unmöglich scheint. Und dies bedeutet heute etwas ganz Konkretes: „Du darfst über den Kapitalismus und die liberale Demokratie hinausdenken und dir vorstellen, dass sie nichts Endgültiges, nichts Unabänderliches sind, das unser Leben ein für alle Mal bestimmen wird." Ein Herr ist ein verschwindender Vermittler, der einen sich selbst zurückgibt, der einen an den Abgrund der eigenen Freiheit führt: Wenn wir einem richtigen Anführer zuhören, können wir entdecken, was wir wollen (oder vielmehr, was wir immer schon gewollt haben, ohne es zu wissen). Einen Herrn braucht es, weil wir nicht unmittelbar in unserer Freiheit ankommen können – um diesen Zugang zu ihr erlangen, braucht es einen Anstoß von außen, da unser „natürlicher Zustand" ein träger Hedonismus ist, da wir, wie Badiou sagt, „menschliche Tiere" sind. Dem liegt ein Paradox zugrunde: Je mehr wir als „freie Individuen ohne Herr" leben, desto unfreier sind wir tatsächlich, umso fester

47 Persönliches Gespräch, April 2013.

hält uns der Rahmen des Möglichen gefangen – wir müssen von einem Herrn in die Freiheit gestoßen oder hineingestört werden.

Lenin war sich des dringenden Bedarfs an einem neuen Herrn vollkommen bewusst. Dem Historiker Lars T. Lih gelang mit seiner außergewöhnlichen Analyse von Lenins viel geschmähter Abhandlung *Was tun?* eine überzeugende Widerlegung der üblichen Lesart, dass es sich bei dem Werk um eine Argumentationsschrift für eine zentralisierte elitär-revolutionäre Berufsorganisation handele. Demnach bestand Lenins Hauptthese darin, dass die Arbeiterklasse ein entsprechendes Klassenbewusstsein nicht „spontan" durch eigene Entwicklung erlangen könne; diese Wahrheit müsse von außen in sie hineingetragen werden (von den Intellektuellen der Partei, die „objektive" wissenschaftliche Erkenntnisse verfügbar machen).[48] Lih lenkt den Blick auf die Beziehung zwischen Arbeiteranhang und Arbeiterführern und fragt, „was geschieht, wenn sich beide begegnen und miteinander in Aktion treten. Was dabei geschieht, lässt sich mit einem Wort zusammenfassen: ein Wunder. Das Wort stammt von Lenin, *Tschudo* auf Russisch, und wenn man sich in den Texten umzuschauen beginnt, kann man feststellen, dass er Wörter wie ‚Wunder' und ‚wunderbar' relativ häufig verwendet."[49] Zur Veranschaulichung dieses „Wunders" habe Lenin seinen Blick zurück auf die russischen Volksrevolutionäre der 1870er Jahre gerichtet und gefragt:

> Warum sind diese Menschen Helden? Warum schauen wir zu ihnen auf und betrachten sie als Vorbilder? Weil sie über eine zentral gesteuerte geheime Untergrundorganisation verfügten? Nein, sie sind Helden, weil sie begeisternde Führer waren.

48 Für eine eingehendere Behandlung dieser Thematik siehe Slavoj Žižek, *Die Revolution steht bevor. Dreizehn Versuche über Lenin*, Frankfurt a. M.: Suhrkamp, 2002.

49 Zitiert nach Lars T. Lih: „‚We must Dream!' Echos of ‚What Is to be Done' in Lenin's Later Career", abrufbar unter www.links.org.au/node/1980.

> Weil, wie es bei Lenin heißt, „ihre leidenschaftliche Propaganda in der spontan erwachenden Masse einen Widerhall findet, [...] ihre sprühende Energie von der Energie der revolutionären Klasse aufgenommen und unterstützt wird".[50]

Etwas ganz Ähnliches erwartet Lenin auch von den Bolschewiki: kein kaltes „objektives" (nichtparteiisches) Wissen, sondern eine mit vollem Einsatz gepaarte subjektive Haltung, durch die sich die Anhängerschaft mobilisieren lässt – in diesem Sinne ist es zu verstehen, dass ein einzelnes Individuum eine Lawine in Gang setzen kann: „Ihr brüstet euch mit eurem praktischen Sinn und seht nicht die jedem russischen Praktiker bekannte Tatsache, welche Wunder für die Sache der Revolution die Energie nicht nur eines Zirkels, sondern sogar einer einzelnen Person zu vollbringen vermag."[51] Analog hierzu deutet Lih jene berühmte Behauptung aus *Was tun?*: „Gebt mir eine Organisation von Revolutionären und wir werden Russland aus den Angeln heben!". Dabei weist er wiederum die Interpretation zurück, dass „ein Trupp von Intelligenzija-Verschwörern quasi im Handumdrehen den Zarismus zerstören kann", und gibt Lenin in eigenen Worten wieder:

> Genossen, schaut euch um! Seht ihr nicht, dass die russischen Arbeiter die Botschaft der Revolution kaum erwarten können und darauf brennen, nach ihr zu handeln? Seht ihr nicht das Führungspotenzial, das unter den Aktivisten, den *praktiki*, bereits vorhanden ist? Seht ihr nicht, wie viel mehr Anführer die Arbeiterschaft hervorbringen würde, wenn wir uns entschlossen um ihr Emporkommen bemühten? Wie kann es sein, dass es bei all dem Potenzial nicht vorwärtsgeht? Was hält die Sache auf? Wieso ist der Zar immer noch da? Nun, Genossen, das liegt

50 Ebd.
51 Zitiert nach Lars T. Lih, *Lenin Rediscovered*, Chicago: Haymarket 2008, S. 770.

> an uns – wir sind die Bremse! Wenn wir unsere verborgenen Fähigkeiten vervollkommnen und zusammenbringen könnten, was das Zarenregime unter allen Umständen getrennt halten will – Arbeiterführer und Arbeiteranhang, die Botschaft und die Zuhörer – dann, bei Gott, könnten wir den Laden hochgehen lassen![52]

Ein solcher Herr wird besonders in schweren Krisensituationen gebraucht. Seine Funktion besteht dabei darin, eine authentische Teilung vorzunehmen – eine Teilung zwischen denen, die im Rahmen der alten Parameter weitermachen wollen, und jenen, die aus Einsicht in die Notwendigkeit für einen Wandel eintreten. Wirkliche Geschlossenheit lässt sich nur durch eine solche Teilung erreichen, nicht durch opportunistische Kompromisse.

Konform zum Geist der heutigen Ideologie – welche die traditionelle Hierarchie mit ihrer pyramidalen Unterordnung unter einen Herrn zugunsten pluralisierender rhizomatischer Netzwerke zurückweist – wird von politischen Analysten gerne betont, dass die europa- und US-weiten anti-neoliberalen Proteste der letzten Jahre, von Occupy Wall Street bis zu den Demonstrationen in Griechenland und Spanien, keine Zentralstelle hatten und ohne Zentralkomitee zur Koordination ihrer Aktivitäten auskamen. Es handelte sich einfach um mehrere Gruppen, die sich zumeist über soziale Medien wie Facebook oder Twitter verständigten und ihre Aktivitäten spontan koordinierten. Doch stellt diese spontane „molekulare" Selbstorganisation wirklich die wirksamste Form des „Widerstands" dar? Ist es nicht so, dass die Gegenseite, das Kapital selbst, bereits zunehmend so agiert wie eine, um den entsprechenden Ausdruck der Deleuze'schen Theorie aufzugreifen, postödipale Multitude? Die Macht selbst ist gezwungen, auf dieser Ebene in Dialog zu

52 Lih, „We Must Dream!"

treten und auf Tweets mit Tweets zu antworten – der Papst und Trump sind jetzt beide auf Twitter.

Was diesen Gegensatz zwischen einer molekularen, sich selbst organisierenden Multitude und der von einem charismatischen Führer aufrechterhaltenen hierarchischen Ordnung betrifft, muss zudem auf den ironischen Umstand hingewiesen werden, dass Venezuela ein Land ist, das zwar viel Lob erhalten hat für seine Bemühungen um die Entwicklung diverser Formen von direkter Demokratie (lokale Räte, Kooperativen, von Arbeitern betriebene Fabriken), aber auch eines, an dessen Spitze mit Hugo Chávez jemand stand, der als Inbegriff eines starken charismatischen Führers gelten kann. Es ist, als wäre hier ebenfalls die Freud'sche Übertragungsregel wirksam: Damit Individuen „über sich hinausreichen", damit sie aus der Passivität der Repräsentationspolitik ausbrechen und sich als unmittelbar politisch Handelnde betätigen können, brauchen sie jemanden, auf den sie sich als Anführer beziehen können, jemanden, der es ihnen erlaubt, sich wie Münchhausen am eigenen Schopf aus dem Sumpf zu ziehen, jemanden, dem „unterstellt wird zu wissen", was sie wollen. Es gibt nur einen Weg zur Befreiung und der führt über die Übertragung: Um Individuen wirklich aus ihrem dogmatischen „demokratischen" Schlummer zu erwecken, aus ihrem blinden Vertrauen auf die institutionalisierten Formen der Repräsentationsdemokratie, reichen keine Aufrufe zur unmittelbaren Selbstorganisation – es braucht eine neue Figur des Herrn. Man denke an die berühmten Zeilen aus Arthur Rimbauds „Beweg-Grund":

> Ein Schlag deines Fingers auf die Trommel setzt alle
> Töne frei und beginnt die neue Harmonie.
> Ein Schritt von dir, das ist die Erhebung neuer
> Menschen und ihr Ausschreiten.

Dein Kopf wendet sich: die neue Liebe! Dein Kopf
wendet sich wieder – die neue Liebe![53]

In diesen Zeilen liegt absolut nichts, was inhärent faschistisch wäre – das größte Paradox besteht darin, dass ein Herr nötig ist, um die Individuen aus dem Morast ihrer Trägheit zu ziehen und sie zum überpersönlichen Freiheitskampf anzuspornen.

Herr und Analytiker

Doch egal wie emanzipatorisch dieser neue Herr eingestellt ist, er muss durch eine andere, diskursive Form ergänzt werden. Wie Moshe Lewin festhielt, hat Lenin diese Notwendigkeit am Ende seines Lebens intuitiv selbst erahnt: Während er den diktatorischen Grundzug des Sowjetregimes in vollem Umfang bekannte, schlug er zugleich ein neues Regierungsorgan vor, die Zentrale Kontrollkommission (ZKK). Lenins letzter Kampf ist durch eine Reihe von Merkmalen charakterisiert:

1) Das Beharren auf der vollen Souveränität für die nationalen Einheiten, die den sowjetischen Staat bildeten: kein fauler Kompromiss, sondern die volle und wirkliche Souveränität. Daher verwundert es nicht, dass Stalin, wie an früherer Stelle erwähnt, Lenin in einem Brief an das Zentralkomitee offen „Nationalliberalismus" vorwarf.[54]

2) Das Beharren auf der Bescheidenheit der Ziele: *keinen* Sozialismus, sondern Kultur (bürgerliche), eine effiziente Technokratie, im völligen Gegensatz zum „Sozialismus in einem Land". Diese Bescheidenheit zeigt sich mitunter erstaunlich offen: Lenin verspottet

53 Arthur Rimbaud, „Beweg-Grund", in: Ders., *Illuminationen/Illuminations*, Basel: Urs Engeler 2004.
54 Lewin, *Lenins letzter Kampf*, S. 61.

alle Bemühungen um den „Aufbau des Sozialismus", variiert immer wieder das Motiv des „Wir wissen nicht, was tun" und pocht auf den improvisatorischen Grundzug der sowjetischen Politik.

3) Die unerwartete Ausrichtung auf Freundlichkeit und Anstand - durchaus ungewöhnlich für einen abgebrühten Bolschewiken. Zwei Dinge brachten Lenin zutiefst auf: Zum einen kam es in einer politischen Auseinandersetzung dazu, dass der Vertreter Moskaus in Georgien, Ordshonikidse, gegen ein Mitglied des georgischen ZK handgreiflich wurde; die andere Sache betraf Stalin selbst, der Lenins Frau in einem Telefonat mit unwürdigen Drohungen und Grobheiten belegte (er handelte panisch, nachdem ihm zugetragen worden war, dass sie Lenins Brief, in dem er einen Pakt gegen Stalin vorschlug, transkribiert und an Trotzki übermittelt hatte). Mit einer gewissen Unbedarftheit konstatierte Lenin: „Wenn es so weit gekommen ist [...], kann man sich vorstellen, in welchem Sumpf wir gelandet sind."[55] Dieses Vorkommnis veranlasste ihn, sein berühmtes Gesuch zu Stalins Absetzung niederzuschreiben:

> Stalin ist zu grob, und dieser Mangel, der in unserer Mitte und im Verkehr zwischen uns Kommunisten durchaus erträglich ist, kann in der Funktion des Generalsekretärs nicht geduldet werden. Deshalb schlage ich den Genossen vor, sich zu überlegen, wie man Stalin ablösen könnte, und jemand anderen an diese Stelle zu setzen, der sich in jeder Hinsicht vom Genossen Stalin nur durch *einen* Vorzug unterscheidet, nämlich dadurch, daß er toleranter, loyaler, höflicher und den Genossen gegenüber aufmerksamer, weniger launenhaft ist.[56]

Diese Vorschläge sind keineswegs Anzeichen einer liberalen Milderung, zu der es bei Lenin gekommen wäre - in einem Brief an

55 Zitiert nach ebd., S. 75.
56 Zitiert nach ebd., S. 87f.

Kamenew aus der gleichen Zeit stellt er ganz klar fest: „Es ist ein sehr großer Irrtum zu glauben, daß die NÖP [Neue Ökonomische Politik] dem Terror ein Ende gemacht hätte; wir werden noch weiter auf den Terror zurückgreifen, auch auf den wirtschaftlichen Terror."[57] Dennoch hatte dieser Terror, dessen Fortsetzung auch über die geplante Reduzierung des Staatsapparats und der Tscheka hinaus beabsichtigt war, mehr von einer Drohung als von einem tatsächlichen Programm: Diese Waffe werde „stets in Reserve gehalten [...]. Lenin wies Kamenew darauf hin, daß man einen Weg finden müsse, dies ‚behutsam und höflich' all jenen zu verstehen zu geben, die jetzt die den Geschäftsleuten staatlich zugewiesenen Grenzen überschreiten wollten."[58] (Man beachte, dass das Motiv der Höflichkeit selbst hier wieder auftaucht!) Lenin hatte Recht: „Diktatur" bezeichnet den für die (Staats-)Macht konstitutiven Exzess, und auf *dieser* Ebene gibt es keine Neutralität. Die entscheidende Frage ist, *um wessen „Exzess" es sich dabei handelt* - wenn es nicht „unserer" ist, ist es „ihrer" ...

4) Dass Lenin gegen eine übermächtige staatliche Bürokratie ankämpfte, ist eine hinlänglich bekannte Tatsache. Weniger bekannt ist dagegen, dass, wie Lewin deutlich hervorhebt, er mit seiner wesentlichen Anregung zu einem neuen Regierungsorgan, der Zentralen Kontrollkommission, das eigentlich Unvereinbare, nämlich Demokratie und Diktatur des Parteistaats, zu vereinbaren suchte. Während er das Diktatorische des Sowjetregimes bekannte, versuchte er,

> an der Spitze der Diktatur ein Gleichgewicht zwischen den verschiedenen Elementen herzustellen, ein System gegenseitiger Kontrolle zu schaffen, das gewissermaßen die Rolle der Trennung der Gewalten in einem demokratischen Regime spielen

57 Zitiert nach ebd., S. 132.
58 Ebd.

> konnte. Ein in den Rang einer Parteikonferenz erhobenes Zentralkomitee sollte die Richtlinien der Politik vorzeichnen und den gesamten Parteiapparat überwachen, während es sich selbst [...] an der Ausführung der wichtigsten Aufgaben beteiligte. Ein Teil dieses Zentralkomitees, die Zentrale Kontrollkommission, sollte überdies außerhalb seiner Beteiligung an den gemeinsamen Funktionen des Zentralkomitees dieses gleiche Zentralkomitee und die aus diesem hervorgehenden engeren Organe (Politbüro, Sekretariat, *Orgbüro*) überwachen. Die Zentrale Kontrollkommission [...] sollte eine Sonderposition im Vergleich zur Gesamtheit der Institutionen einnehmen; ihre Unabhängigkeit sollte ohne die Vermittlung von Politbüro und dessen Verwaltungsinstrumenten oder des Zentralkomitees durch ihre direkte Bindung an den Parteikongress gesichert sein.[59]

Überprüfung und Ausgleich, Gewaltenteilung und gegenseitige Kontrolle – dies war Lenins verzweifelte Antwort auf die Frage: Wer kontrolliert die Kontrolleure? Die Idee einer ZKK hat etwas von einem Traum, einem regelrechten Phantasma an sich: ein unabhängiges, erzieherisches und kontrollierendes Organ mit „unpolitischer" Ausrichtung, das sich aus den besten Lehrern und Fachtechnokraten zusammensetzt und das „politisierte" ZK sowie dessen Organe überwacht – kurz gesagt, sollte es darum gehen, die leitenden Kader der Partei durch neutrales Expertenwissen im Zaum zu halten. Alles hing hier jedoch davon ab, dass der Parteikongress wirklich unabhängig war. Davon aber konnte aufgrund des Fraktionsverbots, das es dem obersten Parteiapparat ermöglichte, den Kongress zu kontrollieren und seine eigenen Kritiker als Sektierer abzutun, faktisch schon nicht mehr die Rede sein. Das naive Vertrauen, das Lenin in die technokratischen Spezialisten setzte, ist umso bemerkens-

59 Ebd., S. 130f.

werter, als es sich bei ihm doch um einen Politiker handelte, dem ansonsten vollkommen bewusst war, dass der alles durchdringende politische Kampf keine neutrale Haltung erlaubte. Dennoch schildert er im Hinblick auf die Aufgaben, von denen er „träumt“ (sein Ausdruck), dass die ZKK sie angeht, inwiefern dieses Organ auch auf

> irgendeinen halb scherzhaften Streich, irgendeinen Dreh, irgendeine Finte oder etwas in dieser Art [zurückgreifen sollte]. Ich weiß, in einem wohlanständigen und ernstzunehmenden westeuropäischen Staat riefe dieser Gedanke wahres Entsetzen hervor, und kein einziger ordentlicher Beamter wäre damit einverstanden, ihn auch nur zur Debatte zu stellen. Doch hoffe ich, daß wir uns noch nicht so weit verbürokratisiert haben und daß bei uns die Erörterung dieses Gedankens nichts als Heiterkeit erregt.
> In der Tat, warum sollte man nicht das Angenehme mit dem Nützlichen verbinden? Warum sollte man sich nicht irgendeines scherzhaften oder halb scherzhaften Streichs bedienen, um etwas Lächerliches, etwas Schädliches, etwas halb Lächerliches oder halb Schädliches usw. aufzudecken?[60]

Ist dieses von Lenin angedachte Kontrollorgan nicht ein beinahe obszöner Doppelgänger der „seriösen“, in Zentralkomitee und Politbüro konzentrierten Exekutivgewalt, eine Art *nichtorganischer Intellektueller* der politischen Bewegung, ein Akteur, der auf den Humor, auf Streiche und auf die List der Vernunft zurückgreift und dabei selbst auf Abstand bleibt ... eine Art *Analytiker*? Warum also ist Lenins Projekt kläglich gescheitert? (Stalin unterstützte die Idee zwar formell, doch die ZKK erhielt keinerlei Machtbefugnisse und wurde dem Politbüro vollständig unterstellt.) Das Problem bestand

60 Lenin, „Lieber weniger, aber besser“, in: Ders., *Werke*, Band 33, S. 474–490, hier S. 482.

nicht darin, dass die bolschewistische Partei zu diktatorisch gewesen wäre beziehungsweise - lacanianisch ausgedrückt - dass sie sich übertrieben auf den Herrendiskurs verlegte. So paradox es klingen mag, aber die Partei *trat nicht genug als Herr auf*, lieber wollte sie sich immer mehr auf den Universitätsdiskurs verlegen. Was heißt das jedoch politisch?

Von seinem großartigen Text zu den ideologischen Staatsapparaten an galt Louis Althussers Augenmerk der materiellen Praxis der Ideologie, dem Staat als einer „Maschine" mit eigenen autonomen Abläufen, die sich nicht auf ihre Funktion reduzieren lassen, den Kämpfen und Auseinandersetzungen in der Zivilgesellschaft repräsentativen Ausdruck zu verleihen. Hegel war sich dieses substanziellen Eigengewichts des Staates viel stärker bewusst als Marx und lehnte dessen Reduzierung auf ein Epiphänomen der Zivilgesellschaft ab. Marx reduzierte den Staat letztlich auf ein Epiphänomen des Produktionsprozesses, das sich im „ökonomischen Unterbau" verortet. Als solcher ist der Staat durch die Logik der Repräsentation bestimmt, und die entsprechende Frage lautet, welche Klasse er repräsentiert. Das Paradoxe dabei ist, dass diese Vernachlässigung der Frage nach der Maschinerie des Staates den stalinistischen Staat erst entstehen ließ, der ganz zu Recht als „Staatssozialismus" bezeichnet wird. Nach dem Bürgerkrieg, aus dem Russland verwüstet und praktisch ohne eigentliche Arbeiterklasse hervorging (weil die meisten Arbeiter in die Rote Armee aufgenommen worden waren und viele von ihnen ihr Leben im Kampf gegen die Konterrevolution verloren hatten), wurde die Frage der staatlichen Repräsentation für Lenin selbst zu einem Problem, das ihn beschäftigte: Über welchen „Klassenunterbau" verfügte der sowjetische Staat jetzt? Wen repräsentierte er als Staat, der von sich behauptete, ein Arbeiterstaat zu sein, wenn doch die Arbeiterklasse auf eine Minderheit reduziert worden war? Was Lenin allerdings in die Reihe der für diese Rolle infrage kommenden Kandidaten mit aufzunehmen vergaß, war der Staat(sapparat) selbst, eine machtvolle

Maschine von Millionen, die sämtlich im Besitz der ökonomisch-politischen Macht waren: Wie in dem von Lacan angeführten Witz „Ich habe drei Brüder, Paul, Ernest und mich selbst" repräsentierte der sowjetische Staat drei Klassen: die armen Bauern, die Arbeiter *und sich selbst*. Oder um mit István Mészáros zu sprechen: Lenin vergaß der Funktion des Staates *innerhalb* des „ökonomischen Unterbaus" als Schlüsselfaktor Rechnung zu tragen. Dieses Versäumnis war mitnichten dazu angetan, die Ausweitung des tyrannischen, von allen sozialen Kontrollmechanismen befreiten Staats zu verhindern, vielmehr schaffte es erst den Raum, in den hinein er seine Macht unbeschränkt ausweiten konnte: Nur wenn man gelten lässt, dass der Staat nicht bloß die ihm äußerlichen gesellschaftlichen Klassen repräsentiert, sondern auch der Repräsentant und Vertreter seiner selbst ist, wird man sich veranlasst sehen zu fragen, wer seine Macht eindämmen wird.

Wie kam es also, dass auf Lenin Stalin folgte? *Drei* Momente spielen dabei eine Rolle: Lenins Politik vor der stalinistischen Machtübernahme, die stalinistische Politik und das Gespenst des „Leninismus", das vom Stalinismus rückwirkend geschaffen wurde (in seiner offiziellen Version, aber *auch* in der, die ihm kritisch gegenüberstand, wie zum Beispiel als im Zuge des Entstalinisierungsprozesses in der UdSSR die Devise „Zurück zu den leninistischen Prinzipien des Anfangs" ausgegeben wurde). Daher gilt es, das lächerliche Spiel zurückzuweisen, das darin besteht, dem stalinistischen Terror das „authentisch"-leninistische Vermächtnis entgegenzuhalten, welches vom Stalinismus angeblich verraten wurde: Der „Leninismus" ist eine *stalinistische* Vorstellung durch und durch. Die Rückprojektion des emanzipatorisch-utopischen Potenzials des Stalinismus auf eine frühere Zeit ist Ausdruck der Unfähigkeit des Denkens, den „absoluten Widerspruch", die unerträgliche Spannung, auszuhalten, die dem stalinistischen Projekt selbst innewohnt. Darum ist es wesentlich, dass der „Leninismus" (als der authentische Kern des Stalinismus) von der zu Lenins Zeit bestehenden politischen Praxis und Ideologie unterschieden wird: Lenins wahre Größe hat *nichts* mit dem stalinistischen Mythos des Leninismus zu tun.

„Das Tier entwendet dem Herrn die Peitsche und peitscht sich selbst, um Herr zu werden, und weiß nicht, daß das nur eine Phantasie ist, erzeugt durch einen neuen Knoten im Peitschenriemen des Herrn." Definiert diese Äußerung Kafkas nicht am prägnantesten, was in den kommunistischen Staaten des 20. Jahrhunderts schiefgelaufen ist? War der Übergang von Lenin zu Stalin mithin notwendig? Die einzig passende Antwort ist die Hegel'sche, die eine rückwirkende Notwendigkeit geltend macht: *Als der Übergang vollzogen war*, als Stalin gewonnen hatte, *wurde er notwendig*. Es ist Aufgabe eines dialektisch geschulten Historikers, diesen Übergang „im Werden" zu begreifen und dabei den Kampf, der auch anders hätte ausgehen können, in seiner ganzen Kontingenz zu erfassen. Lenins Schwachstelle bestand darin, dass er zwar das Problem in der „Bürokratie" erkannte, dessen Tragweite und eigentliches Ausmaß aber unterschätzte: „Seine soziale Analyse", heißt es bei Lewin, „[baute] nur auf drei Klassen auf [...]: auf der Arbeiter- und Bauernschaft und auf der Bourgeoisie, ohne den Staatsapparat miteinzubeziehen als eigenes gesellschaftliches Element in einem Land, das die wesentlichen Zweige der Wirtschaft verstaatlichte."[61] Anders gesagt ist den Bolschewiki schnell klargeworden, dass ihrer politischen Macht eine eigene soziale Basis fehlte: Weil der größte Teil der Arbeiterklasse, in deren Namen sie regierten, im Bürgerkrieg verschwunden war, regierten sie gewissermaßen in einer sozialen Repräsentations-„Leere". Doch indem sie sich als „rein" politische Macht verstanden, die der Gesellschaft ihren Willen auferlegt, sahen sie nicht, dass die staatliche Bürokratie, weil sie faktisch über die Produktivkräfte „verfügte",

61 Lewin, *Lenins letzter Kampf*, S. 125 [Übers. angepasst].

> zur eigentlichen gesellschaftlichen Machtbasis geworden [war]. Eine „rein" politische Macht, der jedes gesellschaftliche Fundament fehlt, gibt es nicht. Ein Regime muss noch eine andere gesellschaftliche Basis finden als den Zwangsapparat selbst. Die „Leere", in der das sowjetische Regime einstweilen suspendiert schien, musste bald gefüllt werden, auch wenn das die Bolschewiken nicht gesehen haben oder nicht sehen wollten.[62]

Diese Basis habe Lenins Plänen für die ZKK im Weg gestanden – warum? In Badious Begriffen von Präsenz und Repräsentation gesagt, bestand Lenin auf der Autonomie des Politischen und ließ entsprechend weder ökonomistische noch deterministische Erwägungen gelten. Was er dabei übersah, war jedoch nicht, dass jede politische Kraft irgendeine gesellschaftliche Kraft (Klasse) „repräsentiert", sondern inwiefern diese politische Kraft (der Re-Präsentation) *sich unmittelbar auf der Ebene des „Repräsentierten" selbst als eine für sich stehende Kraft einschreibt.*

Durcharbeiten einer Revolutionstragödie

Lenins letzter Kampf gegen Stalin weist demnach alle Kennzeichen einer echten Tragödie auf: Es war kein Melodrama, in dem der „Held" es mit einem „Schurken" aufnimmt, sondern vielmehr eine Geschichte, in der dem Helden bewusst wird, dass er den Abkömmling seiner eigenen Politik bekämpft und dass es bereits zu spät ist, um die verhängnisvollen Konsequenzen jener dereinst von ihm selbst begangenen Fehler noch irgendwie abzuwenden. Um den Aufstieg des Stalinismus richtig verstehen zu können, muss man die tragische Dimension des revolutionären Prozesses vollständig anerkennen. Eben davon handelt Jeremy Glicks Buch *The Black Radi-*

62 Ebd., S. 123f. [Übers. geändert].

cal Tragic,[63] das weit über den von Marx und Engels vertretenen Standardbegriff revolutionärer Tragik hinausgeht. Diese machen die Tragik einer Revolution an der Figur eines Helden fest, der zu früh kommt, der seiner Zeit voraus ist und darum scheitern muss, auch wenn er auf lange Sicht gesehen für den historischen Fortschritt steht (Marx und Engels sehen diese Figur exemplarisch in Thomas Müntzer verkörpert). Für Glick dagegen liegt die Tragik im revolutionären Prozess beschlossen, ist dessen Kern selbst eingeschrieben und durch eine Reihe von Gegensätzen definiert: Führung versus breite Masse, Radikalität versus Kompromiss und so weiter. So gibt es etwa, was den ersten Gegensatz betrifft, keinen leichten Ausweg; der Abstand zwischen Führung und breiter Masse, ihre Fehlkommunikation, stellt sich zwangsläufig ein. Glick zitiert eine berührende Passage aus Edouard Glissants Stück *Monsieur Toussaint* (4. Akt, 5. Szene), in der Touissant, von verrücktem Lachen gepackt, traurig darüber sinniert, dass er „kaum zu schreiben versteht“: „Ich schreibe das Wort ‚Toussaint‘, Macaia buchstabiert ‚Verräter‘. Ich schreibe das Wort ‚Disziplin‘, und ohne auch nur einen Blick auf das Blatt zu werfen, ruft Moyse ‚Tyrannei‘. Ich schreibe ‚Wohlergehen‘; Dessalines nimmt Abstand, in seinem Herzen denkt er ‚Schwachheit‘. Nein, ich weiß nicht, wie man schreibt, Manuel.“[64] (Man beachte die ironische Anspielung auf das rassistische Klischee von den Schwarzen, die nicht zu schreiben verstehen.) Hintergrund dieser Passage ist die Spannung im revolutionären Prozess, wie sie sich in den persönlichen Beziehungen niederschlägt: Touissants Neffe Moyse tritt für entschiedene Treue zu den Massen ein und will die großen Grundbesitztümer zerschlagen. Toussaint wiederum wird von der Angst beherrscht und fürchtet die Masse. Er sieht es als seine Aufgabe an, dafür zu sorgen, dass die Disziplin gewahrt

---

63 Jeremy Matthew Glick, *The Black Radical Tragic: Performance, Aesthetics, and the Unfinished Haitian Revolution*, New York: New York University Press 2016.
64 Ebd., S. 117.

bleibt und der Produktionsprozess reibungslos verläuft. Darum verfügt er, Moyse wegen Aufwiegelung hinrichten zu lassen. Später triumphiert Dessalines, und nachdem ein schwarzer Staat errichtet wurde, ruft er sich selbst zum Kaiser von Haiti aus, lässt alle verbliebenen weißen Einwohner hinmetzeln und begründet im Sieg der Revolution selbst eine neue Form der Herrschaft. Um diese tragischen Wendungen erfassen zu können, kommt es entscheidend darauf an, die Masse (die im *Dispositiv* des Theaters als Chor auftritt) zu den tätigen Akteuren zu zählen und nicht einfach als passiven Kommentator des Geschehens aufzufassen – das zweite Kapitel von Glicks Buch trägt den passenden Titel „Bringing in the Chorus" [„Den Chor einschalten"].[65] Der Antagonismus, der dieser Spannung wesentlich zugrunde liegt, ist der zwischen der Treue zur universellen Sache und der Notwendigkeit von Kompromissen – und Glicks Darlegung dieses Antagonismus bildet, aus meiner Sicht zumindest, den theoretischen und politischen Höhepunkt seines Buches.

Glick setzt mit seinen Überlegungen bei C. L. R. James an, der deutlich gesehen habe, dass die frühen christlichen Revolutionäre „nicht für die Errichtung des mittelalterlichen Papsttums kämpften. Das mittelalterliche Papsttum war eine Vermittlung, auf die sich die herrschenden gesellschaftlichen Kräfte eingelassen haben, um das Universalitätsstreben der christlichen Massen zu ersticken."[66] Jeden Ausbruch einer Revolution begleiten radikale Forderungen nach erlösungsverheißender Verwirklichung einer neuen Universalität, und Vermittlungen sind Symptome ihres Scheiterns, Symptome der vereitelten Erwartungen der Menschen. Das Universalitätsstreben der Masse „verbietet jede Vermittlung"[67] – war nicht

65 Beim Lesen dessen realisierte ich erfreut, dass ich das Gleiche in meiner Fassung der *Antigone* getan hatte, wo am Ende der Chor einschreitet und Antigone wie auch Kreon einsperrt und hinrichtet.
66 Glick, *The Black Radical Tragic*, S. 138.
67 Ebd., S. 139.

die tragische Kehrtwende der Syriza-Regierung der letzte bedeutende Fall einer solchen Vermittlung? Auf das grundsätzliche Nein zur europäischen Erpressung folgte umgehend ein Ja zur „Vermittlung". Glick erwähnt in diesem Zusammenhang Georg Lukács, den großen Befürworter der „Vermittlung", der 1935 mit „Hölderlins Hyperion" einen reichlich seltsamen, doch nicht minder wichtigen Aufsatz verfasste, in dem er Hegel für seine Billigung des napoleonischen Thermidor lobt und sie gegenüber Hölderlins unnachgiebigem Festhalten am heroischen Utopia der Revolution in Schutz nimmt:

> Hegel findet sich mit der nachthermidorianischen Epoche, mit dem Abschluß der revolutionären Periode der bürgerlichen Entwicklung ab und baut seine Philosophie gerade auf der Erkenntnis dieser neuen Wendung in der Weltgeschichte auf. Hölderlin schließt keinen Kompromiß mit der nachthermidorianischen Wirklichkeit; er bleibt dem alten *revolutionären Ideal* der zu erneuernden Polisdemokratie treu und zerbricht an der Wirklichkeit, in der für diese *Ideale* nicht einmal dichterisch-denkerisch ein Platz vorhanden war.[68]

Lukács bezieht sich hier auf den Gedanken von Marx, dass die heroische Phase der Französischen Revolution den notwendigen begeisterten Durchbruch bildete und von der unheroischen Phase der Marktbeziehungen gefolgt wurde. Die eigentliche soziale Funktion der Revolution bestand nach Lukács darin, die Bedingungen für die nüchterne Herrschaft der bürgerlichen Ökonomie zu schaffen, und wahrer Heroismus äußert sich ihm zufolge nicht im blinden Festhalten an der frühen revolutionären Begeisterung, sondern darin, „die Rose im Kreuze der Gegenwart zu erkennen", wie Hegel gerne

68 Georg Lukács, „Hölderlins Hyperion", in: Ders., *Goethe und seine Zeit*, Berlin: Aufbau 1955, S. 145-164, hier S. 146f.

Luther paraphrasierte; das heißt, die Position der schönen Seele aufzugeben und die Gegenwart als den einzig möglichen Bereich wirklicher Freiheit vollständig anzunehmen. Dieser „Kompromiß" mit der gesellschaftlichen Wirklichkeit war es demnach, der Hegels entscheidenden philosophischen Fortschritt ermöglicht habe, die Überwindung der protofaschistischen Vorstellung einer „organischen" Gemeinschaft in seiner Schrift *System der Sittlichkeit* und die dialektische Analyse der Antagonismen der bürgerlichen Zivilgesellschaft. Es ist offensichtlich, dass Lukács' Analyse hier zutiefst allegorisch ist: Sein Aufsatz entstand einige Monate, nachdem Trotzki (eine weitere Figur, die in Glicks Buch in Erscheinung tritt) seine These vom Stalinismus als dem Thermidor der Oktoberrevolution eingeführt hatte. Lukács' Text muss demnach als eine Antwort auf Trotzki gelesen werden: Lukács akzeptiert Trotzkis Charakterisierung von Stalins Regime als „thermidorianisch", wendet sie jedoch zugleich ins Positive. Statt den Verlust utopischer Energie zu beklagen, sollte man auf heroisch-resignative Weise akzeptieren, dass dessen Folgen den einzig wirklichen Raum gesellschaftlichen Fortschritts umgrenzen. Für Marx freilich lässt der auf den Rausch folgende ernüchternde „Tag danach" die ursprüngliche Begrenztheit des Projekts der „bürgerlichen" Revolution erkennen, die Falschheit seiner Verheißung universeller Freiheit: Die „Wahrheit" der allgemeinen Menschenrechte sind die Rechte von Kommerz und Privateigentum. Liest man Lukács' Befürwortung des stalinistischen Thermidors, so offenbart sie (wohl ungewollt) eine pessimistische und vollkommen antimarxistische Sicht. Danach ist auch die proletarische Revolution selbst durch die Diskrepanz zwischen der illusorischen Behauptung universeller Freiheit und den nachfolgenden neuen Herrschafts- und Ausbeutungsverhältnissen gekennzeichnet, und daraus folgt, dass das kommunistische Projekt zur Realisierung „wirklicher Freiheit" gescheitert ist.

Oder etwa nicht? Es gibt einen dritten Weg jenseits der Alternative von prinzipieller Selbstzerstörung und unheroischem Kompromiss: nicht indem man ein „richtiges Maß" zwischen den beiden Extremen findet, sondern indem die Konzentration darauf gerichtet wird, was man den „Unmöglichkeitspunkt" eines bestimmten Feldes nennen könnte. Die große Kunst der Politik besteht darin, solche Punkte lokal auszumachen, in einer Reihe zurückhaltender Forderungen, die realisierbar erscheinen, obwohl sie sich faktisch nicht umsetzen lassen. Die Situation gleicht der in Science-Fiction-Geschichten, wo der Held die falsche Tür öffnet (oder den falschen Knopf drückt) und sich die ganze Realität um ihn herum schlagartig auflöst. In den Vereinigten Staaten stellt die allgemeine Gesundheitsfürsorge offenbar einen solchen Unmöglichkeitspunkt dar; in Europa scheint es der Erlass der griechischen Schulden zu sein und so weiter. Es ist etwas, das prinzipiell getan werden kann, de facto aber kann oder sollte man es nicht tun - man kann sich frei dafür entscheiden, *vorausgesetzt, dass man sich nicht wirklich dafür entscheidet*.

Die politische Zwangslage unserer Tage liefert ein klares Beispiel dafür, wie *la vérité surgit de la méprise*, inwiefern die falsche Entscheidung der richtigen vorausgeht. Im Prinzip sieht sich die linke Politik vor die Wahl zwischen sozialdemokratischem Reformismus und radikaler Revolution gestellt. Die letztere Alternative aber ist, obgleich abstrakt richtig und wahr, selbstzerstörerisch und scheitert an der Unbeweglichkeit der schönen Seele: In den entwickelten Gesellschaften des Westens haben die Aufrufe zu einer radikalen Revolution keine mobilisierende Kraft. Nur eine zurückhaltende „falsche" Entscheidung kann die subjektiven Bedingungen für eine wirkliche kommunistische Perspektive schaffen: Ob sie ihr Ziel erreicht oder nicht, so zieht sie doch eine Reihe weitergehender Forderungen nach sich („Um wirklich eine allgemeine Gesundheitsversorgung zu bekommen, brauchen und müssen wir auch ..."), die zur richtigen Entscheidung führen werden. Es gibt hier keine Abkürzung. Die Notwendigkeit eines radikalen allgemeinen Wandels muss sich durch Vermittlung mit speziellen Forderungen ergeben.

Gleich mit der richtigen Entscheidung anzufangen, ist darum sogar der schlechtere Weg, als eine falsche Wahl zu treffen, denn damit würde man sich praktisch auf den Standpunkt stellen zu sagen: „Seht her, ich habe Recht, und das Elend der Welt, die es nicht richtig begriffen hat, zeigt nur, wie Recht ich doch habe." Wer eine solche Haltung einnimmt, der hat eine falsche („kontemplative") Vorstellung von Wahrheit und missachtet vollständig die praktische Dimension.

Die eigentliche Kunst der Politik besteht folglich nicht darin, Fehler zu vermeiden und die richtige Wahl zu treffen, sondern *die richtigen Fehler zu machen*, sich für die passende falsche Option zu entscheiden. In ebendiesem Sinne schreibt Glick von „der revolutionären Führung als verschwindender Vermittler – das einzige Modell einer Vorhut, das sich verantworten lässt. Politik muss sich selbst überflüssig zu machen suchen, wenn sie ein radikales Unternehmen sein soll."[69] Glick verbindet hier die nüchterne und rücksichtslose Einsicht in die tragischen Wendungen des revolutionären Prozesses mit dem unbedingten Festhalten an diesem Prozess; nicht ferner stehen könnte er damit der üblichen „antitotalitären" Behauptung, weil jeder revolutionäre Prozess früher oder später verkommen müsse, solle man sich besser gar nicht erst auf derlei Prozesse einlassen. Diese Bereitschaft, das Risiko einzugehen und den Kampf auf sich zu nehmen, auch wenn man weiß, dass man sich in seinem Verlauf wohl aufopfern muss, stellt die kostbarste Erkenntnis für unsere neue und dunkle Zeit dar.

Darum gilt es die Tatsache vollständig zu akzeptieren, dass die revolutionäre Aktivität, weil auch sie nicht durchsichtig ist, sondern sich unter den Bedingungen der Entfremdung vollzieht, zwangsläufig tragische Umkehrungen einschließt, Handlungen, die das Gegenteil von dem bewirken, was gewollt war. Hier sollte man sich an die Darstellung Badious halten, nach der eine revolutionäre Bewe-

69 Glick, *The Black Radical Tragic*, S. 12.

gung auf drei verschiedene Weisen scheitern kann. Erstens kann sie natürlich unmittelbar eine Niederlage erleiden: Man wird von den feindlichen Kräften einfach zerdrückt. Dann gibt es die Möglichkeit einer Niederlage im Triumph selbst: Man siegt (zumindest vorläufig), indem man die Machtagenda des Feindes übernimmt (Ziel ist es, die staatliche Macht zu übernehmen, entweder auf parlamentarisch-demokratische oder auf sozialdemokratische Weise oder in unmittelbarer Identifikation der Partei mit dem Staat wie im Stalinismus). Schließlich gibt es die vielleicht authentischste, zugleich aber auch erschreckendste Variante möglichen Scheiterns: Geleitet von dem richtigen Gespür, dass jede Erstarrung der Revolution zu einer neuen staatlichen Macht einem Verrat an ihr gleichkommt, aber unfähig, eine wirklich alternative Gesellschaftsordnung zu erfinden oder der sozialen Wirklichkeit aufzuzwingen, verfolgt die revolutionäre Bewegung die verzweifelte Strategie, ihre Reinheit dadurch zu schützen, dass sie sich in „ultralinker" Manier auf den totalen Terror verlegt. Badiou bezeichnet die letzte Variante treffend als die „Versuchung, sich dem Nichts zu opfern":

> Eine große maoistische Losung der roten Jahre lautete: „Zu kämpfen wagen, zu siegen wagen". Aber man weiß, dass es deshalb schwierig ist, dieser Losung zu folgen, und die Subjektivität weniger den Kampf als den Sieg fürchtet, weil der Kampf sich der simplen Form des Scheiterns aussetzt (der Angriff war erfolglos), während der Sieg sich der zweifelhaftesten Form des Scheiterns aussetzt: die Erkenntnis, dass man vergeblich gesiegt hat, dass der Sieg die Wiederholung vorbereitet, die Restauration. Dass eine Revolution für den Staat immer nur eine Zwischenperiode darstellt. Daher die Versuchung, sich dem Nichts zu opfern. Der gefährlichste Feind der Politik der Emanzipation ist nicht die Repression durch die etablierten Kräfte. Es

> ist die Innerlichkeit des Nihilismus und die grenzenlose Grausamkeit, die mit der Leere einhergehen kann.[70]

Badiou sagt hier praktisch das genaue Gegenteil von Maos „Wagt zu siegen!“: Man *sollte* sich scheuen zu siegen (die Macht zu übernehmen, neue sozialpolitische Realitäten zu schaffen), denn das 20. Jahrhundert hat uns gelehrt, dass der Sieg entweder in der Restauration endet (Rückkehr der staatlichen Machtlogik) oder in einen höllischen Kreislauf der selbstzerstörerischen Säuberung hineingerät. Aus diesem Grund schlägt Badiou vor, Säuberung durch Subtraktion zu ersetzen: Statt zu „siegen“ (die Macht zu übernehmen), bleibt man der staatlichen Macht gegenüber auf Abstand, schafft man vom Staat abgezogene, subtrahierte Räume. Aber ist dies wirklich eine geeignete Lösung? Was ist mit der heroischen Übernahme des Risikos der Selbstauslöschung? Ein revolutionärer Prozess ist keine sorgfältig geplante strategische Aktivität, die es verbietet, dass man sich ohne Rücksicht auf die langfristigen Folgen völlig auf die bestehende Situation einlässt. Ganz im Gegenteil: Die zeitweilige Aufhebung aller strategischen Überlegungen, die sich auf die Hoffnung auf ein besseres Leben gründen, ist ein wesentlicher Teil des revolutionären Prozesses – oder um es mit einem Satz von Napoleon zu sagen, den Lenin gerne zitierte: *On s'engage et puis on le verra.*

Man ist hier versucht, einen klassischen Witz aus sowjetischer Zeit zu wiederholen: In einer offiziellen Moskauer Galerie ist ein Gemälde mit dem Titel *Lenin in Warschau* ausgestellt, das Lenins Frau Nadeschda Krupskaja zeigt, wie sie in ihrem Gemach im Kreml wilden Sex mit einem jungen Komsomolzen hat. Ein verwunderter Besucher fragt einen Angestellten des Museums: „Aber wo ist denn hier Lenin?“, worauf dieser gleichmütig erwidert: „Lenin ist in Warschau.“ Stellen wir uns eine ähnliche Ausstellung in Moskau 1980

70 Alain Badiou, *Die kommunistische Hypothese*, Berlin: Merve 2011, S. 28.

vor, bei der ein Gemälde mit dem gleichen Titel gezeigt wird, auf dem allerdings eine Gruppe von Personen aus der sowjetischen Führungsschicht zu sehen ist, die über die „Gefahr“ diskutiert, welche die polnische Solidarność-Bewegung für die Interessen der Sowjetunion darstellt. Ein verwunderter Besucher fragt den Museumsangestellten: „Aber wo ist denn Lenin?“ und der erwidert: „Lenin ist in Warschau.“[71] Trotz der vom Papst, von Reagan und noch anderen koordinierten Interventionen des Westens *war* Lenin in den 1970er und 1980er Jahren in Warschau. Sein Geist erfüllte die Arbeiterproteste, aus denen die Solidarność erwuchs, mit Leben.

---

71 Analog dazu kann man sich ein Gemälde vorstellen, das die französische Herrschaftselite zeigt, wie sie ein üppiges Festmahl zur Feier des Sturzes des Jakobinerregimes 1794 genießt, und das den Titel trägt „Robespierre in Haiti“ - dort, wo Robespierres Geist nach dem Thermidor weiterlebte.

Anmerkungen zu den Texten

Dieser Band vereint Aufsätze, Erinnerungen und Briefe aus Lenins letzten beiden aktiven Lebensjahren. Die Auswahl soll ein Bild von den Bemühungen vermitteln, die Lenin zur Überwindung der Probleme unternahm, mit denen sich der sowjetische Staat am Ende des Bürgerkriegs konfrontiert sah. Es geht dabei um das Ringen um neue Möglichkeiten und Wege, das tägliche Leben in dem noch ganz jungen Staat zu organisieren; um die Schwierigkeiten, an der kommunistischen Vision festzuhalten, während es galt, die doppelte Falle von prinzipienlosem Opportunismus und dogmatischer Unnachgiebigkeit zu vermeiden; um die Notwendigkeit, militärische Disziplin mit proletarischer Demokratie zu verbinden; um die drohende Gefahr des russischen Chauvinismus und so weiter. Die zwei kurzen Briefe am Ende – die letzte Nachricht an Stalin, in der Lenin den Abbruch der Beziehungen zwischen ihnen beiden ankündigt, nach den Grobheiten, die Stalin sich gegenüber Lenins Frau herausgenommen hatte, und Lenins allerletzte diktierte Nachricht, ein Unterstützungsbrief an die Adresse der georgischen Kommunisten, die sich gegen Stalins zentralistische und anti-national geprägte Vorstellung vom sowjetischen Staat zur Wehr setzten – machen nicht nur Lenins verzweifeltes Bemühen spürbar, bis zum Ende zu kämpfen, sondern sie lassen auch die schmerzhaften persönlichen Einsätze seines letzten Kampfes erkennen.

Die hier abgedruckten Texte entstammen der deutschen Gesamtausgabe, herausgegeben vom Institut für Marxismus-Leninismus. Die Anmerkungen der Übersetzer und Herausgeber zu den folgenden Texten von Lenin sind ebenfalls dieser Werkausgabe entnommen.

Lenin Werke

AN M. SOLOKOW

An den Sekretär der Verwaltung für das aus Polen evakuierte Vermögen, Gen. *M. Sokolow*

16. V.

Werter Genosse!

Ich habe Ihren Entwurf für das Referat zum 18. V. erhalten und gelesen. Sie schreiben, ich hätte mich „verheddert". Einerseits gäben wir Waldungen, Ackerland usw. in Pacht und züchteten dadurch Staatskapitalismus, anderseits „redet er" (Lenin) von „Expropriation der Gutsbesitzer".

Das scheint Ihnen ein Widerspruch zu sein.

Sie irren sich. Expropriation bedeutet, in unsere Sprache übersetzt, *Entziehung des Eigentums*. Der Pächter ist *kein* Eigentümer. Folglich besteht hier kein Widerspruch.

Die Züchtung des Kapitalismus (*mit Maßen* und in geschickter Weise, wie ich wiederholt in meiner Broschüre sage[288]) ist möglich, ohne den Gutsbesitzern das Eigentum zurückzugeben. Pacht ist ein Vertrag *auf eine bestimmte Zeit.* Sowohl das Eigentumsrecht als auch die Kontrolle *obliegen uns,* dem Arbeiterstaat.

„Welcher Dummkopf von Pächter wird Mittel aufwenden, um den Betrieb musterhaft instand zu setzen", schreiben Sie, „wenn ihn der *Gedanke* an die *Möglichkeit einer Expropriation verfolgt*" ...

---

288 Lenin meint seine Broschüre „Über die Naturalsteuer". (Siehe *Werke*, Bd. 32, S. 341-380)

Die Expropriation ist eine *Tatsache,* nicht aber eine *Möglichkeit.* Das ist ein großer Unterschied. *Vor* der faktischen Expropriation hätte sich kein einziger Kapitalist als Pächter in unsere Dienste begeben. Jetzt aber haben „sie", die Kapitalisten, drei Jahre lang Krieg geführt, haben für den Krieg gegen uns ihre (und die der Engländer und Franzosen: die aber sind die Reichsten auf der Welt) *Hunderte Millionen Goldrubel* verpulvert. Jetzt geht es ihnen im Ausland schlecht. Welche Wahl bleibt ihnen? Warum sollten sie nicht auf einen Vertrag eingehen: zehn Jahre lang einen ganz guten Gewinn einstecken oder ... im Ausland verrecken? Viele werden schwanken. Wenn fünf von hundert den Versuch machen, so ist auch das nicht übel.

Sie schreiben:

„Die Selbsttätigkeit der Massen ist nur dann *möglich,* wenn wir das Geschwür, das man bürokratische Haupt- und Zentralverwaltungen nennt, *vom Angesicht der Erde vertilgen.*"

Obwohl ich nicht draußen im Lande war, kenne ich diesen Bürokratismus und seine ganze Schädlichkeit. Sie irren, wenn Sie annehmen, man könnte ihn wie ein „Geschwür" im Handumdrehen beseitigen, ihn „vom Angesicht der Erde vertilgen".

Das ist ein Irrtum. Man kann den Zaren verjagen, die Gutsbesitzer verjagen, die Kapitalisten verjagen. Das haben wir getan. Aber man kann nicht in einem Bauernland den Bürokratismus „verjagen", er läßt sich nicht „vom Angesicht der Erde vertilgen". Man kann ihn nur durch geduldige, beharrliche Arbeit *vermindern.*

Das „bürokratische Geschwür" „entfernen", wie Sie sich an anderer Stelle ausdrücken – das ist schon in der Fragestellung falsch. Das heißt die Frage nicht verstehen. Ein derartiges Geschwür *kann man nicht* „entfernen". Man kann es nur *ausheilen.* Chirurgie ist in *diesem* Fall ein Absurdum, eine Sache der *Unmöglichkeit;* nur *langsames Ausheilen* – alles übrige ist Scharlatanerie oder Naivität.

Und Sie sind eben naiv, verzeihen Sie meine Offenheit. Aber Sie schreiben ja selbst, daß Sie jung sind.

Es ist naiv, das Ausheilen mit einer Handbewegung abzutun und sich darauf zu berufen, daß Sie zwei-, dreimal versucht hätten, gegen die Bürokraten anzukämpfen, und dabei gescheitert seien. Erstens - antworte ich auf diesen Ihren mißglückten Versuch -, erstens muß man nicht zwei-, drei-, sondern zwanzig-, dreißigmal versuchen, wiederholen und von neuem versuchen.

Zweitens, wo ist es bewiesen, daß Sie richtig und mit Geschick gekämpft haben? Bürokraten sind gerissene Burschen, viele unter ihnen sind Schufte, Erzgauner. Man kommt ihnen mit bloßen Händen nicht bei. Haben Sie den Kampf richtig geführt? Nach allen Regeln der Kriegskunst den „Feind" *umzingelt?* Ich weiß es nicht.

Auf Engels berufen Sie sich zu Unrecht. Hat Ihnen nicht irgendein „Intellektueller" diesen Hinweis eingeflüstert? Eine unbegründete Berufung, wenn nicht noch schlimmer als eine unbegründete. Das riecht nach Doktrinarismus. Das sieht nach Verzweiflung aus. Aber verzweifeln ist für uns entweder lächerlich oder schmachvoll.

Der Kampf gegen den Bürokratismus in einem bäuerlichen und völlig ausgepowerten Land erfordert lange Zeit, man muß diesen Kampf hartnäckig führen und darf nicht beim ersten Mißerfolg den Mut sinken lassen.

Die „Hauptverwaltungen" *„beseitigen"*? Das wäre das wenigste. Was werden Sie *an ihre Stelle* setzen? Das wissen Sie nicht. Nicht *beseitigen*, sondern reinigen, ausheilen, ausheilen und reinigen, zehn- und hundertmal. Und nicht den Mut sinken lassen.

Wenn Sie Ihr Referat halten werden (ich habe absolut nichts dagegen einzuwenden), dann verlesen Sie bitte auch meinen Brief an Sie.

Ich drücke Ihnen die Hand und bitte Sie, nicht den „Geist des Kleinmuts" über sich Herr werden zu lassen.

Lenin

Geschrieben am 16. Mai 1921.
Zuerst veröffentlicht am 1. Januar 1924
in der „Prawda" Nr. 1.

Nach dem Manuskript.

BRIEF AN G. MJASNIKOW

5. VIII. 1921

Gen. Mjasnikow!

Ich habe erst heute Ihre *beiden* Artikel gelesen. Welcherart Ihr Auftreten in der Permer (ich glaube, in der Permer) Organisation war und worin der Konflikt mit ihr besteht, weiß ich nicht. Darüber kann ich nichts sagen. Diese Sache wird das Organisationsbüro untersuchen, das, wie ich hörte, eine spezielle Kommission gewählt hat.

Meine Aufgabe ist eine andere: Ihre Briefe als literarische und politische Dokumente zu beurteilen.

Interessante Dokumente!

Der Artikel „Heikle Fragen" zeigt meiner Meinung nach besonders anschaulich Ihren Grundfehler. Und ich halte es für meine Pflicht, alles zu tun, was in meiner Macht steht, um Sie zu überzeugen.

Am Anfang des Artikels wenden Sie die Dialektik richtig an. Jawohl, wer die Ersetzung der Losung „Bürgerkrieg" durch die Losung „Bürgerfrieden" nicht begreift, der ist ein Narr, wenn nichts Schlimmeres. Jawohl, darin haben Sie recht.

Aber gerade deshalb, weil Sie darin recht haben, wundert es mich, daß Sie die von Ihnen selbst richtig angewandte Dialektik bei Ihren Schlußfolgerungen vergessen konnten.

„... Pressefreiheit von den Monarchisten bis zu den Anarchisten einschließlich ..." Ausgezeichnet! Aber Verzeihung - alle Marxisten und alle Arbeiter, die über die vierjährige Erfahrung unserer Revolution nachgedacht haben, werden sagen: Untersuchen wir einmal, *was für eine* Pressefreiheit? *Wofür*? Für *welche Klasse?*

An „Absolutes" glauben wir nicht. Wir lachen über die „reine Demokratie".

Die Losung der „Pressefreiheit" war seit dem Ausgang des Mittelalters und noch im 19. Jahrhundert eine welthistorisch große Losung. Warum? Weil in ihr die progressive Bourgeoisie, d. h. ihr Kampf gegen die Pfaffen und Könige, die Feudalherren, die Gutsbesitzer Ausdruck fand.

Es gibt auf der Welt kein einziges Land, das für die Befreiung der Massen vom Einfluß der *Pfaffen* und *Gutsbesitzer* so viel getan hätte und noch täte wie die RSFSR. *Diese* Aufgabe der „Pressefreiheit" erfüllten und erfüllen wir *besser als irgend jemand* auf der Welt.

Pressefreiheit bedeutet in der ganzen Welt, wo es Kapitalisten gibt, die Freiheit, Zeitungen zu *kaufen*, Schriftsteller zu *kaufen*, die „öffentliche Meinung" *im Interesse der Bourgeoisie zu bestechen*, zu kaufen und zu fabrizieren.

Das ist eine Tatsache.

Niemand wird das jemals widerlegen können.

Und bei uns? Kann jemand bestreiten, daß die Bourgeoisie zwar geschlagen, *aber nicht vernichtet* ist? Daß sie *sich verkrochen* hat? Das läßt sich nicht bestreiten.

Die Pressefreiheit in der RSFSR, die von bürgerlichen Feinden aus aller Welt umringt ist, wäre die Freiheit der *politischen Organisation* für die Bourgeoisie und ihre treuesten Diener – die Menschewiki und Sozialrevolutionäre.

Das ist eine unwiderlegbare Tatsache.

Die Bourgeoisie ist (in der ganzen Welt) noch stärker als wir, und zwar um ein vielfaches. Ihr *noch* eine solche Waffe zu geben wie die Freiheit der politischen Organisation (= Pressefreiheit, denn die Presse ist Mittelpunkt und Grundlage der politischen Organisation) hieße dem Feind die Sache erleichtern, hieße dem Klassenfeind helfen.

Wir wollen nicht Selbstmord begehen, und deshalb werden wir das nicht tun.

Wir sehen klar die *Tatsache:* „Pressefreiheit" würde *in Wirklichkeit* bedeuten, daß die internationale Bourgeoisie sofort Hunderte und Tausende kadettischer, sozialrevolutionärer und menschewistischer Schriftsteller kauft und ihre Propaganda, ihren Kampf gegen uns organisiert.

Das ist eine Tatsache. „Sie" sind reicher als wir und werden eine zehnmal größere „Kraft" kaufen gegen die Kraft, über die wir verfügen.

Nein, das machen wir nicht, wir werden der Weltbourgeoisie nicht helfen.

Wie konnten Sie von der allgemeinen Klasseneinschätzung, d. h. vom Standpunkt der Einschätzung der Wechselbeziehungen *aller* Klassen zu einer sentimental spießerhaften Einschätzung *hinabgleiten*? Das ist für mich ein Rätsel.

In der Frage „Bürgerfrieden oder Bürgerkrieg" und in der Frage, wie *wir* die Bauernschaft (für das Proletariat) gewonnen haben und *weiterhin* „gewinnen" *werden,* in diesen beiden wichtigsten, grundlegenden, internationalen (= den *Kern* der Weltpolitik betreffenden) Fragen (denen Ihre *beiden* Artikel gewidmet sind) haben Sie es *verstanden,* keinen spießbürgerlichen, keinen sentimentalen, sondern einen marxistischen Standpunkt einzunehmen. Hier haben Sie es verstanden, *sachlich* und nüchtern die Wechselbeziehungen *aller* Klassen *in Rechnung zu stellen.*

Und plötzlich sind Sie in den Abgrund der Sentimentalität hinabgeglitten.

„Bei uns gibt es eine Unmenge von Mißständen und Mißbräuchen: die Pressefreiheit wird sie aufdecken."

Das ist es also, soweit ich auf Grund der beiden Artikel urteilen kann, worüber Sie gestolpert sind. Sie haben sich durch eine gewisse Anzahl trauriger und bitterer *Tatsachen beirren* lassen und haben die Fähigkeit verloren, die Kräfte *nüchtern* einzuschätzen.

Pressefreiheit würde die *Kraft* der Weltbourgeoisie stärken. Das ist eine Tatsache. *Nicht der Säuberung der Kommunistischen Partei* in

Rußland von einer Reihe ihrer Schwächen, Fehler, Übelstände, Krankheiten (zweifellos gibt es einen Haufen von Krankheiten) wird die „Pressefreiheit" dienen, denn das will die Weltbourgeoisie *nicht* - die Pressefreiheit wird vielmehr zu einer Waffe in den Händen *dieser Weltbourgeoisie* werden. Sie ist nicht tot. Sie lebt. Sie steht neben uns und lauert. Sie hat bereits Miljukow *gedungen*, dem Tschernow und Martow (zum Teil aus Dummheit, zum Teil aus fraktioneller Verbitterung gegen uns, hauptsächlich aber infolge der objektiven Logik ihrer kleinbürgerlich-demokratischen Position) auf „Treu und Glauben" dienen.

Sie „wollten in ein Zimmer und gerieten in ein anderes".

Sie wollten die Kommunistische Partei *kurieren* und begannen, nach einer *Arznei* zu greifen, die den sicheren Tod bringt - nicht durch Sie natürlich, sondern durch die Weltbourgeoisie (+ Miljukow + Tschernow + Martow).

Sie haben eine Kleinigkeit vergessen, eine ganz winzige Kleinigkeit, nämlich: die Weltbourgeoisie und ihre „Freiheit", *sich* Zeitungen zu kaufen, sich die *Zentren der politischen Organisation* zu kaufen.

Nein. Diesen Weg werden wir nicht gehen. Von *tausend* klassenbewußten Arbeitern werden *neunhundert* diesen Weg nicht gehen.

Wir kranken an vielem. Solche Fehler (unsere *gemeinsamen* Fehler, alle haben diese Fehler gemacht, sowohl der *Rat für Arbeit und Verteidigung* als auch der *Rat der Volkskommissare* und das Zentralkomitee) wie die bei der Verteilung des Brennstoffs und der *Lebensmittel* im Herbst und Winter 1920 (kolossale Fehler!!) haben die Krankheitserscheinungen unserer Lage noch vervielfacht.

Die Not und die Leiden sind groß.

Die Hungersnot von 1921 hat sie höllisch *verschärft*.

Es wird uns verteufelte Mühe kosten, uns herauszuwinden, aber wir werden herauskommen. Wir haben schon begonnen herauszukommen.

Wir werden herauskommen, denn unsere Politik ist im Prinzip richtig, da sie *alle* Klassenkräfte im *internationalen* Maßstab berücksichtigt. Wir werden herauskommen, denn wir beschönigen unsere Lage nicht. Wir kennen alle Schwierigkeiten. Wir sehen *alle* Krankheiten. Wir kurieren sie systematisch, beharrlich, ohne in Panik zu verfallen.

Sie haben sich von einer Panikstimmung übermannen lassen und sind auf dieser schiefen Ebene so weit hinabgeglitten, daß es beinahe so aussieht, als wollten Sie eine neue Partei gründen oder Selbstmord verüben.

Man darf nicht in Panik verfallen.

Kommunistische Zellen sind von der Partei losgelöst? Stimmt. Ein Übel, ein Leiden, eine Krankheit.

Stimmt. Eine schwere Krankheit.

Wir sehen sie.

Kurieren soll man sie nicht durch „Freiheit" (*für die Bourgeoisie*), sondern durch proletarische und parteimäßige Maßnahmen.

Was Sie über die Hebung der Wirtschaft, über den „Motorpflug" u. dgl. m., über den Kampf um den „Einfluß" auf die Bauernschaft usw. sagen, enthält *viel* Wahres, viel Nützliches.

Weshalb sollten Sie das nicht *herausgreifen?* Wir werden uns verständigen und in *einer* Partei einträchtig zusammenarbeiten. Das wird großen Nutzen bringen, *aber nicht auf einmal*, sondern *sehr* langsam.

Die Sowjets beleben, Parteilose heranziehen, die Arbeit der Parteimitglieder durch *Parteilose* überprüfen lassen – das ist absolut richtig. Hier ist eine *Unmenge* Arbeit, eine Riesenarbeit zu leisten.

Warum sollten Sie *das* nicht *sachlich* in einer Broschüre für den Parteitag darlegen?

Warum gehen Sie nicht daran?

Warum die *Kleinarbeit* scheuen (Mißbräuche durch die Zentrale Kontrollkommission, durch die Parteipresse, durch die „Prawda" *ausrotten*)? Aus Unglauben an die langsame, schwierige, mühselige Kleinarbeit verfallen die Leute in Panik und suchen einen „leichten" Ausweg: „Pressefreiheit" (*für die Bourgeoisie*).

Warum wollen Sie auf Ihrem Fehler, Ihrem offenkundigen Fehler, auf Ihrer parteiwidrigen, *antiproletarischen* Losung der „Pressefreiheit" bestehen? Warum wollen Sie nicht an die weniger „glänzende" (in bürgerlichem Glanz glänzende) Kleinarbeit der sachlichen Ausräumung von Mißbräuchen, des sachlichen Kampfes gegen sie, der sachlichen *Hilfe* für die Parteilosen gehen?

Wo haben Sie das ZK auf **diesen oder jenen** Mißbrauch hingewiesen? Auf dieses oder jenes *Mittel*, ihn zu korrigieren, auszurotten?

Niemals.

Kein einziges Mal.

Sie haben einen Haufen Leiden und Krankheiten festgestellt, sind in Verzweiflung geraten und haben sich in fremde Arme geworfen, in die Arme der Bourgeoisie („Pressefreiheit" *für die Bourgeoisie*). Mein Rat ist, sich nicht der Verzweiflung und Panik hinzugeben.

Wir und die mit uns Sympathisierenden, die Arbeiter und Bauern, haben noch unerschöpfliche Kräfte. Noch viel Gesundheit.

Wir kurieren die Krankheiten schlecht.

Wir führen die Losung schlecht durch: Laßt Parteilose aufrücken, laßt die Arbeit der Parteimitglieder durch Parteilose überprüfen.

Aber wir können und werden auf diesem Gebiet hundertmal mehr als bisher tun.

Ich hoffe, nach nüchterner Überlegung werden Sie nicht aus falscher Eigenliebe auf einem offenkundigen politischen Fehler („Pressefreiheit") bestehen, sondern die Nerven zusammennehmen, die Panikstimmung überwinden und an die sachliche Arbeit gehen, um die *Verbindung* mit den Parteilosen zu fördern, die *Überprüfung* der Arbeit der Parteimitglieder durch Parteilose zu fördern.

Auf diesem Gebiet gibt es eine Unmenge Arbeit. Und durch diese Arbeit kann (und muß) man die Krankheit kurieren, langsam, aber tatsächlich *kurieren*, anstatt sich den Kopf durch die „Pressefreiheit", dieses „glänzende" Irrlicht, verwirren zu lassen.

Mit kommunistischem Gruß
Lenin

Veröffentlicht 1921. *Nach dem Manuskript.*

NEUE ZEITEN, ALTE FEHLER IN NEUER GESTALT

Jede neue Wendung der Geschichte ruft gewisse Veränderungen in der Form der kleinbürgerlichen Schwankungen hervor, die stets neben dem Proletariat auftreten und stets in diesem oder jenem Maße in das Proletariat eindringen.

Kleinbürgerlicher Reformismus, d.h. mit biederen demokratischen und „sozial"demokratischen Phrasen und ohnmächtigen Wünschen verbrämtes Lakaientum vor der Bourgeoisie, und kleinbürgerlicher Revolutionarismus, drohend, aufgeblasen und großtuerisch in Worten, ein zersplittertes, atomisiertes, kopfloses Nichts in der Tat - das sind die beiden „Ströme" dieser Schwankungen. Sie sind unvermeidlich, solange die tiefsten Wurzeln des Kapitalismus nicht beseitigt sind. Ihre Form modifiziert sich jetzt im Zusammenhang mit einer bestimmten Wendung in der ökonomischen Politik der Sowjetmacht.

Das Grundmotiv bei den Menschewiki und ihren Nachbetern ist: „Die Bolschewiki haben kehrtgemacht zum Kapitalismus, nun ist es aus mit ihnen. Die Revolution erweist sich trotz allem als eine bürgerliche, auch die Oktoberrevolution! Es lebe die Demokratie! Es lebe der Reformismus!" Ob das auf rein menschewistische oder auf sozialrevolutionäre Manier gesagt wird, im Geiste der II. oder der zweieinhalbten Internationale, der Sinn ist ein und derselbe.

Das Grundmotiv bei den Halbanarchisten vom Schlage der deutschen „Kommunistischen Arbeiterpartei"[72] oder jenes Teils unserer ehemaligen Arbeiteropposition, der die Partei verlassen hat oder von ihr abfällt, ist: „Die Bolschewiki glauben jetzt nicht an die Arbeiterklasse!" Die Losungen, die daraus abgeleitet werden, glei-

72 Gemeint sind die kleinbürgerlichen, anarcho-syndikalistischen „linken" Elemente, die sich nach dem II. Parteitag im Oktober 1919 von der Kommunistischen Partei Deutschlands abgespalten und im April 1920 die Kommunistische Arbeiterpartei Deutschlands gegründet hatten.

chen mehr oder minder den „Kronstädter" Losungen im Frühjahr 1921.

Möglichst nüchtern und genau die Einschätzung der faktischen Klassenkräfte und die unbestreitbaren Tatsachen dem Gejammer und der Panik der Philister des Reformismus und der Philister des Revolutionarismus entgegenstellen - das ist die Aufgabe der Marxisten.

Man erinnere sich der Hauptetappen unserer Revolution. Die erste, sozusagen rein politische Etappe, vom 25. Oktober bis 5. Januar, bis zur Auseinanderjagung der Konstituante. In nur 10 Wochen haben wir für die wirkliche und vollständige Vernichtung der Überreste des Feudalismus in Rußland hundertmal mehr getan als die Menschewiki und die Sozialrevolutionäre in den acht Monaten (Februar - Oktober 1917) *ihrer* Macht. Die Menschewiki und Sozialrevolutionäre, samt all den Helden der zweieinhalbten Internationale im Ausland, waren zu jener Zeit erbärmliche Helfershelfer der Reaktion. Die Anarchisten standen entweder ratlos abseits, oder sie unterstützten uns. War damals die Revolution eine bürgerliche Revolution? Natürlich ja - insofern das von uns zum Abschluß gebrachte Werk die Vollendung der bürgerlich-demokratischen Revolution war, insofern es innerhalb der „Bauernschaft" noch keinen Klassenkampf gab. Aber zugleich haben wir ungeheuer viel geleistet über die bürgerliche Revolution *hinaus*, *für* die sozialistische, die proletarische Revolution:. 1. Wir entfalteten wie nie zuvor die Kräfte der Arbeiterklasse, was die Ausnutzung der Staatsgewalt durch *sie* anbelangte. 2. Wir versetzten den Fetischen der spießbürgerlichen Demokratie, der Konstituante und den bürgerlichen „Freiheiten", von der Art der Pressefreiheit für die Reichen, einen in der ganzen Welt spürbaren Schlag. 3. Wir schufen den sowjetischen *Typus* des Staates, ein gigantischer Schritt vorwärts nach 1793 und 1871.

Die zweite Etappe. Der Brester Frieden. Eine Sturmflut revolutionärer Phrasen gegen den Frieden - halbpatriotischer Phrasen bei den Sozialrevolutionären und Menschewiki, „linker" Phrasen bei einem Teil der Bolschewiki. „Haben sie erst mit dem Imperialismus Frieden geschlossen, so sind sie verloren" - behauptete in panischem Schrecken oder mit Schadenfreude der Spießer. Aber die Sozialrevolutionäre und Menschewiki schlossen Frieden mit dem Imperialismus als Teilnehmer am bürgerlichen Raubzug gegen die Arbeiter. Wir „schlossen Frieden", indem wir dem Räuber einen Teil unseres Hab und Guts abtraten, um die Macht der Arbeiter zu retten, um dem Räuber noch stärkere Schläge zu versetzen. Phrasen, daß wir angeblich „an die Kräfte der Arbeiterklasse nicht glauben", hörten wir damals zur Genüge, aber wir ließen uns durch die Phrasen nicht täuschen.

Die dritte Etappe. Der Bürgerkrieg von den Tschechoslowaken und den „Konstituante-Anhängern" bis zu Wrangel, 1918-1920. Unsere Rote Armee existierte zu Anfang des Krieges noch nicht. Diese Armee ist auch heute jeder beliebigen Armee der Ententeländer weit unterlegen, wenn man die materiellen Kräfte vergleicht. Und trotzdem trugen wir im Kampf gegen die Weltmacht der Entente den Sieg davon. Das Bündnis der Bauern und Arbeiter unter Führung der proletarischen Staatsmacht wurde - eine weltgeschichtliche Errungenschaft - auf eine Höhe ohnegleichen gehoben. Die Menschewiki und Sozialrevolutionäre spielten die Rolle von Helfershelfern der Monarchie, sowohl direkter Helfershelfer (als Minister, Organisatoren, Propagandisten) als auch verkappter (die höchst „raffinierte" und niederträchtige Haltung der Tschernow und Martow, die angeblich ihre Hände in Unschuld wuschen, in Wirklichkeit aber mit der Feder gegen uns arbeiteten). Die Anarchisten pendelten wie zuvor hilflos hin und her: Ein Teil unterstützte uns, ein anderer Teil schädigte die Arbeit durch Geschrei gegen die militärische Disziplin oder durch Skepsis.

Die vierte Etappe. Die Entente ist gezwungen, Intervention und Blockade einzustellen (für wie lange?). Das unerhört verwüstete Land beginnt sich nur mühsam zu erholen, erst jetzt sieht es die ganze Tiefe der Zerrüttung, durchlebt es die qualvollste Not, den Stillstand der Industrie, Mißernten, Hungersnot und Seuchen.

Wir haben die höchste und zugleich damit die schwierigste Stufe in unserem weltgeschichtlichen Kampf erreicht. Der Feind ist im gegebenen Augenblick und für den gegebenen Zeitabschnitt nicht derselbe, der er gestern war. Der Feind - das sind nicht die Heerhaufen der Weißgardisten unter dem Kommando der Gutsbesitzer, die von allen Menschewiki und Sozialrevolutionären, von der ganzen internationalen Bourgeoisie unterstützt werden. Der Feind - das ist der graue Alltag der Wirtschaft in einem kleinbäuerlichen Land mit zerstörter Großindustrie. Der Feind - das ist das kleinbürgerliche Element, das uns wie die Luft umgibt und sehr stark in die Reihen des Proletariats eindringt. Das Proletariat aber ist deklassiert, d. h. aus seinem Klassengeleise geworfen. Die Fabriken und Werke stehen still - das Proletariat ist geschwächt, zersplittert, entkräftet. Das kleinbürgerliche Element im Innern des Staates aber wird von der gesamten internationalen Bourgeoisie mit ihrer immer noch weltumspannenden Macht unterstützt.

Nun, wie sollte man es da nicht mit der Angst zu tun bekommen? Besonders solche Helden wie die Menschewiki und Sozialrevolutionäre, wie die Ritter der zweieinhalbten Internationale, wie die hilflosen Anarchisten, wie die Liebhaber „linker" Phrasen. „Die Bolschewiki kehren zurück zum Kapitalismus, mit den Bolschewiki ist es aus, die Revolution ist auch bei ihnen nicht über den Rahmen der bürgerlichen Revolution hinausgekommen." Dieses Gezeter hören wir zur Genüge.

Aber wir haben uns schon daran gewöhnt.

Wir verkleinern die Gefahr nicht. Wir sehen ihr direkt ins Auge. Wir sagen den Arbeitern und Bauern: Die Gefahr ist groß - mehr Geschlossenheit, Ausdauer und Kaltblütigkeit, werft die Nachbeter der Menschewiki und Sozialrevolutionäre, die Panikmacher und Schreihälse mit Verachtung hinaus.

Die Gefahr ist groß. Der Feind ist ökonomisch bei weitem stärker als wir, genauso wie er gestern militärisch bei weitem stärker war als wir. Wir wissen das, und im Wissen liegt unsere Stärke. Wir haben sowohl für die Säuberung Rußlands vom Feudalismus als auch für die Entwicklung aller Kräfte der Arbeiter und Bauern, sowohl für den weltweiten Kampf gegen den Imperialismus als auch für die von den Plattheiten und Gemeinheiten der II. und der zweieinhalbten Internationale befreite internationale proletarische Bewegung schon so ungeheuer viel getan, daß panisches Geschrei nicht auf uns wirkt. Unsere revolutionäre Tätigkeit haben wir schon genug und übergenug „gerechtfertigt", indem wir der ganzen Welt durch Taten bewiesen haben, wozu der proletarische Revolutionismus fähig ist zum Unterschied von der menschewistisch-sozialrevolutionären „Demokratie" und dem feigen, durch Paradephrasen bemäntelten Reformismus.

Wer vor Beginn eines großen Kampfes die Niederlage fürchtet, der kann sich nur zur Verhöhnung der Arbeiter Sozialist nennen.

Gerade weil wir uns nicht scheuen, der Gefahr ins Auge zu sehen, setzen wir unsere Kräfte besser zum Kampf ein - wägen wir die Chancen nüchterner, sorgfältiger, umsichtiger ab - machen wir alle Zugeständnisse, die uns stärken und die Kräfte des Feindes zersplittern (wie jetzt auch der Dümmste sieht, daß der „Brester Frieden" ein Zugeständnis war, das uns stärkte und die Kräfte des internationalen Imperialismus zersplitterte).

Die Menschewiki schreien, die Naturalsteuer, die Freiheit des Handels, die Zulassung der Konzessionen und des Staatskapitalismus bedeuten den Zusammenbruch des Kommunismus. Diesen Menschewiki hat sich im Ausland der frühere Kommunist Levi hinzugesellt; diesen Levi mußte man verteidigen, solange man versuchen konnte, die von ihm begangenen Fehler als Reaktion auf eine Reihe von Fehlern zu erklären, die von den „linken" Kommunisten, besonders im März 1921 in Deutschland[73], gemacht worden waren; diesen Levi darf man nicht verteidigen, wenn er, statt sein Unrecht einzugestehen, auf der ganzen Linie zum Menschewismus hinabgleitet.

Die zeternden Menschewiki brauchen wir nur darauf zu verweisen, daß die Kommunisten schon im Frühjahr 1918 die Idee eines Blocks, eines Bündnisses mit dem Staatskapitalismus gegen das kleinbürgerliche Element proklamiert und verteidigt haben. Vor drei Jahren! In den ersten Monaten des bolschewistischen Sieges! Nüchternheit besaßen die Bolschewiki schon damals. Und seitdem hat niemand die Richtigkeit unserer nüchternen Einschätzung der wirklich vorhandenen Kräfte widerlegen können.

Der beim Menschewismus gelandete Levi gibt den Bolschewiki (deren Besiegung durch den Kapitalismus er ebenso „prophezeit", wie alle Spießbürger, Demokraten, Sozialdemokraten usw. unseren Untergang prophezeiten, falls wir die Konstituante auseinanderjagen!) den Rat, sich an die *gesamte* Arbeiterklasse um Hilfe zu wenden! Denn bisher, man beliebe zu sehen, hätte ihnen nur *ein Teil der Arbeiterklasse* geholfen!

Hier befindet sich Levi in auffallender Übereinstimmung mit jenen Halbanarchisten und Schreihälsen, darunter mit manchen Leuten aus der ehemaligen „Arbeiteropposition", die so gern laute Phrasen dreschen über das Thema, daß die Bolschewiki jetzt „an

---

73 Die *Fehler der „Linken" in der Kommunistischen Partei Deutschlands* im März 1921 bestanden darin, daß sie die Notwendigkeit der engen Verbindung der revolutionären Vorhut mit den breiten Massen der Arbeiterklasse mißachteten und zu vorzeitigen Aktionen drängten. Das nutzte die deutsche Bourgeoisie aus und provozierte mit Hilfe der rechten sozialdemokratischen Führer die Arbeiter des mitteldeutschen Industriegebiets zu bewaffneten Kämpfen. Die mitteldeutschen Arbeiter blieben isoliert und wurden trotz heldenhaften Widerstands niedergeschlagen. Lenins Einschätzung der Märzkämpfe und seine Kritik an den Fehlern der „Linken" sind enthalten in der „Rede zur Verteidigung der Taktik der Kommunistischen Internationale" auf dem III. Kongreß der Kommunistischen Internationale und im „Brief an die deutschen Kommunisten". (Siehe *Werke*, Bd. 32, S. 491 bis 500 und 537-548.)

die Kräfte der Arbeiterklasse nicht glauben". Sowohl die Menschewiki als auch diejenigen, die in Anarchismus machen, verwandeln diesen Begriff „Kräfte der Arbeiterklasse" in einen Fetisch, ohne fähig zu sein, über seinen tatsächlichen, konkreten Inhalt nachzudenken. An die Stelle der Untersuchung und der Analyse dieses Inhalts wird die Deklamation gesetzt.

Die Herrschaften aus der zweieinhalbten Internationale, die sich Revolutionäre nennen möchten, erweisen sich in Wirklichkeit in jeder ernsten Lage als Konterrevolutionäre, denn sie fürchten die gewaltsame Zerstörung des alten Staatsapparats, sie glauben nicht an die Kräfte der Arbeiterklasse. Als wir das von den Sozialrevolutionären und Co. sagten, war das unserseits keine Phrase. Jedermann weiß, daß die Oktoberrevolution in der Tat neue Kräfte, eine neue Klasse aufsteigen ließ – daß die besten Vertreter des Proletariats heute Rußland regieren, eine Armee geschaffen und geführt haben, eine örtliche Verwaltung usw. geschaffen haben, die Industrie leiten u. a. Wenn es dabei bürokratische Auswüchse gibt, so verhehlen wir dieses Übel nicht, sondern decken es auf und bekämpfen es. Wer über dem Kampf gegen die Entstellung der neuen Ordnung ihren Inhalt vergißt, wer vergißt, daß die Arbeiterklasse einen Staat vom Sowjettypus geschaffen hat und ihn leitet, der versteht einfach nicht zu denken und redet leichtfertig in den Tag hinein.

Doch die „Kräfte der Arbeiterklasse" sind nicht grenzenlos. Wenn der Zustrom frischer Kräfte aus der Arbeiterklasse jetzt schwach, manchmal sehr schwach ist, wenn trotz aller Dekrete und Aufrufe, trotz aller Agitation, trotz aller Befehle, „Parteilose aufrücken zu lassen", der Zustrom von Kräften dennoch schwach ist, dann heißt es zu leerer Phrasendrescherei hinabsinken, wenn man sich mit Deklamationen über „mangelnden Glauben an die Kräfte der Arbeiterklasse" darüber hinwegsetzen will.

Ohne eine gewisse „Atempause" gibt es diese neuen Kräfte nicht; sie werden nur langsam heranwachsen; anders als auf der Grundlage der wiederhergestellten Großindustrie (d. h., genauer und konkreter gesagt, auf der Grundlage der Elektrifizierung) können sie *von nirgendher* kommen.

Nach den gewaltigen, in der Welt noch nie dagewesenen Anstrengungen braucht die Arbeiterklasse in einem kleinbäuerlichen, wirtschaftlich zerrütteten Land, eine Arbeiterklasse, die durch Deklassierung stark mitgenommen ist, eine bestimmte Zeit, damit neue Kräfte heranwachsen und nachrücken können, damit die alten und abgenutzten „repariert" werden können. Die Schaffung eines Militär- und Staatsapparats, der fähig war, die Prüfungen der Jahre 1917–1921 siegreich zu bestehen, war ein großes Werk, das die realen (nicht die in den Deklamationen der Schreihälse existierenden) „Kräfte der Arbeiterklasse" beansprucht, mitgenommen, erschöpft hat. Das muß man begreifen und mit der Notwendigkeit, richtiger: mit der Unvermeidlichkeit eines *verlangsamten* Zuwachses neuer Kräfte der Arbeiterklasse rechnen.

Wenn die Menschewiki über den „Bonapartismus" der Bolschewiki zetern (die sich angeblich auf Heer und Apparat stützen, gegen den Willen der „Demokratie"), so kommt darin die Taktik der Bourgeoisie vortrefflich zum Ausdruck, und Miljukow handelt richtig, wenn er sie unterstützt, wenn er die „Kronstädter" Losungen (vom Frühjahr 1921) unterstützt. Die Bourgeoisie kalkuliert ganz richtig, daß die *wirklichen* „Kräfte der Arbeiterklasse" gegenwärtig aus der machtvollen Avantgarde dieser Klasse (der Kommunistischen Partei Rußlands, die sich die Rolle, den Namen, die Kraft einer „Avantgarde" der einzig revolutionären Klasse nicht mit einem Schlage, sondern im Verlauf von 25 Jahren durch Taten errungen hat) bestehen plus Elementen, die durch Deklassierung am meisten geschwächt sind und den menschewistischen und anarchistischen Schwankungen am stärksten unterliegen.

Unter der Losung „Mehr Vertrauen in die Kraft der Arbeiterklasse" wird gegenwärtig *in Wirklichkeit* eine Stärkung der menschewistischen und anarchistischen Einflüsse betrieben: Kronstadt hat das im Frühjahr 1921 mit aller Anschaulichkeit gezeigt und bewiesen. Jeder klassenbewußte Arbeiter muß diejenigen, die über unseren „mangelnden Glauben an die Kräfte der Arbeiterklasse" schreien, entlarven und davonjagen, denn diese Schreihälse sind in Wirklichkeit Helfershelfer der Bourgeoisie und der Gutsbesitzer, zu deren Gunsten sie durch Erweiterung des Einflusses der Menschewiki und der Anarchisten eine Schwächung des Proletariats herbeizuführen suchen.

Hier „liegt der Hund begraben", wenn man nüchtern in den wirklichen Inhalt des Begriffs „Kräfte der Arbeiterklasse" eindringt!

Wo ist eure Arbeit, liebe Leute, wo sind eure Taten, um Parteilose real aufrücken zu lassen an der wichtigsten „Front" der Gegenwart, an der Wirtschaftsfront, bei dem Werk des wirtschaftlichen Aufbaus? Diese Frage müssen die klassenbewußten Arbeiter den Schreihälsen stellen. So kann und soll man immer die Schreihälse entlarven und beweisen, daß sie in Wirklichkeit den Aufbau der Wirtschaft nicht fördern, sondern hindern, daß sie der proletarischen Revolution nicht helfen, sondern sie hindern, daß sie keine proletarischen, sondern kleinbürgerliche Bestrebungen verfechten, daß sie einer fremden Klasse dienen.

Unsere Losung ist: Nieder mit den Schreihälsen! Nieder mit den unbewußten Helfershelfern der Weißgardistenbande, die die Fehler der unglückseligen Kronstädter vom Frühjahr 1921 wiederholen! Vorwärts zu sachlicher praktischer Arbeit, die mit der Eigenart der gegenwärtigen Situation und ihren Aufgaben zu rechnen vermag! Was uns not tut, sind nicht Phrasen, sondern Taten.

Die nüchterne Einschätzung dieser Eigenart und der wirklichen, nicht der zusammenphantasierten, Klassenkräfte sagt uns:

Nach einer Periode von Erfolgen des proletarischen Schöpfertums auf militärischem, administrativem und allgemein-politischem Gebiet, wie die Welt sie noch nie gesehen hat, ist nicht zufällig, sondern unvermeidlich, nicht durch das Verschulden von Personen oder Parteien, sondern kraft objektiver Ursachen eine Periode viel langsameren Heranwachsens neuer Kräfte angebrochen. In der wirtschaftlichen Arbeit ist der Aufbau unvermeidlich schwieriger, langsamer, allmählicher; das ergibt sich aus dem Wesen dieser Arbeit, verglichen mit der militärischen, administrativen und allgemein-politischen. Das ergibt sich daraus, daß sie besonders schwierig ist und, wenn man sich so ausdrücken darf, tiefere Wurzeln hat.

Darum werden wir bemüht sein, unsere Aufgaben in dieser neuen, höheren Etappe des Kampfes mit größter, mit dreifacher Vorsicht festzulegen. Wir werden diese Aufgaben bescheidener festlegen; wir werden mehr Zugeständnisse machen, natürlich in den Grenzen dessen, was das Proletariat zugestehen *kann*, wenn es die herrschende Klasse bleiben will; möglichst rasche Aufbringung einer mäßigen Naturalsteuer und möglichst große Freiheit für die Entwicklung, Festigung und Wiederherstellung der bäuerlichen Wirtschaft; wir werden die für uns nicht unbedingt notwendigen Betriebe an Pächter abgeben, darunter auch an Privatkapitalisten und an ausländische Konzessionäre. Wir brauchen einen Block oder ein Bündnis des proletarischen Staates mit dem Staatskapitalismus gegen das kleinbürgerliche Element. Dieses Bündnis muß man geschickt verwirklichen, nach der Regel „Siebenmal abmessen, einmal abschneiden". Wir werden unmittelbar für uns ein kleineres Arbeitsgebiet lassen, nur das, was absolut notwendig ist. Wir werden die geschwächten Kräfte der Arbeiterklasse *auf weniger* konzentrieren, dafür aber fester Fuß fassen, wir werden uns nicht einmal und nicht zweimal, sondern vielmals an Hand der praktischen Erfahrung kontrollieren. Schritt für Schritt, Zoll für Zoll - anders kann ein solches „Heer" wie das unsrige auf einem so mühevollen Weg, in einer so schwierigen Lage, unter solchen Gefahren jetzt *nicht* vorrücken. Wem diese Arbeit „langweilig", „uninteressant", „unverständlich" ist, wer die Nase rümpft oder in Panik verfällt oder sich an Deklamationen über das Fehlen des „früheren Elans", des „früheren Enthusiasmus" usw. berauscht, den soll man lieber „von der Arbeit befreien" und kaltstellen, damit er keinen Schaden anrichten kann, denn er ist nicht willens oder nicht fähig, über die Eigenart der gegenwärtigen Stufe, der gegenwärtigen Etappe des Kampfes nachzudenken.

Unter Bedingungen, wo das Land ungeheuer verwüstet ist und die Kräfte des Proletariats durch eine Reihe fast übermenschlicher Anstrengungen erschöpft sind, nehmen wir das Schwierigste in Angriff: das Fundament einer wirklich sozialistischen Wirtschaft zu legen und einen geregelten Warenaustausch (richtiger: Produktenaustausch) zwischen Industrie und Landwirtschaft herbeizuführen. Noch ist der Feind weitaus stärker als wir; der anarchische, spekulative, individuelle Warenaustausch untergräbt unsere Arbeit auf Schritt und Tritt. Wir sehen klar die Schwierigkeiten und werden sie systematisch, hartnäckig überwinden. Mehr Initiative und Selbständigkeit den örtlichen Organen, mehr Kräfte dorthin, mehr Beachtung ihrer praktischen Erfahrung. Die Arbeiterklasse kann ihre Wunden *nicbt anders* heilen, ihre proletarische „Klassenkraft" *nicht anders* wiederherstellen, die Bauernschaft kann in ihrem Vertrauen zur proletarischen Führung *nicht anders* bestärkt werden als nach Maßgabe des tatsächlichen Erfolges bei der Wiederherstellung der Industrie und der Herstellung eines geregelten staatlichen Produktenaustausches, der sowohl für den Bauer als auch für den Arbeiter vorteilhaft ist. Nach Maßgabe dieser Erfolge werden wir auch einen Zustrom neuer Kräfte bekommen, vielleicht nicht so rasch, wie es jeder von uns möchte, aber wir werden ihn bekommen.

An die Arbeit, an eine langsamere und vorsichtigere, eine ausdauerndere und beharrlichere Arbeit!

20. August 1921

„Prawda" Nr. 190,
28. August 1921.
Unterschrift: N. L e n i n .

Nach dem Text der „Prawda", verglichen mit den
von W. I. Lenin durchgesehenen Korrekturfahnen.

NOTIZEN EINES PUBLIZISTEN

Über das Besteigen hoher Berge, über die Schädlichkeit der Verzagtheit, über den Nutzen des Handels, über das Verhältnis zu den Menschewiki
u. dgl. m.[74]

I
EINE ART BEISPIEL

Stellen wir uns einen Menschen vor, der einen sehr hohen, steilen und noch unerforschten Berg besteigt. Nehmen wir an, es sei ihm gelungen, nach Überwindung unerhörter Schwierigkeiten und Gefahren viel höher zu steigen als seine Vorgänger, den Gipfel habe er aber dennoch nicht erreicht. Er befindet sich nun in einer Lage, in der ein Weiterkommen in der gewählten Richtung und auf dem eingeschlagenen Weg schon nicht mehr nur schwierig und gefährlich, sondern geradezu unmöglich geworden ist. Er muß umkehren, abwärts steigen, andere Wege suchen, die zwar länger sein mögen, dafür aber die Möglichkeit in Aussicht stellen, den Gipfel zu erreichen. Der Abstieg in dieser in der Welt noch nie erlebten Höhe, auf der sich unser hypothetischer Bergsteiger befindet, bietet vielleicht gar noch größere Gefahren und Schwierigkeiten als der Aufstieg: man tut leichter einen Fehltritt; es ist nicht so bequem, sich die Stelle anzusehen, auf die man den Fuß setzt; es fehlt jene besonders gehobene Stimmung, die durch das unmittelbare Hinaufsteigen, direkt dem Ziel zu, entstanden war, usw. Man muß sich anseilen, ganze Stunden darauf verwenden, mit dem Pickel Stufen oder Stel-

74 Der Artikel „*Notizen eines Publizisten. Über das Besteigen hoher Berge, über die Schädlichkeit der Verzagtheit, über den Nutzen des Wandels, über das Verhältnis zu den Menschewiki u. dgl. m.*“ blieb unvollendet.

len zur sicheren Befestigung des Seils auszuhauen, man muß sich mit der Langsamkeit einer Schildkröte fortbewegen, und noch dazu rückwärts, abwärts, weg vom Ziel, und immer noch ist nicht zu sehen, ob dieser verzweifelt gefährliche, qualvolle Abstieg ein Ende nimmt, ob sich ein einigermaßen aussichtsreicher Umweg finden läßt, auf dem man wieder - kühner, rascher und direkter - vorwärts, aufwärts, dem Gipfel zu gehen könnte.

Es dürfte wohl ganz natürlich sein anzunehmen, daß sich bei einem Menschen, der in eine solche Lage geraten ist, Minuten der Verzagtheit einstellen - trotz der unerhörten Höhe, die er erreicht hat. Und wahrscheinlich wären diese Minuten zahlreicher, häufiger, schwerer, wenn er gewisse Stimmen von unten hören könnte, von Leuten, die aus gefahrloser Ferne, durchs Fernrohr, diesen höchst gefahrvollen Abstieg beobachten, den man nicht einmal (nach dem Muster der „Smena-Wech"-Leute[75]) einen „Abstieg mit Bremse" nennen kann, denn eine Bremse setzt einen gut durchkonstruierten, schon ausprobierten Wagen, eine im voraus gebaute Straße und schon früher erprobte Mechanismen voraus. Hier aber gibt es weder Wagen noch Straße, überhaupt nichts, schlechthin nichts, was vorher erprobt worden wäre!

Die Stimmen von unten aber klingen schadenfroh. Die einen zeigen ihre Schadenfreude offen, johlen und schreien: Gleich wird er abstürzen, geschieht ihm ganz recht, das ist ja Wahnsinn, was er macht! Die andern trachten ihre Schadenfreude zu verbergen, sie machen es vorwiegend wie Juduschka Golowljow*; kummervoll

75 *„Smena-Wech"-Leute* - eine in antisowjetischen Emigrantenkreisen der Intelligenz entstandene Gruppe. Sie erhielt diese Bezeichnung nach dem Sammelband „Smena Wech" (Wechsel der Wegzeichen), der im Juli 1921 in Prag erschien. Nachdem sich die „Smena-Wech"-Leute davon überzeugt hatten, daß es völlig aussichtslos war, die Sowjetmacht durch eine ausländische militärische Intervention stürzen zu wollen, rechneten sie darauf, daß die Einführung der Neuen ökonomischen Politik zu einer inneren Entartung des Sowjetstaates führen werde.

* Hauptfigur des Romans „Die Herren Golowljow"" von Saltykow-Schtschedrin. *Der Übers.*

richten sie ihre Blicke zum Himmel: Zu unserem größten Leidwesen bestätigen sich unsere Befürchtungen! Haben wir, die wir unser ganzes Leben auf die Vorbereitung eines vernünftigen Plans zur Besteigung dieses Berges verwandt haben, nicht den Aufschub der Besteigung verlangt, solange unser Plan nicht fix und fertig ausgearbeitet vorliegt? Und wenn wir den Weg so leidenschaftlich bekämpft haben, den dieser Wahnwitzige jetzt selber aufgibt (seht, seht, er ist zurückgegangen, er steigt abwärts, er müht sich stundenlang ab, um die Möglichkeit zu erhalten, eine armselige Elle vorwärtszukommen! Uns aber hat er mit den gemeinsten Worten beschimpft, als wir systematisch Mäßigung und Akkuratesse verlangten!) – wenn wir den Wahnwitzigen so leidenschaftlich verurteilt und alle davor gewarnt haben, ihn nachzuahmen und zu unterstützen, so haben wir das ausschließlich aus Liebe zu dem großen Plan der Besteigung dieses nämlichen Berges getan, um diesen großen Plan als Ganzes nicht zu kompromittieren!

Zum Glück kann unser hypothetischer Bergsteiger unter den in unserem Beispiel angenommenen Verhältnissen die Stimmen dieser „wahren Freunde" der Idee des Bergsteigens nicht hören, es könnte ihm sonst vielleicht übel werden. Übelkeit aber, sagt man, ist der Frische des Kopfes und der Festigkeit der Beine nicht zuträglich, zumal in sehr großen Höhen.

II
OHNE METAPHERN

Ein Beispiel ist kein Beweis. Jeder Vergleich hinkt. Das sind unbestrittene und allgemein bekannte Wahrheiten, doch schadet es nicht, an sie zu erinnern, um die Grenzen der Gültigkeit jedes Vergleichs überhaupt anschaulicher darzustellen.

Das Proletariat Rußlands hat in seiner Revolution eine gigantische Höhe erklommen, nicht nur im Vergleich zu den Jahren 1789 und 1793, sondern auch im Vergleich zum Jahre 1871. Man muß sich möglichst nüchtern, klar und anschaulich Rechenschaft darüber ablegen, was wir eigentlich „zu Ende geführt" und was wir nicht zu Ende geführt haben: Der Kopf wird dann frisch bleiben, es wird weder Übelkeit noch Illusionen noch Verzagtheit geben.

Wir haben die bürgerlich-demokratische Revolution so „sauber" wie noch nirgends in der Welt „zu Ende geführt". Das ist eine gewaltige Errungenschaft, die keine Macht mehr rückgängig machen kann.

Wir haben das Ausscheiden aus dem reaktionären imperialistischen Krieg auf revolutionärem Wege zu Ende geführt. Das ist ebenfalls solch eine Errungenschaft, die keine Macht der Welt mehr rückgängig machen kann, und eine um so wertvollere Errungenschaft, als reaktionäre imperialistische Gemetzel in nicht ferner Zukunft unvermeidlich sind, wenn der Kapitalismus bestehenbleibt; aber die Menschen des 20. Jahrhunderts werden sich ein zweites Mal nicht so leicht mit „Basler Manifesten" abspeisen lassen, womit die Renegaten, die Helden der II. und zweieinhalbten Internationale, 1912 und 1914–1918 sich selbst und die Arbeiterschaft zum Narren gehalten haben.

Wir haben den Sowjettypus des Staates geschaffen und damit eine neue weltgeschichtliche Epoche eingeleitet, die Epoche der politischen Herrschaft des Proletariats, die berufen ist, die Epoche der Herrschaft der Bourgeoisie abzulösen. Auch das kann nicht mehr rückgängig gemacht werden, obwohl es nur durch die praktische Erfahrung der Arbeiterklasse mehrerer Länder gelingen wird, den Sowjettypus des Staates „zu Ende zu führen".

Nicht zu Ende geführt haben wir jedoch die Errichtung auch nur des Fundaments der sozialistischen Wirtschaft. Das können die uns feindlichen Kräfte des sterbenden Kapitalismus noch rückgängig machen. Man muß sich dessen klar bewußt sein und es offen zugeben, denn es gibt nichts Gefährlicheres als Illusionen (und Schwindelanfälle, zumal in großen Höhen). Und an dem Eingeständnis dieser bitteren Wahrheit ist entschieden nichts „Schreckliches“, nichts, das berechtigten Anlaß auch nur zur geringsten Verzagtheit gäbe, denn wir haben stets die Abc-Wahrheit des Marxismus verkündet und wiederholt, daß zum Sieg des Sozialismus die gemeinsamen Anstrengungen der Arbeiter mehrerer fortgeschrittener Länder notwendig sind. Wir aber stehen einstweilen immer noch allein, und wir haben in einem rückständigen Lande, in einem Lande, das mehr als die übrigen verwüstet ist, unglaublich viel geleistet. Ja, noch mehr: Wir haben die „Armee“ der revolutionären proletarischen Kräfte bewahrt, wir haben ihre „Manövrierfähigkeit“ bewahrt, wir haben den klaren Kopf behalten, der uns nüchtern zu beurteilen gestattet, wo, wann und wie weit man zurückgehen muß (um einen kräftigeren Sprung zu tun); wo, wann und wie das nicht zu Ende geführte Werk erneut in Angriff genommen werden muß. Als rettungslos verloren müßte man diejenigen Kommunisten bezeichnen, die sich einbilden wollten, daß man ohne Fehler, ohne Rückzüge, ohne ein vielmaliges Neubeginnen des nicht zu Ende Geführten und des falsch Gemachten solch ein weltgeschichtliches „Unternehmen“ wie die Vollendung des Fundaments der sozialistischen Wirtschaft (besonders in einem Lande der Kleinbauernschaft) zu Ende führen könnte. Diejenigen Kommunisten aber, die weder in Illusionen noch in Verzagtheit verfallen, die sich die Kraft und Geschmeidigkeit des Organismus bewahren, um beim Herangehen an diese überaus schwierige Aufgabe wiederholt „von Anfang zu beginnen“, sind nicht verloren (und werden es aller Wahrscheinlichkeit nach auch nie sein).

Und wir dürfen uns um so weniger gestatten, auch nur in die geringste Verzagtheit zu verfallen, es liegen für uns um so weniger Gründe dazu vor, als wir bei all unserer Zerrüttung, Armut, Rückständigkeit und Hungersnot *begonnen* haben, auf dem Gebiet der den Sozialismus vorbereitenden *Wirtschaft* in so manchem *vorwärtszukommen*, während neben uns, in der ganzen Welt, fortgeschrittenere Länder, die tausendmal reicher und militärisch mächtiger sind als wir, *fortfahren*, auf dem Gebiet *„ihrer"* von ihnen so gepriesenen, ihnen vertrauten, seit Jahrhunderten erprobten kapitalistischen Wirtschaft *zurückzufallen*.

III
ÜBER DIE FUCHSJAGD; ÜBER LEVI; ÜBER SERRATI

Man sagt, das aussichtsreichste Verfahren bei der Fuchsjagd sei folgendes: Man kreist die aufgespürten Füchse in einer gewissen Entfernung mittels einer mit roten Fähnchen behängten und in geringer Höhe über dem Schnee angebrachten Leine ein; der Fuchs, der sich vor dem offensichtlich künstlich „von Menschenhand" geschaffenen Ding fürchtet, kommt nur dann und nur dort heraus, wo dieser „Zaun" aus Fähnchen offensteht; und gerade dort erwartet ihn der Jäger. Man sollte meinen, für ein solches von allen gehetztes Tier sei Vorsicht die positivste Eigenschaft. Aber auch hier erweist sich die „Fortsetzung des Vorzugs" als Mangel. Man fängt den Fuchs gerade auf Grund seiner übergroßen Vorsicht.

Ich muß mich eines Fehlers schuldig bekennen, den ich, gleichfalls aus übergroßer Vorsicht, auf dem III. Kongreß der Komintern begangen habe. Auf diesem Kongreß stand ich auf dem äußersten rechten Flügel. Ich bin überzeugt, daß dies die einzig richtige Stellung war, denn eine recht zahlreiche (und „einflußreiche") Gruppe von Delegierten, mit vielen deutschen, ungarischen und italienischen Genossen an der Spitze, nahm eine unmäßig „linke" und unrichtig linke Haltung ein, wobei sie allzuoft die nüchterne Beurteilung der für eine sofortige und unmittelbare revolutionäre Aktion nicht sehr günstigen Lage durch verstärktes Schwenken mit roten Fähnchen ersetzte. Aus Vorsicht, in der Sorge darum, daß diese zweifellos unrichtige Abweichung zum linken Radikalismus nicht der ganzen Taktik der Kommunistischen Internationale eine falsche Richtung gebe, nahm ich Levi in jeder Weise in Schutz und sprach dabei die Vermutung aus, daß er vielleicht aus übergroßem Schrecken über die Fehler der Linken den Kopf verloren habe (ich leugnete nicht, daß er den Kopf verloren hatte) und daß es Fälle gegeben habe, in denen Kommunisten, die den Kopf verloren hatten, ihn dann wieder „fanden". Indem ich – unter dem Druck der „Linken" – sogar die Annahme zuließ, daß Levi ein Menschewik ist, verwies ich darauf, daß sogar eine solche Annahme die Sache noch nicht entscheide. Zum Beispiel beweist die ganze Geschichte des fünfzehnjährigen Kampfes zwischen den Menschewiki und den Bolschewiki in Rußland (1903–1917), wie es auch die drei russischen Revolutionen beweisen, daß die Menschewiki im allgemeinen zweifellos im Unrecht und daß sie in der Tat Agenten der Bourgeoisie in der Arbeiterbewegung waren. Das ist eine unbestreitbare Tatsache. Aber diese unbestreitbare Tatsache schafft nicht die andere Tatsache aus der Welt, daß die Menschewiki in *einzelnen* Fällen gegen die Bolschewiki im Recht waren, zum Beispiel in der Frage des Boykotts der Stolypinschen Duma im Jahre 1907.

Seit dem III. Kongreß der Komintern sind schon 8 Monate vergangen. Offenbar ist unser damaliger Streit mit den „Linken" bereits veraltet, bereits durch das Leben entschieden. Es stellte sich heraus, daß ich in bezug auf Levi unrecht hatte, denn er hat mit Erfolg bewiesen, daß er auf den menschewistischen Pfad nicht zufällig, nicht vorübergehend, nicht nur deshalb, weil er im Kampf gegen den sehr gefährlichen Fehler der „Linken" den „Bogen überspannte", sondern auf lange Zeit, auf die Dauer, aus seiner ganzen Natur heraus geraten ist. Statt nach dem III. Kongreß der Komintern ehrlich einzusehen, daß es notwendig war, um Wiederaufnahme in die Partei zu bitten, wie ein Mensch verfahren mußte, der aus Gereiztheit über gewisse Fehler der Linken vorübergehend den Kopf verloren hatte, ging Levi daran, die Partei in kleinlicher Weise mit Schmutz zu bewerfen und ihr heimtückisch ein Bein zu stellen, d. h. den Agenten der Bourgeoisie aus der II. und zweieinhalbten Internationale faktische Dienste zu erweisen. Selbstverständlich hatten die deutschen Kommunisten durchaus recht, die das damit beantworteten, daß sie vor kurzem noch einige Herrschaften aus ihrer Partei ausschlossen, die Paul Levi bei dieser edlen Beschäftigung insgeheim unterstützten.

Die Entwicklung der deutschen und der italienischen kommunistischen Partei nach dem III. Kongreß der Komintern beweist, daß sie den Fehler der Linken auf diesem Kongreß begriffen haben und ihn korrigieren - allmählich, langsam, aber sicher; die Beschlüsse des III. Kongresses der Kommunistischen Internationale werden loyal verwirklicht. Die Umgestaltung des alten Typus der parlamentarischen, in Wirklichkeit reformistischen und nur leicht revolutionär übertünchten europäischen Partei zu einem neuen *Typus* der Partei, zu einer wirklich revolutionären, wirklich kommunistischen Partei - das ist eine außerordentlich schwierige Sache. Das Beispiel Frankreichs zeigt diese Schwierigkeit wohl am anschaulichsten. Im täglichen Leben den *Typus* der Parteiarbeit umzubilden, den Alltagstrott zu überwinden, es durchzusetzen, daß die Partei zur Vorhut des revolutionären Proletariats wird, sich dabei nicht von den Massen zu lösen, sondern in immer nähere und engere Verbindung mit ihnen zu kommen, sie zum revolutionären Bewußtsein und zum revolutionären Kampf emporzuheben - das ist das Schwierigste, aber auch das Wichtigste. Wenn die europäischen Kommunisten die (wahrscheinlich sehr kurze) Zeitspanne zwischen den Perioden besonderer Verschärfung der revolutionären Kämpfe, wie sie viele kapitalistische Länder Europas und Amerikas 1921 und Anfang 1922 durchgemacht haben, nicht zu dieser gründlichen, inneren, tiefgreifenden Umgestaltung des ganzen Aufbaus und der ganzen Arbeit ihrer Parteien ausnutzen, so wird das ihrerseits das größte Verbrechen sein. Glücklicherweise gibt es keine Gründe, das zu befürchten. Die nicht lärmende, nicht grelle, nicht marktschreierische, nicht schnelle, aber in die Tiefe gehende Arbeit der Schaffung wirklicher kommunistischer Parteien, wirklicher revolutionärer Vorhuten des Proletariats in Europa und Amerika hat begonnen, und diese Arbeit geht weiter.

Die politischen Lehren, die sich sogar aus der Beobachtung einer so trivialen Sache wie der Fuchsjagd ziehen lassen, erweisen sich als nicht nutzlos: Einerseits führt übergroße Vorsicht zu Fehlern. Anderseits darf man nicht vergessen, daß man, wenn man die nüchterne Beurteilung der Lage durch bloße „Stimmung" oder durch das Schwenken mit roten Fähnchen ersetzt, einen nicht wieder gutzumachenden Fehler begehen kann; daß man zugrunde gehen kann unter Verhältnissen, wo die Schwierigkeiten zwar groß sind, der Untergang aber nicht im geringsten, nicht im allergeringsten zwangsläufig ist.

Paul Levi will sich jetzt bei der Bourgeoisie - und *folglich* bei der II. und zweieinhalbten Internationale, ihren Agenten - dadurch besonders verdient machen, daß er gerade diejenigen Werke Rosa Luxemburgs neu herausgibt, in denen sie unrecht hatte. Wir antworten darauf mit ein paar Zeilen aus einer trefflichen russischen Fabel: Wohl traf's sich, daß des Adlers Flug ihn niedriger, als Hühner fliegen, trug, doch fliegen Hühner nie auf Adlershöh'n*. Rosa Luxemburg irrte in der Frage der Unabhängigkeit Polens; sie irrte 1903 in der Beurteilung des Menschewismus; sie irrte in der Theorie der Akkumulation des Kapitals; sie irrte, als sie im Juli 1914 neben Plechanow, Vandervelde, Kautsky u. a. für die Vereinigung der Bolschewiki mit den Menschewiki eintrat; sie irrte in ihren Gefängnisschriften von 1918 (wobei sie selbst nach der Entlassung aus dem Gefängnis Ende 1918 und Anfang 1919 ihre Fehler zum großen Teil korrigierte). Aber trotz aller dieser ihrer Fehler war sie und bleibt sie ein Adler; und nicht nur die Erinnerung an sie wird den Kommunisten der ganzen Welt immer teuer sein, sondern ihre Biographie und die *vollständige* Ausgabe ihrer Werke (mit der sich die deutschen Kommunisten in unmöglicher Weise verspäten, was nur

* Nach I. A. Krylows Fabel „Der Adler und die Hühner". *Der Übers.*

teilweise mit den unerhört vielen Opfern in ihrem schweren Kampf zu entschuldigen ist) werden eine sehr nützliche Lehre sein bei der Erziehung vieler Generationen von Kommunisten der ganzen Welt. „Die deutsche Sozialdemokratie ist nach dem 4. August 1914 ein stinkender Leichnam" – mit diesem Ausspruch Rosa Luxemburgs wird ihr Name in die Geschichte der Arbeiterbewegung der ganzen Welt eingehen. Auf dem Hinterhof der Arbeiterbewegung aber, zwischen den Misthaufen, werden Hühner vom Schlage Paul Levis, Scheidemanns, Kautskys und dieser ganzen Sippschaft selbstverständlich über die Fehler der großen Kommunistin in ganz besondere Verzückung geraten. Jedem das Seine.

Was Serrati betrifft, so muß man ihn mit einem faulen Ei vergleichen, das mit einem Knall und einem besonders ... pikanten Aroma platzt. Auf „seinem" Parteitag eine Resolution über die Bereitwilligkeit, sich dem Beschluß des Kongresses der Kommunistischen Internationale zu fügen, annehmen zu lassen, dann zu diesem Kongreß den alten Lazzari zu schicken und zum Schluß die Arbeiter mit der Grobheit eines Roßtäuschers zu prellen – das ist eine Perle. Die italienischen Kommunisten, die eine wirkliche Partei des revolutionären Proletariats in Italien heranbilden, werden den Arbeitermassen jetzt ein anschauliches Beispiel der politischen Schurkerei und des Menschewismus vor Augen führen können. Nicht auf einmal, nicht ohne vielfache Wiederholung des Anschauungsunterrichts wird sich die nützliche, die *abstoßende* Wirkung dieses Musterbeispiels zeigen, aber zeigen wird sie sich unweigerlich. Sich nicht von den Massen lösen; bei der schweren Arbeit der praktischen Entlarvung aller Gaunereien Serratis vor den Augen des einfachen Arbeiters nicht die Geduld verlieren; sich nicht zu der allzu leichten und allergefährlichsten Entscheidung hinreißen lassen, wo Serrati „a" sagt, „minus *a*" zu sagen; die Massen unentwegt zur revolutionären Weltanschauung und zur revolutionären Tat erziehen; den Anschauungsunterricht des Faschismus, der unübertrefflich ist (wenn er auch teuer zu stehen kommt), in der Praxis und durch die Praxis auswerten – und der Sieg ist dem italienischen Kommunismus sicher.

Levi und Serrati sind nicht an und für sich charakteristisch, sondern als modernes Musterbeispiel für den äußersten linken Flügel der kleinbürgerlichen Demokratie, „ihres" Lagers, des Lagers der internationalen Kapitalisten, das unserem Lager gegenübersteht. „Ihr" Lager, das ganze Lager samt und sonders, von Gompers bis Serrati, ist voller Schadenfreude, frohlockt oder vergießt Krokodilstränen über unseren Rückzug, über unseren „Abstieg", über unsere Neue ökonomische Politik. Gönnen wir ihnen die Schadenfreude. Sollen sie ihre Clownsstücke vorführen: Jedem das Seine. Wir aber werden weder Illusionen noch Verzagtheit Herr über uns werden lassen. Scheuen wir uns nicht, unsere Fehler einzugestehen, scheuen wir nicht die vielfache, immer wiederholte Mühe, sie zu korrigieren – und wir werden den höchsten Gipfel erreichen. Die Sache des internationalen Blocks von Gompers bis Serrati ist eine verlorene Sache.

Geschrieben Ende Februar 1922.
Zuerst veröffentlicht am
16. April 1924
in der „Prawda" Nr. 87.

Nach dem Manuskript.

POLITISCHER BERICHT DES ZENTRALKOMITEES DER KPR(B) 27. MÄRZ

(Beifall.) Genossen! Gestatten Sie mir, den politischen Bericht des Zentralkomitees nicht mit dem Jahresanfang, sondern mit dem Jahresende zu beginnen. Die brennendste Tagesfrage der Politik ist augenblicklich Genua. Da aber in unserer Presse darüber schon sehr viel gesagt worden ist und da ich in meiner Rede vom 6. März, die veröffentlicht wurde, Gelegenheit hatte, das Wesentliche zu dieser Frage zu sagen, so möchte ich, falls von Ihrer Seite kein besonderes Verlangen geäußert werden sollte, irgendwelche Einzelheiten darzulegen, um die Erlaubnis bitten, auf die Details dieser Frage nicht einzugehen.

Über Genua wissen Sie im allgemeinen alles, denn die Presse hat dieser Frage viel Platz eingeräumt - meines Erachtens sogar übermäßig viel, zum Nachteil der wirklichen, praktischen und dringlichen Erfordernisse unseres Aufbaus im allgemeinen und unseres wirtschaftlichen Aufbaus im besonderen. In Europa wie in allen bürgerlichen Ländern liebt man es begreiflicherweise sehr, die Köpfe mit allem möglichen Wortgeprassel über Genua zu beschäftigen oder vollzustopfen. Und wir ahmen ihnen diesmal (allerdings nicht nur diesmal) nach, und tun es viel zu sehr.

Ich muß sagen, daß wir im ZK die sorgfältigsten Maßnahmen getroffen haben, um eine Delegation aus unseren besten Diplomaten zusammenzustellen (und wir haben jetzt eine stattliche Zahl von Sowjetdiplomaten, es ist nicht mehr so wie zu Beginn des Bestehens der Sowjetrepublik). Wir haben im ZK genügend detaillierte Direktiven für unsere Diplomaten in Genua ausgearbeitet, haben sehr viel Zeit darauf verwandt, haben sie mehrere Male besprochen und wieder von neuem besprochen. Und es versteht sich von selbst, daß hier die Frage, ich möchte nicht sagen des Krieges, weil dieses Wort eine Mißdeutung hervorrufen könnte, aber jedenfalls des Wettkampfes steht. Im bürgerlichen Lager gibt es eine außerordentlich starke Strömung, die viel mächtiger als die anderen Strömungen ist und dazu neigt, die Genueser Konferenz zu vereiteln. Es gibt andere Strömungen, die sie um jeden Preis durchsetzen wollen, die erreichen wollen, daß sie zusammentritt. Diese letztgenannten Strömungen haben jetzt die Oberhand gewonnen. Es gibt schließlich im Lager aller bürgerlichen Länder eine Strömung, die man als pazifistisch bezeichnen könnte und zu der auch die ganze II. und die zweieinhalbte Internationale gerechnet werden müssen. Das ist dasjenige Lager der Bourgeoisie, das eine Reihe pazifistischer Vorschläge durchzusetzen und so etwas wie eine pazifistische Politik zu umreißen versucht. Wir haben als Kommunisten über diesen Pazifismus bestimmte Anschauungen, deren Darlegung hier völlig überflüssig ist. Es ist klar, daß wir nicht als Kommunisten, sondern als Kaufleute nach Genua gehen. Wir müssen Handel treiben, und sie müssen Handel treiben. Wir möchten, daß dieser Handel zu unserem Vorteil ausschlage, und sie möchten, daß er ihnen Vorteil bringe. Wie sich der Kampf entwickeln wird, das wird, wenigstens zu einem kleinen Teil, von der Kunst unserer Diplomaten abhängen.

Wenn wir als Kaufleute nach Genua gehen, so ist es uns begreiflicherweise nicht gleichgültig, ob wir es mit jenen Vertretern des bürgerlichen Lagers zu tun haben, die zur kriegerischen Lösung der Frage neigen, oder mit jenen Vertretern des bürgerlichen Lagers, die zum Pazifismus neigen, mag er auch noch so unzulänglich sein und – vom Standpunkt des Kommunismus – keinerlei Kritik standhalten. Das wäre wahrhaftig ein schlechter Kaufmann, der es nicht verstünde, diesen Unterschied zu erfassen und ihm zur Erreichung praktischer Ziele seine Taktik anzupassen.

Wir gehen nach Genua mit dem praktischen Ziel, den Handel auszudehnen und Bedingungen zu schaffen, unter denen er sich am weitesten und erfolgreichsten entwickeln könnte. Aber wir bürgen keineswegs für einen Erfolg der Genueser Konferenz. Dafür bürgen zu wollen wäre lächerlich und sinnlos. Ich muß sagen, daß bei einer ganz nüchternen und vorsichtigen Einschätzung der Möglichkeiten, die Genua zur Zeit bietet, es dennoch, glaube ich, nicht übertrieben sein dürfte zu sagen, daß wir dieses unser Ziel erreichen werden.

Auf dem Wege über Genua, wenn unsere dortigen Verhandlungspartner genügend verständig und nicht allzu starrköpfig sein werden; ohne Genua, falls es ihnen einfallen sollte, sich auf die Hinterbeine zu stellen. Aber unser Ziel werden wir erreichen!

Es ist doch so, daß die unaufschiebbarsten, dringlichsten, in den letzten Jahren klar in Erscheinung getretenen praktischen Interessen aller kapitalistischen Mächte die Entwicklung, Regelung und Ausdehnung des Handels mit Rußland erheischen. Sind derartige Interessen aber einmal vorhanden, so kann man zwar streiten, kann sich zanken, kann in verschiedenen Kombinationen auseinandergehen – es ist sogar durchaus wahrscheinlich, daß es dazu kommen wird –, aber zu guter Letzt wird sich doch diese grundlegende wirtschaftliche Notwendigkeit selbst ihren Weg bahnen. Und ich glaube, daß wir diesbezüglich ruhig sein können. Ich verbürge mich nicht für den Zeitpunkt, ich verbürge mich nicht für den Erfolg, aber gerade in dieser Versammlung hier kann ziemlich zuversichtlich gesagt werden, daß die Entwicklung normaler Handelsbeziehungen zwischen der Sowjetrepublik und der ganzen übrigen, der kapitalistischen Welt unausbleiblich weitergehen wird. Welche Unterbrechungen dabei eintreten können, darauf werde ich an gegebener Stelle in meinem Bericht zu sprechen kommen, jetzt aber, denke ich, kann ich mich, was Genua betrifft, auf das Gesagte beschränken.

Selbstverständlich können Genossen, die den Wunsch haben, die Frage eingehender kennenzulernen, und die sich mit der in den Zeitungen veröffentlichten Liste der Delegationsmitglieder nicht zufrieden geben, eine Kommission oder Sektion wählen und in das gesamte Material des ZK, in den Schriftwechsel und die Direktiven Einsicht nehmen. Die Einzelheiten haben wir natürlich nur bedingt festgelegt, weil bisher noch nicht genau bekannt ist, wer sich in diesem Genua an den Tisch setzen wird und was für Bedingungen oder Vorbedingungen oder Vorbehalte man dabei vorbringen wird. Sie allesamt hier zu analysieren wäre höchst unzweckmäßig, ich glaube, sogar praktisch unmöglich. Ich wiederhole, der Parteitag hat durch eine Sektion oder Kommission die volle Möglichkeit, alle Dokumente zu dieser Frage, die veröffentlichten wie die dem ZK vorliegenden, zu sammeln.

Ich will mich auf das Gesagte beschränken, da ich der Überzeugung bin, daß es nicht diese Frage ist, die uns die größten Schwierigkeiten bereitet. Nicht das ist es, worauf die gesamte Partei ihr Hauptaugenmerk richten muß. Die europäische bürgerliche Presse vergrößert und übertreibt die Bedeutung dieser Konferenz künstlich und mit Vorbedacht, um die werktätigen Massen zu betrügen (so machen es stets neun Zehntel der gesamten bürgerlichen Presse in allen diesen freien demokratischen Ländern und Republiken). Wir haben uns von dieser Presse ein wenig beeinflussen lassen. Wie immer lassen sich unsere Zeitungen noch von den alten bürgerlichen Gewohnheiten beeinflussen, wollen nicht auf das neue sozialistische Geleise übergehen, und wir haben mehr Lärm geschlagen, als es der Gegenstand verdient. Für Kommunisten, besonders wenn sie so ernste Jahre durchgemacht haben wie wir seit 1917 und so ernste Kombinationen der Politik erlebt haben, wie wir seither, bietet Genua im Grunde genommen keine großen Schwierigkeiten. Ich entsinne mich nicht, daß es innerhalb des ZK oder überhaupt in unserer Partei in dieser Frage zu irgendwelchen Meinungsverschiedenheiten oder Streitigkeiten gekommen wäre. Das ist natürlich, denn vom Standpunkt der Kommunisten, selbst wenn man die verschiedenen Schattierungen unter ihnen im Auge hat, gibt es hier nichts Strittiges. Wir gehen, ich wiederhole es, als Kaufleute nach Genua, um möglichst vorteilhafte Formen für die Entwicklung des

Handels zu erzielen, der eingesetzt hat, der vonstatten geht und der, selbst wenn es jemandem gelänge, ihn für diese oder jene Zeitspanne gewaltsam zu unterbrechen, sich dennoch nach dieser Unterbrechung unweigerlich entwickeln wird.

Ich beschränke mich daher auf diese kurzen Ausführungen über Genua und gehe nun zu den Fragen über, die meines Erachtens die Hauptfragen der Politik im vergangenen Jahr und die Hauptfragen der Politik im kommenden Jahr sind. Mir scheint (oder zumindest bin ich es so gewohnt), daß wir im politischen Bericht des ZK nicht einfach darüber sprechen sollen, was im Berichtsjahr geschehen ist, sondern darüber, welche politischen Lehren sich im Berichtsjahr ergeben haben - die wichtigsten, die grundlegenden Lehren, um unsere Politik für das kommende Jahr richtig zu bestimmen, um aus dem abgelaufenen Jahr etwas zu lernen.

Die Hauptfrage ist natürlich die Neue Ökonomische Politik. Das ganze Berichtsjahr verlief im Zeichen der Neuen Ökonomischen Politik. Wenn wir in diesem Jahr irgendeine große, ernsthafte und unverrückbare Errungenschaft erzielt haben (das steht für mich noch nicht so ohne weiteres fest), so lediglich die, daß wir etwas von den Anfangsgründen dieser Neuen Ökonomischen Politik gelernt haben. Wir haben in der Tat in diesem Jahr auf dem Gebiet der Neuen Ökonomischen Politik außerordentlich viel gelernt. Die Probe aufs Exempel aber, ob wir wirklich und inwieweit wir gelernt haben, wird wahrscheinlich erst durch die weiteren Ereignisse gemacht werden, durch Geschehnisse, die von unserem Wollen sehr wenig abhängen, wie beispielsweise die bevorstehende Finanzkrise. Mir scheint, das Wichtigste, was man hinsichtlich unserer Neuen Ökonomischen Politik als Grundlage für alle Erörterungen im Auge behalten muß, sowohl um das Fazit aus den Erfahrungen des abgelaufenen Jahres als auch um die praktischen Lehren für das kommende Jahr zu ziehen - das sind die folgenden drei Punkte.

Erstens ist uns die Neue Ökonomische Politik vor allem wichtig als eine Probe darauf, ob wir wirklich den Zusammenschluß mit der bäuerlichen Wirtschaft erreichen. In der vorhergegangenen Entwicklungsperiode unserer Revolution, als die ganze Aufmerksamkeit und alle Kräfte hauptsächlich von der Aufgabe beansprucht, ja fast ganz absorbiert waren, die Invasion abzuwehren, konnten wir über diesen Zusammenschluß nicht genügend nachdenken - wir hatten anderes zu tun. Man konnte und mußte ihn bis zu einem gewissen Grade vernachlässigen, als wir vor der absolut unaufschiebbaren und direkten, alles überragenden Aufgabe standen, die Gefahr abzuwehren, von den gigantischen Kräften des Weltimperialismus sofort erdrückt zu werden.

Die Wendung zur Neuen Ökonomischen Politik wurde auf dem letzten Parteitag mit außergewöhnlicher Einmütigkeit beschlossen, sogar mit größerer Einmütigkeit, als andere Fragen in unserer Partei (die sich, das muß man sagen, überhaupt durch große Einmütigkeit auszeichnet) entschieden wurden. Diese Einmütigkeit zeigte, daß die Notwendigkeit vollauf herangereift war, auf neue Art an die sozialistische Wirtschaft heranzugehen. Menschen, die in vielen Fragen auseinandergingen, die die Lage von verschiedenen Standpunkten aus einschätzten, kamen einmütig und sehr rasch, ohne alle Schwankungen, zu dem Schluß, daß wir nicht richtig an die sozialistische Wirtschaft, an die Errichtung ihres Fundaments herangehen und daß es nur ein einziges Mittel gibt, richtig heranzugehen - das ist die Neue Ökonomische Politik. Wir mußten infolge der Entwicklung der Kriegsereignisse, infolge der Entwicklung der politischen Ereignisse, infolge der Entwicklung des Kapitalismus im alten zivilisierten Westen und der Entwicklung der sozialen und politischen Verhältnisse in den Kolonien als erste in die alte bürgerliche Welt eine Bresche schlagen zu einem Zeitpunkt, als unser Land ökonomisch wenn nicht das rückständigste, so doch eines der rückständigsten Länder war. Die gewaltige Mehrheit der Bauernschaft unseres Landes betreibt eine individuelle Kleinwirtschaft. Der Aufbau dessen, was wir von unserem in Aussicht genommenen Programm des kommunistischen Gemeinwesens sofort verwirklichen zu können glaubten, vollzog sich bis zu einem gewissen Grade abseits von dem, was in der breitesten Bauernmasse vor sich ging, der wir sehr schwere Pflichten auferlegten, was wir damit rechtfertigten, daß der Krieg keinerlei Schwankungen in dieser Beziehung zulasse. Und diese Rechtfertigung wurde von der Bauernschaft im großen und ganzen akzeptiert, trotz der Fehler, die wir nicht vermeiden konnten. Die Bauernmasse sah und begriff im allgemeinen, daß diese ungeheuren Lasten, die ihr auferlegt wurden, notwendig waren, um die Arbeiter- und Bauernmacht gegen die Gutsbesitzer zu behaupten, um nicht von der kapitalistischen Invasion, die uns alle Errungenschaften der Revolution zu entreißen drohte, erwürgt zu werden. Aber einen Zusammenschluß zwischen der Wirtschaft, die in den nationalisierten, sozialisierten Fabriken, Werken und Sowjetwirtschaften aufgebaut wurde, und der bäuerlichen Wirtschaft gab es nicht.

Das haben wir auf dem letzten Parteitag klar gesehen. Das haben wir so klar gesehen, daß es in der Partei keinerlei Schwankungen in bezug darauf gab, daß die Neue Ökonomische Politik unvermeidlich ist.

Es ist erheiternd zu beobachten, wie dieser unser Beschluß in den außerordentlich zahlreichen Presseorganen aller möglichen russischen Parteien im Ausland eingeschätzt wird. Der Unterschied zwischen diesen Einschätzungen ist nur ganz geringfügig: In der Vergangenheit lebend, behaupten sie auch jetzt noch, die linken Kommunisten wären bis heute noch gegen die Neue Ökonomische Politik. Diese Leute haben sich im Jahre 1921 an das erinnert, was im Jahre 1918 war und was die linken Kommunisten bei uns selbst vergessen haben, und sie käuen und wiederkäuen das endlos, wobei sie versichern, diese Bolschewiki, bekanntlich arglistige und verlogene Leute, täten alles, um vor Europa zu verheimlichen, daß es hier bei ihnen selber Meinungsverschiedenheiten gebe. Liest man das, so denkt man: Laßt sie in ihrem Irrtum verharren. Wenn sie von dem, was bei uns vor sich geht, solche Vorstellungen haben, dann kann man danach beurteilen, wie es in den Köpfen dieser angeblich höchst gebildeten Menschen einer vergangenen Zeit aussieht, die sich jetzt ins Ausland davongemacht haben. Wir wissen, daß es bei uns keinerlei Meinungsverschiedenheiten gegeben hat, und zwar deshalb nicht, weil die praktische Notwendigkeit, an die Errichtung des Fundaments der sozialistischen Wirtschaft anders heranzugehen, für alle klar war.

Einen Zusammenschluß zwischen der bäuerlichen Wirtschaft und der neuen Wirtschaft, die wir zu schaffen versuchten, gab es bei uns nicht. Gibt es ihn jetzt? Noch nicht. Wir nähern uns ihm erst. Die ganze Bedeutung der Neuen Ökonomischen Politik, die man in unserer Presse noch häufig überall sonstwo sucht, nur nicht da, wo sie zu suchen ist - diese ganze Bedeutung liegt darin und nur darin: den Zusammenschluß zwischen der bäuerlichen Wirtschaft und der neuen Wirtschaft herzustellen, die wir mit ungeheurer Anstrengung schaffen. Und darin besteht unser Verdienst, sonst wären wir keine Kommunisten, keine Revolutionäre.

Die neue Wirtschaft begannen wir auf völlig neue Art aufzubauen, ohne Rücksicht auf irgend etwas Altes. Und hätten wir mit ihrem Aufbau nicht begonnen, so wären wir gleich in den ersten Monaten, gleich in den ersten Jahren aufs Haupt geschlagen worden. Aber das bedeutet nicht, daß wir uns darauf versteifen, die neue Ökonomik, die wir mit so grenzenloser Kühnheit begonnen haben, nun auch unabänderlich in der gleichen Weise fortzuführen. Woraus folgt denn das? Aus rein gar nichts.

Wir haben von allem Anfang an gesagt, daß wir ein völlig neuartiges Werk zu vollbringen haben und daß unser Werk, wenn uns die Genossen Arbeiter der kapitalistisch höher entwickelten Länder nicht rasch zu Hilfe kommen, unglaublich schwierig sein und es dabei zweifellos eine Reihe von Fehlern geben wird. Die Hauptsache ist: Man muß nüchtern zu sehen verstehen, wo solche Fehler unterlaufen sind, und alles von Anfang an umgestalten. Wenn man nicht zweimal, sondern sogar viele Male alles von Anfang an umgestalten muß, so wird das zeigen, daß wir an unsere Aufgabe, die größte, die es je in der Welt gegeben hat, ohne Vorurteile, mit nüchternem Blick herangehen.

Das Grundlegende in der Neuen Ökonomischen Politik ist jetzt, sich die Erfahrungen des verflossenen Jahres richtig zu eigen zu machen. Das muß man tun, und wir wollen das tun. Und wenn wir das um jeden Preis erreichen wollen (und wir wollen und werden es erreichen!), so müssen wir wissen: Die grundlegende, entscheidende, allem anderen übergeordnete Aufgabe der NÖP ist die Herstellung des Zusammenschlusses zwischen der neuen Ökonomik, die wir aufzubauen begonnen haben (sehr schlecht, sehr ungeschickt, aber immerhin aufzubauen begonnen haben, auf der Grundlage einer völlig neuen sozialistischen Wirtschaft, einer neuen Produktion, einer neuen Verteilung), und der bäuerlichen Ökonomik, die die Wirtschaft von Millionen und aber Millionen Bauern ist.

Diesen Zusammenschluß gab es nicht, und diesen Zusammenschluß müssen wir vor allem herstellen. Dieser Erwägung muß alles untergeordnet werden. Wir müssen noch klären, wie weit es der Neuen Ökonomischen Politik gelungen ist, diesen Zusammenschluß herbeizuführen, ohne das zu zerstören, was wir, wenn auch ungeschickt, aufzubauen begonnen haben.

Wir bauen unsere Wirtschaft in Verbindung mit der Bauernschaft auf. Wir müssen sie wiederholt umgestalten und sie so einrichten, daß ein Zusammenschluß bestehe zwischen unserer Arbeit an der sozialistischen Großindustrie und Landwirtschaft und der Arbeit, mit der jeder Bauer beschäftigt ist und die er leistet, so gut er kann, um aus der Not herauszukommen, ohne zu klügeln (denn wie sollte er klügeln, wo es gilt, der direkten Gefahr eines qualvollen Hungertodes zu entgehen, ihr zu entrinnen?).

Man muß diesen Zusammenschluß zeigen, damit wir ihn klar sehen, damit das ganze Volk ihn sehe, damit die gesamte Bauernmasse sehe, daß zwischen ihrem heutigen schweren, unerhört zerrütteten, unerhört armseligen, qualvollen Leben und der Arbeit, die im Namen fernliegender sozialistischer Ideale geleistet wird, ein Zusammenhang besteht. Man muß es verstehen, dem einfachen werktätigen Durchschnittsmenschen begreiflich zu machen, daß er eine gewisse Verbesserung erhalten hat, und zwar nicht so, wie sie manche Bauern in der Epoche der Gutsbesitzerherrschaft und des Kapitalismus erhielten, als jeder Schritt zu Verbesserungen (es gab zweifellos Verbesserungen, und sehr große) mit Verhöhnung, Beschimpfung, Verspottung der Bauern, mit Gewaltanwendung gegen die Masse verknüpft war, die in Rußland kein Bauer vergessen hat und auf Jahrzehnte hinaus nicht vergessen wird. Unser Ziel ist, den neuen Zusammenschluß herzustellen, dem Bauern durch Taten zu beweisen, daß wir mit dem beginnen, was ihm verständlich, vertraut und heute bei all seiner Armut erreichbar ist, nicht aber mit etwas, was vom Standpunkt des Bauern fern und phantastisch ist. Unser Ziel ist, zu beweisen, daß wir ihm zu helfen verstehen, daß die Kommunisten dem verarmten, verelendeten, qualvoll hungernden Kleinbauern, der sich jetzt in einer schweren Lage befindet, sofort praktisch helfen. Entweder werden wir das beweisen, oder er wird uns zum Teufel jagen. Das ist völlig unausbleiblich.

Darin eben liegt die Bedeutung der Neuen Ökonomischen Politik, das eben ist die Grundlage unserer ganzen Politik. Hier haben wir die Hauptlehre aus dem ganzen abgelaufenen Jahr der Anwendung der Neuen Ökonomischen Politik und sozusagen unsere politische Hauptregel für das kommende Jahr. Der Bauer gewährt uns Kredit, und er kann natürlich nach dem Erlebten nicht umhin, ihn zu gewähren. Die Bauern in ihrer Masse willigen ein: „Nun, wenn ihr's nicht besser könnt, werden wir warten, vielleicht werdet ihr's noch lernen." Doch dieser Kredit kann nicht unerschöpflich sein.

Das muß man wissen und sich, nachdem man den Kredit erhalten hat, immerhin etwas beeilen. Man muß wissen, daß der Zeitpunkt naht, wo uns das Bauernland keinen weiteren Kredit gewähren wird, wo es, um einen kommerziellen Ausdruck zu gebrauchen, Barzahlung fordern wird. „Jetzt, sehr verehrte Machthaber, nach soviel Monaten und soviel Jahren Aufschub habt ihr doch sicher das richtigste, zuverlässigste Mittel gefunden, durch das ihr uns helft, aus der Not, dem Elend, dem Hunger, dem Ruin herauszukommen. Ihr könnt das, ihr habt es bewiesen." Das ist das Examen, das unweigerlich auf uns zukommt, und dieses Examen wird in letzter Instanz alles entscheiden: sowohl das Schicksal der NÖP als auch das Schicksal der kommunistischen Macht in Rußland.

Werden wir imstande sein, unser unmittelbares Werk zu Ende zu führen oder nicht? Taugt diese Neue Ökonomische Politik nun zu etwas oder nicht? Wird sich der Rückzug als richtig herausstellen, so gilt es, sich nach dem Rückzug mit der Bauernmasse zusammenzuschließen und gemeinsam mit ihr, zwar hundertmal langsamer, dafür aber fest und unbeirrt vorwärtszuschreiten, damit sie stets sehe, daß wir trotz allem vorwärtsschreiten. Dann wird unsere Sache absolut unbesiegbar sein, und keine Kraft der Welt wird uns besiegen. Bis jetzt, im ersten Jahr, haben wir das noch nicht erreicht. Das muß unumwunden ausgesprochen werden. Aber ich bin fest davon überzeugt (und unsere Neue Ökonomische Politik gibt die Möglichkeit, diesen Schluß mit voller Klarheit und Sicherheit zu ziehen), daß wir diese Aufgabe lösen werden, wenn wir die ganze ungeheure Gefahr erkennen, die in der NÖP steckt, und alle unsere Kräfte auf die schwachen Punkte richten.

Es gilt, sich eng mit der Bauernmasse, mit der einfachen, werktätigen Bauernschaft zusammenzuschließen und zu beginnen, sich vorwärtszubewegen, zwar unvergleichlich, unendlich langsamer, als wir uns erträumt haben, dafür aber so, daß wirklich die ganze Masse mit uns vorwärtsschreiten wird. Dann wird auch zu gegebener Zeit eine solche Beschleunigung dieser Bewegung einsetzen, von der wir augenblicklich nicht einmal zu träumen wagen. Das ist meiner Meinung nach die erste grundlegende politische Lehre aus der Neuen Ökonomischen Politik.

Die zweite, speziellere Lehre ist die Überprüfung der staatlichen und der kapitalistischen Betriebe durch den Wettbewerb. Bei uns werden jetzt gemischte Gesellschaften gegründet – ich werde später noch ein paar Worte darüber sagen –, die ebenso wie unser gesamter staatlicher Handel und unsere gesamte Neue Ökonomische Politik eine Anwendung von Handelsmethoden, von kapitalistischen Methoden durch uns Kommunisten darstellen. Sie haben auch die Bedeutung, daß hier ein praktischer Wettbewerb zwischen den kapitalistischen Methoden und unseren Methoden zustande kommt. Man vergleiche praktisch! Wir haben bisher Programme geschrieben und Versprechungen gemacht. Seinerzeit war das absolut notwendig. Ohne ein Programm und ohne Versprechungen kann man nicht mit der Weltrevolution kommen. Wenn uns die Weißgardisten, darunter auch die Menschewiki, deshalb beschimpfen, so zeigt das nur, daß die Menschewiki und die Sozialisten der II. und der zweieinhalbten Internationale keine Ahnung davon haben, wie die Entwicklung einer Revolution überhaupt vor sich geht. Anders als so konnten wir nicht anfangen.

Doch jetzt stehen die Dinge so, daß wir schon eine ernste Überprüfung unserer Arbeit vornehmen müssen, nicht eine Überprüfung, wie sie durch die Kontrollinstanzen erfolgt, die von den Kommunisten selbst geschaffen werden, mögen diese Kontrollinstanzen auch noch so vortrefflich sein und mögen sie im System der Sowjetinstitutionen wie der Parteiinstitutionen auch fast ideale Kontrollinstanzen sein. Nicht diese Überprüfung brauchen wir, sondern eine, die vom Standpunkt der Ökonomik der Massen eine Überprüfung darstellt.

Der Kapitalist verstand sich auf die Versorgung. Er tat das schlecht, er tat das räuberisch, er beleidigte uns, er plünderte uns aus. Das wissen die einfachen Arbeiter und Bauern, die sich nicht über den Kommunismus auslassen, weil sie nicht wissen, was das für ein Ding ist.

„Aber die Kapitalisten verstanden sich immerhin auf die Versorgung, versteht ihr euch darauf? Ihr versteht euch nicht darauf." Das waren doch die Stimmen, die man im vorigen Frühjahr hören konnte, zwar nicht immer klar, aber sie bildeten den Untergrund der ganzen vorjährigen Frühjahrskrise. „Ihr seid prächtige Menschen, aber die Sache, die ökonomische Sache, an die ihr euch gemacht habt, die schafft ihr nicht." Das ist, auf die einfachste Formel gebracht, die vernichtende Kritik, die im vergangenen Jahr die Bauernschaft - und auf dem Wege über die Bauernschaft eine ganze Reihe von Arbeiterschichten - gegen die Kommunistische Partei richtete. Und eben darum gewinnt dieser Punkt in der Frage der NÖP, dieser alte Punkt, so große Bedeutung.

Was gebraucht wird, ist eine echte Prüfung. Nebenan ist der Kapitalist tätig, er handelt wie ein Räuber, er schindet Profite, aber er versteht seine Sache. Ihr aber - ihr probiert es auf neue Art: Profite gibt es bei euch nicht, die Grundsätze sind kommunistisch, die Ideale gut - mit einem Wort, ihr seid wahre Heilige, ihr solltet schon bei Lebzeiten in den Himmel kommen -, aber versteht ihr praktisch zu arbeiten? Das muß man nachprüfen, wirklich nachprüfen, nicht etwa so nachprüfen, daß die Zentrale Kontrollkommission eine Untersuchung anstellt und einen Verweis beschließt und das Gesamtrussische ZEK eine Strafe verhängt - nein, es muß eine wirkliche Überprüfung sein vom Standpunkt der Ökonomik des Volkes.

Den Kommunisten wurde jeder mögliche Aufschub gewährt, es wurde ihnen so viel Kredit gegeben, wie keiner anderen Regierung gegeben worden ist. Natürlich haben die Kommunisten geholfen, die Kapitalisten, die Gutsbesitzer loszuwerden, die Bauernschaft schätzt das, und sie hat Kredit gegeben, Aufschub gewährt, aber alles bis zu einem gewissen Termin. Dann aber erfolgt schon die Prüfung: Versteht ihr es, nicht schlechter zu wirtschaften als die anderen? Der alte Kapitalist versteht es, ihr aber versteht es nicht.

Das ist die erste Lehre, der erste Hauptteil des politischen Berichts des ZK. Wir verstehen nicht zu wirtschaften. Das ist im Laufe eines Jahres bewiesen worden. Ich würde sehr gern einige Gostrusts* (um mich in dieser schönen russischen Sprache auszudrücken, die Turgenjew so gelobt hat**) als Beispiel anführen und zeigen, wie wir zu wirtschaften verstehen.

Leider habe ich aus einer Reihe von Gründen, hauptsächlich infolge Krankheit, diesen Teil des Berichts nicht ausarbeiten können und muß mich darauf beschränken, meiner Überzeugung Ausdruck zu geben, die auf der Beobachtung dessen beruht, was vor sich geht. In diesem Jahr haben wir völlig klar bewiesen, daß wir nicht zu wirtschaften verstehen. Das ist die grundlegende Lehre. Entweder werden wir im nächsten Jahr das Gegenteil beweisen, oder die Sowjetmacht kann nicht weiterexistieren. Und die größte Gefahr ist die, daß nicht alle das einsehen. Wenn alle Kommunisten, die verantwortlichen Funktionäre, klar einsähen: wir verstehen es nicht, wir wollen die Anfangsgründe erlernen, dann hätten wir gewonnenes Spiel - das wäre nach meiner Meinung die fundamentale, grundlegende Schlußfolgerung. Aber man sieht das nicht ein und glaubt, wenn jemand so denkt, dann sind das ungebildete Leute, die haben den Kommunismus nicht studiert - vielleicht werden sie ihn noch studieren und begreifen. Nein, entschuldigen Sie, nicht darum handelt es sich, daß der Bauer oder der parteilose Arbeiter den Kommunismus nicht studiert haben, sondern darum, daß die Zeiten vorbei sind, wo man das Programm entwickeln und das Volk zur Verwirklichung dieses großen Programms aufrufen mußte. Diese Zeit ist vorbei, heute gilt es zu beweisen, daß wir es in der gegenwärtigen schwierigen Lage verstehen, der Wirtschaft des Arbeiters und des Bauern praktisch zu helfen, damit sie sehen, daß wir den Wettkampf bestanden haben.

---

* Staatliche Trusts. *Der Übers.*

** Lenin verspottet hier die Unsitte, Kurznamen durch Zusammenziehung von Silben mehrerer Wörter zu bilden. Vgl. auch *Werke*, Bd. 31, S. 357, und *Werke*, Bd. 33, S. 262. *Der Übers.*

Die gemischten Gesellschaften, die wir zu gründen begonnen haben, an denen sowohl Privatkapitalisten - russische und ausländische - als auch Kommunisten beteiligt sind, diese Gesellschaften sind eine der Formen, in denen man den Wettbewerb richtig organisieren kann, in denen man zeigen und lernen kann, daß wir es nicht schlechter als die Kapitalisten verstehen, den Zusammenschluß mit der bäuerlichen Wirtschaft zu bewerkstelligen, daß wir ihre Bedürfnisse befriedigen und der Bauernschaft, so wie sie jetzt ist, bei all ihrer Unwissenheit - denn sie in kurzer Zeit umzumodeln ist nicht möglich -, helfen können, vorwärtszuschreiten.

Das also ist der Wettkampf, vor dem wir als vor einer absolut unaufschiebbaren Aufgabe stehen. Das ist der Kern der Neuen Ökonomischen Politik und meiner Überzeugung nach der springende Punkt der Parteipolitik. Rein politische Probleme und Schwierigkeiten haben wir mehr als genug. Und Sie kennen sie: Genua und die Interventionsgefahr. Die Schwierigkeiten sind groß, aber sie alle sind ein Nichts im Vergleich zu dieser Schwierigkeit. Dort haben wir schon gesehen, wie es gemacht wird, dort haben wir viel gelernt, haben die bürgerliche Diplomatie erprobt. Das ist etwas, was uns die Menschewiki fünfzehn Jahre lang beigebracht und wobei sie uns manches Nützliche beigebracht haben. Das ist nichts Neues.

Hier aber geht es um eine Sache, die wir in der Wirtschaft fertigbringen müssen: Es gilt, den Wettkampf mit dem simplen Kommis, mit dem einfachen Kapitalisten, mit dem Kaufmann zu bestehen, der zum Bauern kommen und nicht über den Kommunismus diskutieren wird - stellen Sie sich vor, er wird gar nicht über den Kommunismus diskutieren -, sondern argumentieren wird: Wenn etwas zu beschaffen, etwas richtig einzuhandeln, etwas zu bauen ist, bitte schön, ich werde zwar teuer bauen, aber die Kommunisten werden vielleicht noch teurer bauen, wenn nicht gar zehnmal so teuer. Das ist die Agitation, auf die es jetzt ankommt, das ist die Grundfrage der Wirtschaft.

Ich wiederhole, Aufschub und Kredit haben wir vom Volk dank unserer richtigen Politik erhalten, und das sind, um mich in der Sprache der NÖP auszudrücken, Wechsel, aber Termine sind auf diesen Wechseln nicht angegeben, und wann sie zur Einlösung vorgelegt werden, darüber gibt der Text des Wechsels keine Auskunft. Darin liegt die Gefahr, das ist das Besondere, das diese politischen Wechsel von gewöhnlichen Handelswechseln unterscheidet. Darauf müssen wir alle Aufmerksamkeit richten und dürfen uns nicht damit zufriedengeben, daß überall in den staatlichen Trusts und gemischten Gesellschaften verantwortliche und sehr gute Kommunisten sitzen – das nützt gar nichts, weil sie nicht zu wirtschaften verstehen und in dieser Hinsicht schlechter sind als ein gewöhnlicher kapitalistischer Kommis, der die Schule einer großen Fabrik und einer großen Firma durchgemacht hat. Wir begreifen das nicht, weil es hier noch kommunistischen Hochmut gibt – Komtschwanstwo, um mich wieder der schönen russischen Sprache zu bedienen. Die Sache ist die, daß der verantwortliche Kommunist – auch der beste, anerkannt ehrliche und ergebene Kommunist, der das Zuchthaus ertragen und den Tod nicht gefürchtet hat – es nicht versteht, Handel zu treiben, weil er nicht vom Fach ist, weil er das nicht gelernt hat und nicht lernen will und nicht begreift, daß er mit dem Abc anfangen muß. Der Kommunist, der Revolutionär, der die größte Revolution der Welt vollbracht hat, auf den, wenn nicht vierzig Jahrhunderte von den Pyramiden, so doch vierzig europäische Länder mit der Hoffnung auf Erlösung vom Kapitalismus blicken – er muß von einem simplen Handlungsgehilfen lernen, der zehn Jahre in einer Mehlhandlung herumgelaufen ist, der das Geschäft versteht, während er, der verantwortliche Kommunist und ergebene Revolutionär, weit davon entfernt, es zu verstehen, nicht einmal versteht, daß er es nicht versteht.

Wenn wir daher, Genossen, auch nur diese erste Unkenntnis korrigieren, so wird das ein ganz gewaltiger Sieg sein. Wir müssen von diesem Parteitag mit der Überzeugung heimkehren, daß wir das nicht gewußt haben, und werden beim Abc zu lernen anfangen. Wir haben immerhin noch nicht aufgehört, Revolutionäre zu sein (obwohl viele, und nicht einmal ganz grundlos, behaupten, wir wären verbürokratisiert), und können die einfache Wahrheit begreifen, daß man es bei einem neuen, ungewöhnlich schwierigen Werk verstehen muß, mehrmals von vorn anzufangen: Man hat angefangen, ist in eine Sackgasse geraten - beginne von neuem, packe die Sache anders an, stelle dich zehnmal um, aber setze dich durch, spiele dich nicht auf, brüste dich nicht damit, daß du Kommunist bist, wo doch irgendein parteiloser, vielleicht weißgardistischer, sogar sicher weißgardistischer Kommis sich auf die Sache versteht, die ökonomisch um jeden Preis gemacht werden muß, während du dich nicht darauf verstehst. Wenn du als verantwortlicher Kommunist, der hundert Würden und Titel hat, der „Ritter" kommunistischer und sowjetischer Orden ist - wenn du das begreifst, dann wirst du dein Ziel erreichen, denn das läßt sich erlernen.

Einige, wenn auch winzige Erfolge haben wir in diesem Jahr zu verzeichnen, doch sie sind ganz minimal. Die Hauptsache, es fehlt an der Einsicht und an der weitverbreiteten, von allen Kommunisten geteilten Überzeugung, daß wir, die verantwortlichen und ergebensten russischen Kommunisten, gegenwärtig weniger davon verstehen als der erstbeste alte Handlungsgehilfe. Man muß, ich wiederhole es, von vorn anfangen zu lernen. Wenn wir uns darüber klar sind, dann werden wir das Examen bestehen, und es ist ein ernstes Examen, das die herannahende Finanzkrise veranstalten wird, ein Examen, das der russische und internationale Markt veranstalten wird, dem wir unterworfen sind, mit dem wir verbunden sind, von dem wir uns nicht losreißen können. Dieses Examen ist ernst, denn hier kann man uns ökonomisch und politisch schlagen.

So und nur so steht die Frage, weil es sich hier um einen ernsten Wettkampf handelt, weil dieser Wettkampf entscheidend ist. Wir haben alle möglichen Mittel und Wege angewandt, um aus unseren politischen und ökonomischen Schwierigkeiten herauszukommen.

Wir können uns voller Stolz rühmen, daß wir bisher alle diese Mittel und Wege in verschiedenen Kombinationen, entsprechend den verschiedenen Umständen, anzuwenden verstanden haben, aber jetzt haben wir keinen anderen Ausweg mehr. Gestatten Sie mir, Ihnen das ohne Übertreibung zu sagen, denn in diesem Sinne ist es wirklich das entscheidende „letzte Gefecht", nicht gegen den internationalen Kapitalismus - dort wird es noch viele entscheidende „letzte Gefechte" geben - nein, aber gegen den russischen Kapitalismus, gegen den Kapitalismus, der aus dem bäuerlichen Kleinbetrieb hervorwächst, der von ihm gestützt wird. Hier steht uns in nächster Zukunft ein Kampf bevor, dessen Zeitpunkt man nicht genau bestimmen kann. Hier steht das entscheidende „letzte Gefecht" bevor, hier sind keine Umgehungsmanöver mehr möglich, weder politische noch irgendwelche andere, denn das ist das Examen des Wettkampfes mit dem Privatkapital. Entweder werden wir dieses Examen des Wettkampfes mit dem Privatkapital bestehen, oder es gibt ein volles Fiasko. Um dieses Examen zu bestehen, dazu haben wir die politische Macht und eine ganze Menge ökonomischer und anderer Hilfsquellen, alles, was Sie wollen - außer der Sachkenntnis. Die Sachkenntnis fehlt uns. Wenn wir jedoch diese einfache Lehre aus den Erfahrungen des abgelaufenen Jahres ziehen und sie uns zur Richtschnur für das ganze Jahr 1922 machen, dann werden wir auch diese Schwierigkeit überwinden, obwohl sie weit größer ist als die vorhergegangene Schwierigkeit, weil sie in uns selbst liegt. Das ist etwas ganz anderes als irgendein äußerer Feind. Diese Schwierigkeit besteht darin, daß wir selbst die peinliche Wahrheit, die uns aufgezwungen ist, nicht erkennen wollen und daß wir nicht in die peinliche Lage kommen wollen, um die wir doch nicht herumkommen werden: von vorn anfangen zu lernen. Das ist die zweite Lehre, die sich meiner Ansicht nach aus der Neuen Ökonomischen Politik ergibt.

Die dritte, ergänzende Lehre betrifft den Staatskapitalismus. Schade, daß Gen. Bucharin nicht auf dem Parteitag anwesend ist, ich hätte gern mit ihm ein wenig gestritten, aber ich werde das lieber bis zum nächsten Parteitag aufschieben. In der Frage des Staatskapitalismus machen, wie mir scheint, unsere Presse und unsere Partei überhaupt den Fehler, daß wir in intelligenzlerische Denkweise, in Liberalismus verfallen, darüber klügeln, wie man den Staatskapitalismus zu verstehen habe, und in alten Büchern nachschlagen. Aber dort ist von etwas ganz anderem die Rede: dort ist über den Staatskapitalismus geschrieben, der unter dem Kapitalismus vorkommt, aber es gibt kein einziges Buch, wo über den Staatskapitalismus geschrieben wäre, der unter dem Kommunismus vorkommt. Nicht einmal Marx kam auf den Gedanken, auch nur ein einziges Wort darüber zu schreiben, und starb, ohne ein einziges genaues Zitat und unwiderlegliche Hinweise hinterlassen zu haben. Deshalb müssen wir uns jetzt selber aus der Klemme ziehen. Aber wenn man im Geiste all das überblickt, was unsere Presse zur Frage des Staatskapitalismus zu sagen hat, wie ich es zu tun versuchte, als ich mich auf diesen Bericht vorbereitete, dann gewinnt man die Überzeugung, daß man dort weit am Ziel vorbeischießt, in eine ganz falsche Richtung schaut.

Staatskapitalismus – das ist nach der gesamten ökonomischen Literatur jener Kapitalismus, der im kapitalistischen System vorkommt, wenn sich die Staatsmacht diese oder jene kapitalistischen Betriebe direkt unterordnet. Aber unser Staat ist ein proletarischer Staat, er stützt sich auf das Proletariat, er gibt dem Proletariat alle politischen Vorrechte und zieht durch das Proletariat die Bauernschaft in ihrer Masse zu sich heran (Sie erinnern sich, daß wir diese Arbeit mit den Komitees der Dorfarmut begonnen haben). Deshalb stiftet der Staatskapitalismus bei vielen, sehr vielen Verwirrung. Um dem zu entgehen, muß man den Grundgedanken festhalten, daß der Staatskapitalismus in der Form, wie wir ihn bei uns haben, in keiner Theorie, in keiner Literatur analysiert wird, und zwar aus dem einfachen Grunde, weil alle mit diesem Wort verknüpften landläufigen Begriffe der bürgerlichen Staatsmacht in der kapitalistischen Gesellschaft angepaßt sind. Wir haben jedoch ein Gemeinwesen, das aus dem kapitalistischen Geleise herausgesprungen, in das neue Geleise aber noch nicht gekommen ist, geführt aber wird dieser Staat nicht von der Bourgeoisie, sondern vom Proletariat. Wir wollen nicht begreifen, daß, wenn wir „Staat“ sagen, dieser Staat wir sind, das Proletariat, die Vorhut der Arbeiterklasse. Staatskapitalismus - das ist jener Kapitalismus, den wir einzuschränken, dessen Grenzen wir festzulegen wissen; dieser Staatskapitalismus ist mit dem Staat verbunden, der Staat aber - das sind die Arbeiter, das ist der fortgeschrittene Teil der Arbeiter, das ist die Vorhut, das sind wir.

Staatskapitalismus - das ist jener Kapitalismus, den wir in bestimmten Grenzen organisieren müssen und den wir bisher noch nicht zu organisieren verstehen. Das ist der springende Punkt. Und es hängt nur von uns ab, wie dieser Staatskapitalismus aussehen wird. Politische Macht haben wir genug, vollkommen genug; ökonomische Mittel stehen uns ebenfalls genug zur Verfügung, ungenügend aber ist die Sachkenntnis der Vorhut der Arbeiterklasse, die an die Spitze gestellt ist, um die Sache unmittelbar zu leiten, um die Grenzen festzulegen, um sich abzugrenzen, um sich die anderen unterzuordnen, nicht aber sich unterordnen zu lassen. Dazu bedarf es nur der Sachkenntnis, und die haben wir nicht.

Das ist doch eine Lage, wie sie in der Geschichte überhaupt noch nie dagewesen ist: Das Proletariat, die revolutionäre Vorhut, besitzt durchaus genug politische Macht, zugleich aber gibt es Staatskapitalismus. Der Kernpunkt der Frage besteht darin, zu begreifen, daß das jener Kapitalismus ist, den wir zulassen können und müssen, den wir in bestimmten Grenzen organisieren können und müssen, denn dieser Kapitalismus ist notwendig für die breite Bauernschaft und das Privatkapital, das so Handel treiben soll, daß die Bedürfnisse der Bauernschaft befriedigt werden. Das ganze muß so organisiert werden, daß der gewohnte Ablauf der kapitalistischen Wirtschaft und des kapitalistischen Umsatzes möglich ist, denn das braucht das Volk, sonst kann es nicht leben. Alles übrige ist für sie, für dieses Lager, nicht absolut notwendig, mit allem übrigen können sie sich abfinden. Versteht es, ihr Kommunisten, ihr Arbeiter, ihr, der klassenbewußte Teil des Proletariats, der es übernommen hat, den Staat zu regieren - versteht es, die Sache so zu machen, daß der Staat, den ihr in die Hände genommen habt, nach eurem Willen funktioniert! Wir haben nun ein Jahr hinter uns, der Staat ist in unseren Händen - aber hat er unter den Verhältnissen der Neuen Ökonomischen Politik in diesem Jahr nach unserem Willen funktioniert? Nein. Das wollen wir nicht zugeben: Er hat nicht nach unserem Willen funktioniert. Wie hat er denn funktioniert? Das Steuer entgleitet den Händen: Scheinbar sitzt ein Mensch da, der den Wagen lenkt, aber der Wagen fährt nicht dorthin, wohin er ihn lenkt, sondern dorthin, wohin ein anderer ihn lenkt - jemand, der illegal ist, der gesetzwidrig handelt, der von Gott weiß woher kommt, Spekulanten oder Privatkapitalisten, oder die einen und die andern zugleich -, jedenfalls fährt der Wagen nicht ganz so und sehr häufig ganz und gar nicht so, wie derjenige, der am Steuer dieses Wagens sitzt, sich einbildet. Das ist das Grundlegende, was man in der Frage des Staatskapitalismus im Auge behalten muß. Auf diesem grundlegenden Gebiet muß man von vorn zu lernen anfangen, und nur dann, wenn wir uns das restlos aneignen und bewußt machen, können wir dafür bürgen, daß wir es erlernen werden.

Ich komme nun zur Frage der Einstellung des Rückzugs, worüber ich schon in meiner Rede auf dem Verbandstag der Metallarbeiter zu sprechen Gelegenheit hatte. Ich bin seitdem auf keine Einwände gestoßen - weder in der Parteipresse noch in Privatbriefen von Genossen noch im Zentralkomitee. Das Zentralkomitee hat meinen Plan gutgeheißen, und dieser Plan bestand darin, auch im Bericht des Zentralkomitees auf dem gegenwärtigen Parteitag nachdrücklich zu betonen, daß der Rückzug eingestellt wird, und den Parteitag zu ersuchen, die entsprechende Direktive schon im Namen der Gesamtpartei, schon als bindend zu geben. Ein Jahr lang befanden wir uns auf dem Rückzug. Wir müssen jetzt im Namen der Partei sagen: Genug! Das Ziel, das mit dem Rückzug verfolgt wurde, ist erreicht. Diese Periode geht zu Ende oder ist zu Ende. Nun setzen wir uns ein anderes Ziel: die Kräfte umzugruppieren. Wir sind an einem neuen Punkt angelangt, den Rückzug haben wir im großen und ganzen doch verhältnismäßig geordnet durchgeführt. Allerdings hat es von verschiedenen Seiten her nicht an Stimmen gefehlt, die diesen Rückzug in einen panikartigen verwandeln wollten. Die einen von der Seite her, daß sie sagten, ihr habt den Rückzug in diesem oder jenem Teil nicht richtig durchgeführt - so zum Beispiel einige Vertreter der Gruppe, die die Bezeichnung „Arbeiteropposition" trug. (Ich meine, daß sie diese Bezeichnung zu Unrecht trugen.) Vor lauter Übereifer sind sie nicht in das Zimmer geraten, in das sie wollten, und haben das jetzt anschaulich enthüllt. Damals sahen sie nicht, daß ihre Tätigkeit nicht darauf gerichtet war, unser Manöver zu korrigieren, sondern daß ihre Tätigkeit in Wirklichkeit nur einen Sinn hatte - sie verbreitete Panik, sie hinderte uns, den Rückzug diszipliniert durchzuführen.

Ein Rückzug ist eine schwierige Sache, besonders für Revolutionäre, die anzugreifen gewohnt sind, besonders dann, wenn sie mehrere Jahre lang mit größtem Erfolg anzugreifen gewohnt waren, besonders wenn sie von Revolutionären anderer Länder umringt sind, die nur davon träumen, zum Angriff überzugehen. Angesichts unseres Rückzugs brachen manche von ihnen sogar in unstatthafter, kindischer Weise in Tränen aus, wie das auf der letzten Tagung des erweiterten Exekutivkomitees der Kommunistischen Internationale geschah. Aus den allerbesten kommunistischen Gefühlen und kommunistischen Bestrebungen heraus brachen einige Genossen in Tränen aus, weil die guten russischen Kommunisten, man stelle sich das nur vor, den Rückzug antraten. Vielleicht fällt es mir heute schon schwer, mich in diese westeuropäische Mentalität zu versetzen, obwohl ich doch eine stattliche Anzahl von Jahren als Emigrant in diesen schönen demokratischen Ländern gelebt habe. Aber vielleicht ist das von ihrem Standpunkt aus so schwer zu begreifen, daß man darüber in Tränen ausbrechen kann. Wir jedenfalls haben keine Zeit, uns mit Sentimentalitäten abzugeben. Uns war klar, daß es für uns, gerade weil wir viele Jahre lang so erfolgreich angegriffen und so viele ungewöhnliche Siege errungen hatten (und das alles in einem unglaublich verwüsteten Land, dem die materiellen Voraussetzungen fehlten!), absolut notwendig war, den Angriff zu sichern, absolut notwendig war, nachdem wir soviel erobert hatten, den Rückzug anzutreten. Wir konnten nicht alle Stellungen halten, die wir im Sturm erobert hatten, anderseits aber hatten wir nur dank dem Umstand, daß wir, getragen von der Woge des Enthusiasmus der Arbeiter und Bauern, im Sturm unermeßlich viel erobert hatten, so viel Raum, daß wir uns sehr weit zurückziehen konnten und uns auch gegenwärtig noch weit zurückziehen können, ohne das Wichtigste und Grundlegende auch nur im geringsten aufzugeben. Der Rückzug verlief im großen und ganzen ziemlich geordnet, obwohl Panikstimmen, zu denen auch die „Arbeiteropposition“ gehörte (und darum war sie so ungeheuer schädlich!), in einzelnen Fällen dazu führten, daß der oder jener abgeschnitten, die Disziplin verletzt und der geordnete Rückzug gestört wurde. Das gefährlichste bei einem Rückzug ist die Panik. Wenn sich eine ganze Armee (ich spreche hier in übertragenem Sinne) zurückzieht, dann kann die Stimmung nicht so gut sein, wie wenn alle auf dem Vormarsch sind. Hier wird man schon auf Schritt und Tritt auf eine bis zu einem gewissen Grade gedrückte Stimmung stoßen. Es gab bei uns sogar Dichter, die schrieben, daß in Moskau Hunger und Kälte herrschen, „während es früher schön und sauber war, blühen jetzt Handel und Schwarzmarkt“. Es gibt bei uns eine ganze Reihe derartiger poetischer Erzeugnisse.

Es ist begreiflich, daß das durch den Rückzug erzeugt wird. Und darin liegt die ungeheure Gefahr: Nach einem siegreichen, großartigen Angriff ist der Rückzug schrecklich schwer; die Verhältnisse liegen hier ganz anders. Dort drängen und stürmen alle von selber vorwärts, selbst wenn man für die Aufrechterhaltung der Disziplin nicht sorgt. Hier dagegen muß die Disziplin bewußter sein, und sie ist hundertmal nötiger, denn wenn eine ganze Armee auf dem Rückzug ist, dann weiß sie nicht, dann sieht sie nicht, wo sie zum Stehen kommen wird, sie sieht nur den Rückzug - da genügen manchmal schon ein paar Panikstimmen, damit alle die Flucht ergreifen. Die Gefahr ist hier ungeheuer. Wenn eine wirkliche Armee so einen Rückzug macht, stellt man Maschinengewehre auf, und wenn der geordnete Rückzug in eine regellose Flucht ausartet, kommandiert man: „Feuer!“ Und mit Recht.

Wenn jemand, sei es auch von der besten Absicht geleitet, in einem Augenblick Panik verbreitet, wo wir einen unerhört schwierigen Rückzug durchführen und wo alles darauf ankommt, daß volle Ordnung gewahrt bleibt - in solch einem Augenblick muß die geringste Verletzung der Disziplin streng, hart, erbarmungslos bestraft werden, und das gilt nicht nur hinsichtlich mancher unserer innerparteilichen Angelegenheiten, sondern noch mehr trifft das auf solche Herrschaften zu wie die Menschewiki oder alle die Herren aus der zweieinhalbten Internationale.

Dieser Tage las ich in Heft 20 der „Kommunistischen Internationale“ einen Artikel des Gen. Rákosi über eine neue Broschüre Otto Bauers, bei dem wir alle einmal gelernt haben, der aber nach dem Kriege ebenso wie Kautsky ein jämmerlicher Spießbürger geworden ist. Er schreibt jetzt: „Sie ziehen sich also zum Kapitalismus zurück; wir haben immer gesagt: es ist eine bürgerliche Revolution.“

Sowohl die Menschewiki als auch die Sozialrevolutionäre, die allesamt solche Dinge predigen, wundern sich, wenn wir erklären, daß wir Leute, die so etwas sagen, erschießen werden. Sie sind erstaunt, aber die Frage ist doch klar: Wenn sich eine Armee zurückzieht, so bedarf es dabei einer hundertmal stärkeren Disziplin als beim Angriff, weil beim Angriff alle vorwärts stürmen. Wenn aber jetzt alle anfangen wollten, rückwärts zu stürmen, so wäre das der unvermeidliche und sofortige Untergang.

Gerade in solch einem Augenblick ist es das allerwichtigste, den Rückzug geordnet durchzuführen, die äußerste Grenze des Rückzugs genau festzulegen und nicht in Panik zu verfallen. Und wenn ein Menschewik sagt: „Ihr zieht euch jetzt zurück, ich aber bin immer für den Rückzug gewesen, ich bin mit euch einverstanden, ich bin euer Mann, laßt uns den Rückzug gemeinsam machen", dann antworten wir ihm: „Wer den Menschewismus öffentlich manifestiert, den müssen unsere Revolutionsgerichte erschießen lassen, sonst sind das nicht unsere, sondern wer weiß was für Gerichte."

Sie können das durchaus nicht begreifen und sagen: „Was für Diktatorenallüren diese Leute doch haben!" Sie glauben bis heute, daß wir die Menschewiki verfolgen, weil sie in Genf mit uns gestritten haben. Wären wir aber diesen Weg gegangen, so hätten wir uns wahrscheinlich nicht einmal zwei Monate an der Macht gehalten. Wahrhaftig, die Art von Predigt, wie sie Otto Bauer, die Führer der II. und der zweieinhalbten Internationale, die Menschewiki und die Sozialrevolutionäre vom Stapel lassen, spiegelt ihre eigene Natur wider: „Die Revolution ist zu weit gegangen. Was du heute sagst, haben wir immer gesagt. Gestattet uns, das noch einmal zu wiederholen." Wir aber antworten darauf: „Gestattet uns, euch dafür an die Wand zu stellen. Entweder unterlaßt es gefälligst, eure Ansichten auszusprechen, oder aber, wenn ihr in der gegenwärtigen Lage, wo wir uns in weit schwierigeren Verhältnissen befinden als bei der direkten Invasion der Weißen, eure politischen Ansichten auszusprechen wünscht, dann werden wir, entschuldigt schon, mit euch verfahren wie mit den schlimmsten und schädlichsten weißgardistischen Elementen." Das dürfen wir nicht vergessen.

Wenn ich von der Einstellung des Rückzugs spreche, so will ich damit keineswegs sagen, daß wir schon gelernt hätten, Handel zu treiben. Umgekehrt, ich bin der gegenteiligen Meinung, und ich wäre falsch verstanden worden, und es wäre bewiesen, daß ich meine Gedanken nicht richtig darzulegen weiß, wenn meine Rede einen solchen Eindruck hinterließe.

Aber die Sache ist die, daß mit der Nervosität und der geschäftigen Hast, die infolge der NÖP bei uns aufgekommen sind, mit dem Bestreben, alles neuzuschaffen und anzupassen – daß damit Schluß gemacht werden muß. Wir haben heute eine Anzahl von gemischten Gesellschaften. Allerdings sind es sehr wenige. Es sind bei uns mit Beteiligung ausländischer Kapitalisten neun vom Außenhandelskommissariat bestätigte Gesellschaften gegründet worden, die Sokolnikow-Kommission hat sechs bestätigt, und die Forstwirtschaftsverwaltung des Nordgebiets hat Verträge über zwei abgeschlossen. Augenblicklich gibt es also siebzehn Gesellschaften mit einem Kapital von vielen Millionen, die von verschiedenen Instanzen bestätigt worden sind. (Natürlich herrscht bei uns auch in den Instanzen ziemlich viel Wirrwarr, so daß möglicherweise etwas übersehen worden ist.) Jedenfalls aber gibt es augenblicklich bei uns Gesellschaften mit Beteiligung russischer und ausländischer Kapitalisten. Es sind ihrer nicht viele. Dieser kleine, aber praktische Anfang zeigt, daß die Kommunisten für voll genommen werden, und zwar auf Grund ihrer Praxis und nicht ihrer Einschätzung durch so hohe Körperschaften wie die ZKK und das Gesamtrussische ZEK. Natürlich ist die ZKK eine sehr gute Einrichtung, und wir werden ihr jetzt mehr Macht geben. Und dennoch, wenn diese Körperschaften Kommunisten überprüfen, so – man stelle sich das vor! – wird ihre Autorität auf dem internationalen Markt nicht anerkannt. (Heiterkeit.) Gehen aber gewöhnliche Kapitalisten, russische und ausländische, zusammen mit Kommunisten in eine gemischte Gesellschaft, so sagen wir: „Wie man's auch nimmt, etwas bringen wir immerhin fertig, mag es noch so schlecht, mag es noch so dürftig sein, aber für den Anfang haben wir doch schon etwas erreicht." Es ist freilich nicht allzuviel; man bedenke, schon vor einem Jahr haben wir verkündet, daß wir alle Energie (und man sagt, wir hätten viel Energie) auf diese Sache verwenden, und nach einem Jahr sind es erst siebzehn Gesellschaften!

Das zeigt, wie höllisch unbeholfen und schwerfällig wir sind, wieviel Oblomowtum noch in uns steckt, für das man uns noch unweigerlich prügeln wird. Aber immerhin, ich wiederhole, der Anfang ist gemacht, das Gelände erkundet. Die Kapitalisten wären nicht zu uns gekommen, wenn nicht die elementaren Bedingungen für ihre Tätigkeit vorhanden wären. Wenn aber auch nur ein geringfügiger Teil von ihnen gekommen ist, so zeigt das doch, daß wir einen Teilsieg errungen haben.

Gewiß, sie werden uns innerhalb dieser Gesellschaften noch übers Ohr hauen, so übers Ohr hauen, daß man dann Jahre brauchen wird, um ins klare zu kommen. Aber das macht nichts. Ich sage nicht, daß das ein Sieg ist - es ist eine Erkundung, die zeigt, daß wir schon ein Tätigkeitsfeld haben, ein Stück Gelände haben und daß wir den Rückzug schon einstellen können.

Die Erkundung hat eine minimale Zahl von Verträgen mit Kapitalisten gebracht, aber immerhin, sie sind abgeschlossen. Daraus muß man lernen und in dieser Richtung weiter tätig sein. In diesem Sinne ist es Zeit, Schluß zu machen mit der Nervosität, dem Geschrei, der geschäftigen Hast. Ein Schriftstück jagt das andere, ein Fernspruch den anderen: „Kann man uns nicht auch reorganisieren, da wir nun doch die NÖP haben?" Alle rennen geschäftig durcheinander, es geht drunter und drüber; praktische Arbeit leistet keiner, aber alle diskutieren, wie man sich der NÖP anpassen könne, und es kommt nichts dabei heraus.

Die Geschäftsleute aber lachen über die Kommunisten und sagen wahrscheinlich: „Früher hat es Oberstimmungsmacher[76] gegeben, jetzt gibt es Obergeredemacher." Daß die Kapitalisten sich über uns

76 *„Oberstimmungsmacher"* - Spitzname, den die Soldaten 1917 Kerenski gaben, als ihn die bürgerliche Provisorische Regierung zum Obersten Befehlshaber ernannt hatte.

lustig gemacht haben, weil wir uns verspätet, weil wir die Zeit verschlafen haben – darüber besteht nicht der geringste Zweifel, und in diesem Sinne sage ich, daß man diese Direktive auch im Namen des Parteitags bestätigen muß.

Der Rückzug ist beendet. Die wichtigsten Methoden, nach denen man mit den Kapitalisten zu arbeiten hat, sind festgelegt. Muster sind vorhanden, wenn auch in verschwindend geringer Anzahl.

Hört auf zu klügeln, über die NÖP zu reden; Verse sollen die Dichter machen, dazu sind sie ja Dichter. Ihr Wirtschaftler aber sollt über die NÖP nicht reden, sondern die Zahl dieser Gesellschaften vergrößern, die Zahl der Kommunisten überprüfen, die es verstehen, den Wettbewerb mit den Kapitalisten in Gang zu bringen.

Der Rückzug ist beendet, jetzt geht es um die Umgruppierung der Kräfte. Das ist die Direktive, die der Parteitag ausgeben muß, die dem Durcheinander, dem Wirrwarr ein Ende setzen muß. Beruhigt euch, klügelt nicht, das wird man euch als Minus ankreiden. Du mußt praktisch beweisen, daß du nicht schlechter arbeitest als die Kapitalisten. Die Kapitalisten stellen den ökonomischen Zusammenschluß mit der Bauernschaft her, um sich zu bereichern; du aber mußt den Zusammenschluß mit der bäuerlichen Wirtschaft herstellen, um die ökonomische Macht unseres proletarischen Staates zu stärken. Du hast das Übergewicht gegenüber den Kapitalisten, weil die Staatsmacht in deinen Händen ist, weil du über eine ganze Reihe ökonomischer Mittel verfügst, du verstehst sie nur nicht zu nutzen; betrachte die Dinge nüchterner, lege den Flitter, das kommunistische Festgewand ab, lerne ganz einfach eine einfache Sache, und dann werden wir den Privatkapitalisten schlagen. Wir haben die Staatsmacht, wir verfügen über eine Menge ökonomischer Mittel; wenn wir den Kapitalismus schlagen und den Zusammenschluß mit der bäuerlichen Wirtschaft herstellen, dann werden wir eine absolut unbesiegbare Kraft sein. Und dann wird der Aufbau des Sozialismus nicht Sache des Tropfens im Meere sein, der sich Kommunistische Partei nennt, sondern Sache der ganzen werktätigen Masse; dann wird der einfache Bauer sehen, daß wir ihm helfen, und dann wird er uns folgen, so daß dieser Vormarsch zwar hundertmal langsamer, dafür aber millionenmal fester und sicherer wird.

In diesem Sinne also muß man von der Einstellung des Rückzugs sprechen, und es wäre richtig, diese Losung - in der einen oder anderen Form - in einen Parteitagsbeschluß zu verwandeln.

Ich möchte im Zusammenhang damit die Frage berühren, wie die Neue Ökonomische Politik der Bolschewiki zu bewerten ist - als Evolution oder Taktik? So ist die Frage von den „Smena-Wech"-Leuten gestellt worden, die, wie Sie wissen, eine Strömung vertreten, die unter den russischen Emigranten Fuß gefaßt hat, eine gesellschaftlich-politische Strömung, an deren Spitze angesehene kadettische Politiker, einige Minister der ehemaligen Koltschakregierung, stehen - Leute, die zu der Überzeugung gekommen sind, daß die Sowjetmacht den russischen Staat aufbaut und daß man deshalb für sie sein müsse. „Was für einen Staat aber baut diese Sowjetmacht auf? Die Kommunisten sagen, einen kommunistischen Staat, und versichern, die NÖP sei Taktik: Die Bolschewiki würden in der gegenwärtigen schwierigen Lage die Privatkapitalisten schonen, sich dann aber durchsetzen. Die Bolschewiki können sagen, was ihnen beliebt, aber in Wirklichkeit ist das keine Taktik, sondern eine Evolution, eine innere Wandlung, sie werden zum gewöhnlichen bürgerlichen Staat kommen, und wir müssen sie unterstützen. Die Geschichte geht verschiedene Wege" - so urteilen die „Smena-Wech"-Leute.

Manche von ihnen spielen sich als Kommunisten auf, es gibt aber auch offenherzigere Leute, unter ihnen Ustrjalow. Ich glaube, er war Minister unter Koltschak. Er ist mit seinen Freunden nicht einverstanden und sagt: „Ihr mögt es mit dem Kommunismus halten, wie ihr wollt, ich aber behaupte, das ist bei ihnen keine Taktik, sondern eine Evolution." Ich glaube, dieser Ustrjalow bringt uns mit seiner offenherzigen Erklärung großen Nutzen. Wir bekommen -

besonders ich von Amts wegen – sehr viel süßliches kommunistisches Geflunker zu hören, Tag für Tag, und manchmal wird einem ganz fürchterlich übel davon. Und da kommt nun an Stelle dieses kommunistischen Geflunkers eine Nummer der „Smena Wech" und sagt geradeheraus: „Das ist bei euch gar nicht so, das bildet ihr euch nur ein, in Wirklichkeit aber werdet ihr in dem gewöhnlichen bürgerlichen Sumpf landen, und dort werden kommunistische Fähnchen mit allen möglichen Schlagworten darauf hängen." Das ist sehr nützlich, weil wir darin schon kein bloßes Nachbeten dessen sehen, was wir ständig rings um uns hören, sondern einfach die Klassenwahrheit des Klassenfeindes. Es ist sehr nützlich, sich solche Dinge anzusehen, die nicht geschrieben werden, weil es im kommunistischen Staat üblich ist, so zu schreiben, oder verboten ist, anders zu schreiben, sondern weil das wirklich eine Klassenwahrheit ist, grob und offen ausgesprochen vom Klassenfeind. „Ich bin für Unterstützung der Sowjetmacht in Rußland", sagt Ustrjalow, obwohl er Kadett, Bourgeois war und die Intervention unterstützt hat, „ich bin für die Unterstützung der Sowjetmacht, weil sie den Weg beschritten hat, auf dem sie bei der gewöhnlichen bürgerlichen Staatsmacht landet."

Das ist eine sehr nützliche Sache, die man, wie mir scheint, im Auge behalten muß; und es ist viel besser für uns, wenn die „Smena-Wech"-Leute so schreiben, als wenn sich einige von ihnen fast als Kommunisten aufspielen, so daß man von weitem kaum noch unterscheiden kann, ob sie an Gott glauben oder an die kommunistische Revolution. Solche offenherzigen Feinde sind nützlich, das muß man frei heraus sagen. Derlei Dinge, von denen Ustrjalow spricht, sind möglich, das muß man offen aussprechen. Die Geschichte kennt alle möglichen Sorten von Metamorphosen; sich auf Überzeugungstreue, Ergebenheit und sonstige prächtige seelische Eigenschaften verlassen – das sollte man in der Politik ganz und gar nicht ernst nehmen. Prächtige seelische Eigenschaften besitzt eine kleine Zahl von Menschen, den historischen Ausgang dagegen entscheiden gigantische Massen, die mit dieser kleinen Zahl von Menschen, wenn sie ihnen nicht passen, manchmal nicht allzu höflich umspringen.

Dafür hat es viele Beispiele gegeben, und darum muß man diese offenherzige Erklärung der „Smena-Wech"-Leute begrüßen. Der Feind spricht die Klassenwahrheit aus und weist damit auf die Gefahr hin, vor der wir stehen. Der Feind strebt danach, daß das unvermeidlich werde. Die „Smena-Wech"-Leute bringen die Stimmung von Tausenden und Zehntausenden aller möglichen Bourgeois oder Sowjetangestellten, die unsere Neue Ökonomische Politik mitmachen, zum Ausdruck. Das ist die grundlegende und wirkliche Gefahr. Und darum muß man dieser Frage das Hauptaugenmerk zuwenden: In der Tat, wer wird die Oberhand gewinnen? Ich sprach vom Wettkampf. Ein direkter Ansturm gegen uns findet nicht statt, man packt uns nicht an der Gurgel. Was morgen sein wird, das werden wir noch sehen, aber heute greift man uns nicht mit der Waffe in der Hand an, und nichtsdestoweniger ist der Kampf gegen die kapitalistische Gesellschaft hundertmal erbitterter und gefährlicher geworden, weil wir nicht immer klar sehen, wo wir einem Feind gegenüberstehen und wer unser Freund ist.

Ich sprach vom kommunistischen Wettbewerb nicht vom Standpunkt der kommunistischen Sympathien, sondern vom Standpunkt der Entwicklung der Formen der Wirtschaft und der Formen der Gesellschaftsstruktur. Das ist kein Wettbewerb, das ist ein erbitterter, wütender Kampf, wenn nicht das letzte, so doch fast das letzte Gefecht auf Leben und Tod zwischen Kapitalismus und Kommunismus.

Und da muß klar die Frage gestellt werden – worin besteht unsere Stärke und woran mangelt es uns? Politische Macht haben wir vollauf zur Genüge. Es dürfte sich hier schwerlich jemand finden, der behaupten wollte, daß die Kommunisten, die Kommunistische Partei, nicht genug Macht besäßen, um eine bestimmte praktische Frage zu lösen, sich in einem bestimmten Geschäftsbereich durchzusetzen. Die entscheidende ökonomische Macht ist in unseren Händen. Alle ausschlaggebenden Großbetriebe, die Eisenbahnen usw. – sie alle sind in unseren Händen. Die Pacht, so stark sie stellenweise auch entwickelt sein mag, spielt im allgemeinen eine höchst untergeordnete Rolle, das ist im allgemeinen ein ganz verschwindend kleiner Bruchteil. Die ökonomische Macht, die der proletarische Staat Rußlands in Händen hat, genügt vollauf, um den Übergang zum Kommunismus zu sichern. Woran also mangelt es? Es liegt klar auf der Hand, woran es mangelt: Es mangelt der Schicht von Kommunisten, die leitende Funktionen in der Verwaltung ausüben, an Kultur. Man nehme doch Moskau – die 4700 verantwortlichen Kommunisten – und dazu dieses bürokratische Ungetüm, diesen Haufen, wer leitet da und wer wird geleitet? Ich bezweifle sehr, ob man sagen könnte, daß die Kommunisten diesen Haufen leiten. Um die Wahrheit zu sagen, nicht sie leiten, sondern sie werden geleitet. Hier ist etwas geschehen, das dem gleicht, wovon man uns als Kindern in der Geschichtsstunde erzählt hat. Man hat uns gelehrt: Es kommt vor, daß ein Volk ein anderes unterwirft, und dann ist dieses Volk, das ein anderes unterworfen hat, das Eroberervolk, das andere aber, das unterworfen wurde, ist das besiegte Volk. Das ist sehr einfach und jedem verständlich. Wie steht es aber mit der Kultur dieser Völker? Da ist es nicht so einfach. Wenn das Eroberervolk eine höhere Kultur hat als das besiegte Volk, dann zwingt es ihm seine Kultur auf, ist es aber umgekehrt, dann kommt es vor, daß das besiegte Volk seine Kultur dem Eroberer aufzwingt. Ist nicht etwas Ähnliches in der Hauptstadt der RSFSR geschehen, ist hier nicht der Fall eingetreten, daß 4700 Kommunisten (fast eine ganze Division, und allesamt die besten) einer fremden Kultur unterlegen sind? Allerdings könnte hier der falsche Eindruck entstehen, daß die Besiegten eine hohe Kultur besitzen. Nichts dergleichen. Ihre Kultur ist armselig, ist sehr niedrig, aber dennoch steht sie höher als die unsrige. So jämmerlich, so armselig sie sein mag, sie steht dennoch höher als die unserer verantwortlichen kommunistischen Funktionäre, weil diese die Kunst der Verwaltung nicht genügend beherrschen. Die Kommunisten, die an die Spitze von Institutionen treten – und manchmal werden sie absichtlich von Saboteuren, die sich ein Aushängeschild verschaffen wollen, geschickt vorgeschoben –, erweisen sich häufig als die übertölpelten. Dieses Eingeständnis ist sehr unangenehm. Oder zumindest nicht sehr angenehm, aber mir scheint, daß man es machen muß, denn das ist jetzt der Kern der Frage. Darauf läuft meines Erachtens die politische Lehre dieses Jahres hinaus, und in diesem Zeichen wird der Kampf im Jahr 1922 verlaufen.

Werden die verantwortlichen Kommunisten der RSFSR und der KPR begreifen können, daß sie die Kunst der Verwaltung nicht beherrschen? Daß sie sich einbilden zu leiten, während sie in Wirklichkeit geleitet werden? Wenn sie das begreifen können, werden sie die Sache natürlich erlernen, weil man das erlernen kann, aber dazu muß man lernen, und bei uns will man nicht lernen. Bei uns wirft man nach rechts und links mit Befehlen und Dekreten herum, und dabei kommt ganz und gar nicht das heraus, was man will.

Der Wettbewerb und der Wettkampf, den wir auf die Tagesordnung gesetzt haben, als wir die NÖP proklamierten, das ist ein ernster Wettbewerb. Es scheint, daß er in allen staatlichen Institutionen veranstaltet wird, aber in Wirklichkeit ist das eine weitere Form des Kampfes zweier Klassen, die einander unversöhnlich feindlich gegenüberstehen. Das ist eine weitere Form des Kampfes zwischen Bourgeoisie und Proletariat, das ist ein Kampf, der noch nicht ausgetragen ist und der selbst in den zentralen Institutionen Moskaus in kultureller Hinsicht noch nicht überholt ist. Denn oft verstehen die bürgerlichen Fachleute die Sache besser als unsere besten Kommunisten, die alle Macht, alle Möglichkeiten haben und die mit ihren Rechten und ihrer Macht keinen einzigen Schritt zu machen verstehen.

Ich möchte aus einem Buch von Alexander Todorski ein Zitat anführen. Das Buch ist in der Stadt Wesjegonsk erschienen (es gibt eine Kreisstadt dieses Namens im Gouvernement Twer), und zwar zum ersten Jahrestag der Sowjetrevolution in Rußland, am 7. November 1918, also in längst entschwundenen Zeiten. Dieser Wesjegonsker Genosse ist offenbar Parteimitglied. Ich habe dieses Buch vor langem gelesen und bürge nicht dafür, daß mir diesbezüglich kein Irrtum unterläuft. Er spricht davon, wie er die Einrichtung zweier Sowjetbetriebe in Angriff genommen, wie er zwei Bourgeois herangezogen und das auf die damalige Art und Weise getan hat: unter Androhung des Freiheitsentzugs und der Konfiskation des gesamten Vermögens. Sie wurden herangezogen, um den Betrieb wieder in Gang zu bringen. Wir wissen, wie man 1918 die Bourgeoisie heranzuziehen pflegte (Heiterkeit), so daß es nicht lohnt, darauf näher einzugehen; jetzt ziehen wir sie mit anderen Methoden heran. Aber nun seine Schlußfolgerung: „Damit ist die Sache erst halb getan – es genügt nicht, die Bourgeoisie zu besiegen, ihr den Rest zu geben, man muß sie zwingen, für uns zu arbeiten."

Das sind ausgezeichnete Worte. Ausgezeichnete Worte, die zeigen, daß sogar in der Stadt Wesjegonsk, sogar im Jahre 1918 eine richtige Auffassung von den Beziehungen zwischen dem siegreichen Proletariat und der besiegten Bourgeoisie vorhanden war.

Damit ist die Sache erst halb getan, wenn wir dem Ausbeuter auf die Finger klopfen, ihn unschädlich machen und ihm den Rest geben. Aber in Moskau bilden sich 90 von 100 unserer verantwortlichen Funktionäre ein, daß damit alles getan sei, d. h. damit, daß man ihnen den Rest gibt, sie unschädlich macht, ihnen auf die Finger klopft. Was ich über die Menschewiki, die Sozialrevolutionäre, die Weißgardisten gesagt habe, all dies führt häufig dazu, sie unschädlich zu machen, ihnen auf die Finger zu klopfen (vielleicht nicht nur auf die Finger, vielleicht auch auf eine andere Stelle) und den Rest zu geben. Aber damit ist die Sache doch erst halb getan. Sogar im Jahre 1918, als das von dem Wesjegonsker Genossen gesagt wurde, war damit die Sache nur halb getan, heute aber ist damit sogar weniger als ein Viertel getan. Wir müssen sie zwingen und so vorgehen, daß sie mit ihren Händen für uns arbeiten, nicht aber so, daß die verantwortlichen Kommunisten an der Spitze stehen, Ämter und Würden haben und im Fahrwasser der Bourgeoisie segeln. Das ist der springende Punkt.

Die kommunistische Gesellschaft mit den Händen der Kommunisten aufbauen zu wollen, ist eine kindische, eine ganz kindische Idee. Die Kommunisten sind ein Tropfen im Meer, ein Tropfen im Volksmeer. Sie werden nur dann imstande sein, das Volk auf ihren Weg zu führen, wenn sie den Weg nicht nur im Sinne der weltgeschichtlichen Richtung richtig bestimmen. In diesem Sinne haben wir unseren Weg absolut richtig bestimmt, und jeder Staat bringt die Bestätigung dafür, daß wir ihn richtig bestimmt haben, aber auch in unserer Heimat, in unserem Lande müssen wir diesen Weg richtig bestimmen. Er wird nicht nur dadurch bestimmt, sondern auch dadurch, daß es keine Intervention geben wird, und dadurch, daß wir es verstehen, dem Bauern für Getreide Ware zu liefern. Der Bauer wird sagen: „Du bist ein prachtvoller Mensch, du hast unsere Heimat verteidigt; wir haben dafür auf dich gehört, aber wenn du nicht zu wirtschaften verstehst, dann scher dich davon!" Jawohl, das wird der Bauer sagen.

Die Wirtschaft werden wir dann leiten können, wenn die Kommunisten es verstehen werden, diese Wirtschaft mit fremden Händen aufzubauen, selber aber von dieser Bourgeoisie lernen und sie auf den Weg lenken werden, den die Kommunisten wollen. Wenn sich der Kommunist aber einbildet, er wisse alles, denn er sei ja ein verantwortlicher Kommunist, und sich sagt: Ich habe schon ganz andere Leute besiegt als einen hergelaufenen Handlungsgehilfen, wir haben die Gegner an den Fronten geschlagen, und was für Gegner - wenn eine solche Stimmung vorherrscht, so ist das unser Verderb.

Es ist der unwichtigste Teil dessen, was wir zu tun haben, wenn wir den Ausbeuter unschädlich machen, ihm auf die Finger klopfen und ihn zurechtstutzen. Das muß man tun. Und unsere Staatliche

Politische Verwaltung und unsere Gerichte sollen das nicht so schlapp machen wie bisher, sondern daran denken, daß sie proletarische Gerichte sind, von einer Welt von Feinden umringt. Das ist nicht schwierig, das haben wir im wesentlichen gelernt. Hier muß ein gewisser Druck ausgeübt werden, doch das ist leicht.

Der zweite Teil des Sieges aber besteht darin, mit nichtkommunistischen Händen den Kommunismus aufzubauen, es zu verstehen, praktisch das zu tun, was ökonomisch getan werden muß, nämlich den Zusammenschluß mit der bäuerlichen Wirtschaft zu finden, die Bauern zufriedenzustellen, damit der Bauer sagt: „Mag der Hunger noch so schwer, noch so drückend, noch so qualvoll sein, aber ich sehe, daß die Staatsmacht, obwohl sie ungewohnt, obwohl sie ungewöhnlich ist, doch einen praktischen, real spürbaren Nutzen bringt." Man muß erreichen, daß die zahlreichen, uns um ein vielfaches übertreffenden Elemente, mit denen wir zusammenarbeiten, so arbeiten, daß wir ihre Arbeit beobachten können, daß wir diese Arbeit begreifen, daß mit ihren Händen etwas für den Kommunismus Nützliches getan wird. Das ist der Angelpunkt der gegenwärtigen Lage, denn wenn einzelne Kommunisten das auch verstanden und gesehen haben, so ist doch in der breiten Masse unserer Partei diese Einsicht in die Notwendigkeit, die Parteilosen zur Arbeit heranzuziehen, nicht vorhanden. Wieviel Rundschreiben wurden darüber verfaßt, wieviel wurde geredet, aber ist im Laufe eines Jahres etwas geleistet worden? Nichts. Von hundert Komitees unserer Partei werden nicht einmal fünf ihre praktischen Ergebnisse vorweisen können. So weit sind wir hinter dem Erfordernis zurückgeblieben, das jetzt auf der Tagesordnung steht, so sehr leben wir in den Traditionen der Jahre 1918 und 1919. Das waren große Jahre, und es wurde ein gewaltiges weltgeschichtliches Werk vollbracht. Richtete man aber den Blick nur zurück auf diese Jahre und sähe nicht, welche Aufgabe jetzt auf der Tagesordnung steht, so wäre das der Untergang, der sichere, absolute Untergang, und der springende Punkt ist eben, daß wir das nicht erkennen wollen.

Ich möchte nun zwei praktische Beispiele anführen, um zu zeigen, was bei unserer Verwaltungstätigkeit herauskommt. Ich habe schon gesagt, daß es richtiger wäre, dafür einen unserer Staatstrusts zu nehmen. Ich muß um Entschuldigung bitten, daß ich diesen richtigen Weg nicht einschlagen kann, weil dazu erforderlich gewesen wäre, die Unterlagen über wenigstens einen Staatstrust ganz konkret zu studieren, aber ich hatte leider keine Möglichkeit, dieses Studium vorzunehmen, und darum nehme ich zwei kleinere Beispiele. Das eine Beispiel: Die Moskauer Konsumgenossenschaft hat das Volkskommissariat für Außenhandel des Bürokratismus bezichtigt; das zweite Beispiel betrifft das Donezbecken.

Das erste Beispiel ist wenig geeignet, aber ich habe keine Möglichkeit, ein besseres zu wählen. Den Grundgedanken kann ich auch an diesem Beispiel illustrieren. In den letzten Monaten war es mir, wie Sie aus den Zeitungen wissen, nicht möglich, mich mit den Dingen unmittelbar zu beschäftigen, ich arbeitete nicht im Rat der Volkskommissare und war auch nicht im ZK. Bei den kurzen und seltenen Besuchen in Moskau fielen mir die verzweifelten und schrecklichen Klagen über das Außenhandelskommissariat auf. Daß das Außenhandelskommissariat schlecht arbeitet, daß dort Bürokratismus herrscht, habe ich niemals auch nur einen Augenblick bezweifelt. Als aber die Klagen besonders heftig wurden, versuchte ich dahinterzukommen - ich wollte einen konkreten Fall herausgreifen, wenigstens einmal der Sache auf den Grund gehen und klären, wie es dort zugeht, warum diese Maschine nicht läuft.

Die Moskauer Konsumgenossenschaft mußte Konserven kaufen. Zu diesem Zweck tauchte ein französischer Staatsbürger auf. Ich weiß nicht, ob er das im Interesse der internationalen Politik und mit Wissen der führenden Männer der Entente oder mit Billigung Poincarés und anderer Feinde der Sowjetmacht tat (ich denke, unsere Historiker werden darüber nach der Konferenz von Genua Klarheit schaffen), aber Tatsache ist, daß die französische Bourgeoisie nicht nur theoretisch, sondern auch praktisch daran mitwirkte, da ein Vertreter der französischen Bourgeoisie in Moskau auftauchte und Konserven verkaufte. Moskau hungert, im Sommer wird es noch mehr hungern, Fleisch hat man nicht herangeschafft und wird auch - dank all den bekannten Eigenschaften unseres Volkskommissariats für Verkehrswesen - sicherlich keines heranschaffen.

Die Fleischkonserven (natürlich wenn sie nicht ganz verdorben sind - das wird erst eine künftige Untersuchung zeigen) werden gegen Sowjetgeld verkauft. Was kann einfacher sein? Indes stellt sich heraus, wenn man es sich auf Sowjetart und gründlich überlegt, so ist das durchaus nicht einfach. Ich hatte nicht die Möglichkeit, die Angelegenheit unmittelbar zu verfolgen, ließ aber eine Untersuchung vornehmen und besitze jetzt ein Heft, in dem dargelegt ist, wie sich diese berühmte Geschichte abgespielt hat. Sie begann damit, daß am 11. Februar auf Grund eines Berichts des Gen. Kamenew ein Beschluß des Politbüros des ZK der KPR zustande kam, der es als erwünscht bezeichnete, Lebensmittel im Ausland einzukaufen; natürlich, wie könnten denn russische Staatsbürger ohne das Politbüro des ZK der KPR eine solche Frage entscheiden! Man stelle sich vor: Wie hätten denn 4700 verantwortliche Funktionäre (das sind nur die registrierten) ohne das Politbüro des ZK über den Einkauf von Lebensmitteln im Ausland entscheiden können? Diese Vorstellung gehört selbstverständlich ins Reich des Übernatürlichen. Gen. Kamenew kennt offensichtlich unsere Politik und die Wirklichkeit ausgezeichnet und verließ sich deshalb nicht allzusehr auf die große Zahl verantwortlicher Funktionäre, sondern packte sogleich den Stier bei den Hörnern, und wenn nicht den Stier, so jedenfalls das Politbüro, das ohne weiteres (ich habe nicht gehört, daß es darüber eine Debatte gegeben hätte) eine Resolution faßte: „Das Volkskommissariat für Außenhandel wird darauf aufmerksam gemacht, daß die Einfuhr von Lebensmitteln aus dem Ausland erwünscht ist, wobei die Zölle" usw. Das Volkskommissariat für Außenhandel ist also aufmerksam gemacht. Die Sache beginnt in

Gang zu kommen. Das war am 11. Februar. Ich erinnere mich, daß ich in den letzten Februartagen oder ungefähr um diese Zeit in Moskau war, und worauf ich als erstes stieß, das waren Klagerufe, geradezu verzweifelte Klagerufe der Moskauer Genossen. Was ist los? Wir können und können keine Lebensmittel kaufen. Warum nicht? Bürokratismus im Außenhandelskommissariat. Ich hatte lange nicht mehr an der laufenden Arbeit teilgenommen und wußte damals nicht, daß es darüber einen Beschluß des Politbüros gibt, daher sagte ich nur zum Leiter der Geschäftsstelle: Nachprüfen, Unterlagen beschaffen und mir zeigen. Und die Sache endete damit, daß Kamenew mit Krassin nach dessen Ankunft darüber sprach, die Sache wurde geregelt, und wir kauften die Konserven. Ende gut, alles gut.

Daß Kamenew und Krassin sich miteinander verständigen und die vom Politbüro des ZK der KPR geforderte politische Linie richtig festlegen können, daran habe ich nicht den geringsten Zweifel. Würden Kamenew und Krassin über die politische Linie auch in Handelsfragen entscheiden, so hätten wir die beste aller Sowjetrepubliken der Welt, aber es geht doch nicht an, daß man bei jedem Geschäftsabschluß das Mitglied des Politbüros Kamenew und Krassin herbeizerrt – letzterer war mit den diplomatischen Angelegenheiten vor Genua beschäftigt, mit Angelegenheiten, die eine ungeheure, kräftezehrende Arbeit erheischten –, daß man diese Genossen herbeizerrt, um bei einem französischen Staatsbürger Konserven zu kaufen. So kann man nicht arbeiten. Das ist keine neue, keine ökonomische und überhaupt keine Politik, sondern einfach ein Hohn. Jetzt liegen mir die Untersuchungsergebnisse in dieser Sache vor. Es liegen mir sogar die Ergebnisse zweier Untersuchungen vor: Die eine wurde vom Leiter der Geschäftsstelle des Rats der Volkskommissare Gorbunow und seinem Stellvertreter Miroschnikow durchgeführt, die andere von der Staatlichen Politischen Verwaltung. Weshalb sich eigentlich die Staatliche Politische Verwaltung für diese Sache interessiert hat, weiß ich nicht, und ich bin nicht fest davon überzeugt, daß das richtig ist, doch will ich darauf nicht weiter eingehen, weil ich befürchte, es könnte eine neue Untersuchung nötig werden. Wichtig ist nur, daß das Material zusammengetragen worden ist und sich jetzt in meinen Händen befindet.

Wie kam es, daß mir, als ich Ende Februar nach Moskau kam, ein wahres Wehgeschrei entgegentönte: „Wir können die Konserven nicht kaufen" - wo doch der Dampfer in Libau liegt und die Konserven dort lagern und man sogar Sowjetgeld für wirkliche Konserven annehmen will! (H e i t e r k e i t.) Wenn sich diese Konserven nicht als völlig verdorben erweisen (und ich betone jetzt „wenn", weil ich nicht ganz sicher bin, ob ich dann nicht eine zweite Untersuchung anordnen werde, über deren Ergebnisse freilich schon auf einem anderen Parteitag zu berichten sein wird), wenn sich also die Konserven nicht als verdorben erweisen - gekauft sind sie -, so frage ich: Woran liegt es, daß eine solche Sache ohne Kamenew und Krassin nicht vom Fleck kommen konnte? Aus dem Untersuchungsmaterial, das mir vorliegt, ersehe ich, daß der eine verantwortliche Kommunist den anderen verantwortlichen Kommunisten zum Teufel geschickt hat. Aus demselben Untersuchungsmaterial ersehe ich, daß der eine verantwortliche Kommunist zu dem anderen verantwortlichen Kommunisten gesagt hat: „Künftig werde ich mit Ihnen ohne einen Notar überhaupt nicht sprechen." Als ich diese Geschichte durchgelesen hatte, erinnerte ich mich, wie ich vor 25 Jahren, als ich in der Verbannung in Sibirien war, als Rechtsberater fungieren mußte. Ich war ein illegaler Rechtsanwalt, weil ich administrativ verschickt war, und so etwas war verboten; da es aber andere nicht gab, so kamen die Leute zu mir und erzählten von manchen Dingen. Aber das schwierigste dabei war, herauszufinden, worum es sich handelte. Kommt da eine Frau und beginnt natürlich von der Verwandtschaft zu erzählen, und es kostete ungeheure Mühe, herauszukriegen, um was es sich handelte. Ich sage: „Bring eine Abschrift." Sie erzählt von einer weißen Kuh. Sagst du ihr:

„Bring eine Abschrift“, so geht sie fort und sagt: „Ohne Abschrift will er von der weißen Kuh nichts hören.“ Wir haben in unserer Kolonie über diese Abschrift herzlich gelacht. Aber einen kleinen Fortschritt habe ich doch durchsetzen können: Wenn sie zu mir kamen, brachten sie eine Abschrift mit, und man konnte feststellen, worum es sich handelte, worüber sie sich beschwerten und wo sie der Schuh drückte. Das war vor 25 Jahren in Sibirien (an einem Ort, von wo es viele hundert Werst bis zur nächsten Bahnstation waren).

Aber warum brauchte man nach drei Jahren Revolution in der Hauptstadt der Sowjetrepublik zwei Untersuchungen, das Eingreifen Kamenews und Krassins und Direktiven des Politbüros, um Konserven zu kaufen? Woran mangelte es? An politischer Macht? Nein. Auch Geld fand sich, so daß sowohl die ökonomische als auch die politische Macht vorhanden waren. Alle Institutionen waren zur Stelle. Woran mangelte es? An Kultur bei 99 Prozent der Mitarbeiter der Moskauer Konsumgenossenschaft, gegen die ich nichts habe und die ich für ausgezeichnete Kommunisten halte, und der Mitarbeiter des Außenhandelskommissariats - sie konnten nicht kultiviert an die Sache herangehen.

Als ich zum erstenmal davon hörte, machte ich dem ZK schriftlich den Vorschlag: Meiner Meinung nach soll man alle - außer den Mitgliedern des Gesamtrussischen ZEK, die bekanntlich Immunität genießen -, alle aus den Moskauer Institutionen außer den Mitgliedern des Gesamtrussischen ZEK auf 6 Stunden, und aus dem Außenhandelskommissariat auf 36 Stunden in das schlechteste Moskauer Gefängnis stecken. Und nun hat sich herausgestellt, daß der Schuldige nicht gefunden worden ist. (H e i t e r k e i t .) In der Tat, aus dem, was ich erzählt habe, ist ganz offensichtlich, daß der Schuldige nicht gefunden werden kann. Es ist einfach die gewöhnliche Unfähigkeit des russischen Intellektuellen, eine Sache praktisch anzufassen - Begriffsstutzigkeit und Schlamperei. Erst mischt man sich ein und tut etwas, dann überlegt man, und wenn bei den Leuten nichts herauskommt, rennen sie zu Kamenew, um sich zu beklagen, und bringen die Sache vors Politbüro. Gewiß, vors Politbüro müssen alle schwierigen Staatsfragen gebracht werden - darauf werde ich noch zu sprechen kommen -, aber man soll zuerst überlegen und dann erst handeln. Trittst du auf, dann bemühe dich gefälligst, mit Dokumenten aufzutreten. Zuerst schicke ein Telegramm, es gibt auch noch Telefone in Moskau, rufe die entsprechenden Institutionen an, übergib Zjurupa eine Kopie, sage: Ich halte das Geschäft für eilig und werde die Leute wegen Verschleppung belangen. Über diese elementare Kultur muß man nachdenken und an die Sache mit Überlegung herangehen; läßt sich die Sache nicht sofort, in zwei Minuten, durch einen Anruf erledigen, so nimm die Dokumente, rüste dich mit ihnen aus und sage: „Wenn du den Amtsschimmel reitest, bringe ich dich ins Gefängnis." Aber nein, keine Spur von Überlegung, keine Vorbereitung; die übliche Geschäftigkeit, mehrere Kommissionen, alle sind müde, abgehetzt, krank, und die Sache kommt erst dann vom Fleck, wenn man Kamenew mit Krassin zusammenbringen kann. Das ist typisch. Und nicht etwa nur in der Hauptstadt Moskau beobachten wir das, sondern auch in anderen Hauptstädten, in den Hauptstädten aller unabhängigen Republiken und einzelnen Gebiete, und in kleineren Städten kommen solche Dinge ständig vor und sogar noch hundertmal schlimmere.

In unserem Kampf darf man nicht vergessen, daß den Kommunisten Überlegung not tut. Sie werden Ihnen ausgezeichnet vom revolutionären Kampf, vom Stand des revolutionären Kampfes in der ganzen Welt erzählen. Um aber aus der verzweifelten Not und Armut herauszukommen, dazu braucht man Überlegung, Kultur und Ordnungssinn - daran fehlt es ihnen. Wollte man den verantwortlichen Kommunisten vorwerfen, daß sie an die Sache nicht gewissenhaft herangehen, so wäre das falsch. In ihrer gewaltigen Mehrheit - zu 99 Prozent - sind sie nicht nur gewissenhaft, sondern haben auch ihre Ergebenheit für die Revolution unter den schwierigsten Verhältnissen sowohl vor dem Sturz des Zarismus als auch nach der Revolution unter Beweis gestellt und buchstäblich ihr Leben eingesetzt. Die Ursachen darin suchen zu wollen wäre grundfalsch. Was not tut, ist ein kultiviertes Herangehen an die einfachste Staatsangelegenheit, ist die Einsicht, daß das eine staatliche, eine geschäftliche Angelegenheit ist; wenn es Hindernisse gibt, so muß man es verstehen, sie zu beseitigen, und die Schuldigen wegen Bürokratismus vor Gericht stellen. Wir haben in Moskau ein proletarisches Gericht, und es muß diejenigen belangen, die schuld daran sind, wenn einige zehntausend Pud Konserven nicht gekauft werden. Ich denke, das proletarische Gericht weiß zu strafen, um aber strafen zu können, muß man die Schuldigen finden, ich garantiere Ihnen aber, daß man die Schuldigen nicht finden kann. Jeder von Ihnen kann Einblick nehmen in diese Sache – es gibt keine Schuldigen, dafür aber Wirrwarr, Durcheinander und Unverstand. Keiner versteht die Sache anzupacken, keiner begreift, daß man an eine Staatsangelegenheit nicht so, sondern anders herangehen muß. Und das ganze Weißgardistengesindel, die Saboteure machen sich das zunutze. Es hat bei uns eine Zeit des wütenden Kampfes gegen die Saboteure gegeben, und dieser Kampf steht auch heute auf der Tagesordnung; es stimmt natürlich, daß es Saboteure gibt, und man muß sie bekämpfen. Aber kann man gegen sie kämpfen, wenn die Lage so ist, wie ich geschildert habe? Das ist schädlicher als jede Sabotage, der Saboteur braucht ja nichts anderes, als zu sehen, daß zwei Kommunisten miteinander darüber streiten, in welchem Augenblick man sich um eine prinzipielle Direktive zum Ankauf von Lebensmitteln an das Politbüro wenden soll – und in diesen Spalt hineinzukriechen. Wenn sich ein halbwegs gescheiter Saboteur neben den einen oder den anderen Kommunisten oder neben beide der Reihe nach stellt und sie unterstützt, dann ist es aus. Die Sache ist für immer verloren. Und wer ist schuld? Niemand. Weil zwei Kommunisten, verantwortliche, ergebene Revolutionäre, um des Kaisers Bart streiten, um die Frage streiten, in welchem Augenblick man die Frage vor das Politbüro bringen soll, um eine prinzipielle Direktive zum Ankauf von Lebensmitteln zu erhalten.

So also steht die Frage, darin liegt die Schwierigkeit. Jeder beliebige Kommis, der die Schule eines kapitalistischen Großunternehmens durchgemacht hat, versteht so etwas zu machen, aber 99 von 100 verantwortlichen Kommunisten verstehen es nicht und wollen nicht einsehen, daß sie es nicht verstehen, daß sie ganz von vorn anfangen müssen zu lernen. Wenn wir das nicht begreifen und uns nicht von neuem hinsetzen, um von der Vorbereitungsklasse an zu lernen, so werden wir auf keinen Fall die ökonomische Aufgabe lösen, die jetzt die Grundlage der gesamten Politik bildet.

Das andere Beispiel, das ich anführen möchte, ist das Donezbecken. Sie wissen, daß es das Zentrum, die eigentliche Grundlage unserer ganzen Wirtschaft ist. Von irgendeiner Wiederherstellung der Großindustrie in Rußland, von irgendeinem wirklichen Aufbau des Sozialismus kann gar keine Rede sein – denn man kann den Sozialismus nicht anders als auf dem Wege über die Großindustrie aufbauen –, wenn wir das Donezbecken nicht wiederherstellen, es nicht auf die gebührende Höhe bringen. Im ZK haben wir unsere Aufmerksamkeit darauf gerichtet.

In bezug auf dieses Gebiet ging es nicht darum, daß eine unbedeutende kleine Frage unberechtigter-, lächerlicher-, unsinnigerweise vor das Politbüro gebracht wurde, sondern es ging um eine wichtige, absolut unaufschiebbare Angelegenheit.

Das ZK hat darauf zu achten, daß in solchen wichtigen Zentren, der Grundlage und dem Fundament unserer gesamten Wirtschaft, wirklich vernünftig gearbeitet wird, und dort standen an der Spitze der Zentralverwaltung der Steinkohlenindustrie nicht nur unzweifelhaft treu ergebene, sondern wirklich gebildete und außerordentlich fähige Leute, ja, ich dürfte mich wohl kaum täuschen, wenn ich sage: begabte Leute, und deshalb war die Aufmerksamkeit des ZK dorthin gerichtet. Die Ukraine ist eine unabhängige Republik, das ist sehr schön, aber in bezug auf die Partei schlägt sie manchmal - wie soll ich mich recht höflich ausdrücken? - eine Umgehungstaktik ein, und wir werden ihnen gelegentlich auf den Leib rücken müssen, denn dort sitzen schlaue Kerle, und das dortige ZK - ich will nicht sagen, daß es uns hintergeht, aber irgendwie hält es sich ein wenig abseits von uns. Um das Ganze zu überblicken, haben wir die Sache im hiesigen ZK untersucht und Reibungen und Meinungsverschiedenheiten festgestellt. Dort gibt es eine Kommission für die Ausbeutung der kleinen Gruben. Natürlich gibt es zwischen dieser Kommission und der Zentralverwaltung der Steinkohlenindustrie starke Reibungen. Aber wir, das ZK, haben immerhin eine gewisse Erfahrung, und wir beschlossen einstimmig, die führenden Kreise nicht zu entfernen; träten Reibungen auf, so sollten sie uns gemeldet werden, gegebenenfalls sogar mit allen Einzelheiten, denn wenn wir im dortigen Gebiet nicht nur ergebene, sondern auch fähige Leute haben, so muß man bestrebt sein, sie zu unterstützen, damit sie bis zu Ende lernen, sofern man annimmt, daß sie noch nicht ausgelernt haben. Das Ende vom Lied war, daß in der Ukraine ein Parteitag stattfand - ich weiß nicht, was dort herausgekommen ist, es ging ziemlich drunter und drüber. Ich erkundigte mich bei ukrainischen Genossen und bat Gen. Ordshonikidse speziell, auch das ZK beauftragte ihn, hinzufahren und festzustellen, was dort los war. Anscheinend gab es dort Intrigen und ein heilloses Durcheinander, und die Kommission für die Parteigeschichte wird sich selbst nach 10 Jahren nicht darin zurechtfinden, wenn sie sich damit befaßt. Faktisch kam es aber so, daß diese Gruppe, entgegen den einstimmigen Direktiven des ZK, durch eine andere Gruppe ersetzt wurde. Worum ging es hier? Im Grunde darum, daß ein Teil dieser Gruppe, ungeachtet all ihrer hohen Qualitäten, einen gewissen Fehler begangen hatte. Sie waren in die Lage von Leuten geraten, die zuviel administrierten. Wir haben es dort mit Arbeitern zu tun. Wenn man von „Arbeitern" spricht, so meint man sehr häufig, das bedeute Fabrikproletariat. Das bedeutet es durchaus nicht. Seit dem Krieg sind bei uns Leute in die Fabriken und Werke gegangen, die gar keine Proletarier sind, die vielmehr hineingingen, um sich vor dem Krieg zu drücken; und sind heute die gesellschaftlichen und ökonomischen Verhältnisse bei uns etwa derart, daß echte Proletarier in die Fabriken und Werke gehen? Das trifft nicht zu. Das ist richtig nach Marx, aber Marx hat nicht über Rußland geschrieben, sondern über den gesamten Kapitalismus als Ganzes, angefangen mit dem 15. Jahrhundert. Für den Zeitraum von sechshundert Jahren ist das richtig, aber für das Rußland von heute trifft es nicht zu. Sehr häufig sind diejenigen, die in die Fabriken gehen, nicht Proletarier, sondern allerlei zufällige Elemente.

Es verstehen, die Arbeit richtig zu organisieren, so zu organisieren, daß man nicht zurückbleibt, daß man vorkommende Reibungen rechtzeitig beseitigt und das Administrieren nicht von der Politik trennt - darin besteht die Aufgabe. Denn unsere Politik und unser Administrieren beruhen darauf, daß die ganze Vorhut mit der gesamten proletarischen Masse, mit der gesamten Bauernmasse verbunden ist. Wenn irgend jemand diese Rädchen vergißt, wenn er sich zum bloßen Administrieren hinreißen läßt, so wird die Sache schiefgehen. Der Fehler, den die Funktionäre des Donezbeckens begangen haben, ist im Vergleich zu anderen unserer Fehler verschwindend klein, doch ist das ein typisches Beispiel. Denn im ZK wurde einmütig die Forderung gestellt: „Laßt diese Gruppe auf ihrem Posten; bringt selbst kleine Konflikte vor das ZK, weil das Donezbecken nicht ein zufälliger Bezirk ist, sondern ein Bezirk, ohne den der sozialistische Aufbau nur ein frommer Wunsch bleibt" - aber unsere ganze politische Macht, die ganze Autorität des ZK erwiesen sich als unzureichend.

Diesmal lag der Fehler natürlich daran, daß zuviel administriert worden war; außerdem gab es noch eine Menge anderer Fehler.

Das diene Ihnen als Beispiel dafür, daß es bei dem ganzen Problem nicht um die politische Macht geht, sondern darum, daß man es verstehen muß, zu verwalten, daß man es verstehen muß, die

Menschen an ihren richtigen Platz zu stellen, daß man es verstehen muß, kleine Zusammenstöße zu vermeiden, damit die Wirtschaftsarbeit des Staates keine Unterbrechung erfährt. Daran fehlt es bei uns – und hier steckt der Fehler.

Ich glaube, wenn wir von unserer Revolution sprechen und die Geschicke der Revolution abwägen, müssen wir die Aufgaben der Revolution streng abtrennen, die restlos gelöst sind und die als etwas völlig Unverrückbares in die Geschichte der welthistorischen Abkehr vom Kapitalismus eingegangen sind. Unsere Revolution hat solche Leistungen aufzuweisen. Die Menschewiki und Otto Bauer – der Vertreter der zweieinhalbten Internationale – mögen zwar schreien: „Bei denen dort handelt es sich um eine bürgerliche Revolution", wir aber sagen, daß es unsere Aufgabe ist, die bürgerliche Revolution zu Ende zu führen. Wie sich eine weißgardistische Publikation ausgedrückt hat: 400 Jahre lang hat man in unseren staatlichen Institutionen Mist angesammelt. Wir aber haben diesen Mist in vier Jahren weggeräumt – das ist unser großes Verdienst. Was aber haben die Menschewiki und Sozialrevolutionäre getan? Nichts. Nicht bei uns und nicht einmal in dem fortgeschrittenen, aufgeklärten Deutschland, nicht einmal dort können sie den mittelalterlichen Mist wegräumen. Und unser großes Verdienst machen sie uns zum Vorwurf. Daß wir die Sache der Revolution zu Ende geführt haben – das ist unser unvergängliches Verdienst.

Jetzt riecht es nach Krieg. Die Arbeiterverbände, wie zum Beispiel die reformistischen Gewerkschaften, nehmen Resolutionen gegen den Krieg an und drohen mit dem Streik gegen den Krieg. Vor kurzem, wenn ich nicht irre, las ich ein Zeitungstelegramm, daß in der französischen Deputiertenkammer ein prachtvoller Kommunist eine Rede gegen den Krieg gehalten und erklärt hat, die Arbeiterschaft werde den Aufstand dem Krieg vorziehen. Man kann die Frage nicht so stellen, wie wir sie 1912 gestellt haben, als das Basler Manifest veröffentlicht wurde. Erst die russische Revolution hat gezeigt, wie man aus dem Krieg ausscheiden kann und welche Mühe das kostet, was es bedeutet, aus einem reaktionären Krieg auf revolutionärem Wege auszuscheiden. Reaktionäre imperialistische Kriege sind an allen Ecken und Enden der Welt unausbleiblich. Und daß damals Millionen und aber Millionen niedergemetzelt worden sind und jetzt abermals niedergemetzelt werden sollen, das kann die Menschheit bei der Entscheidung aller derartigen Fragen nicht vergessen und wird sie nicht vergessen. Wir leben ja im 20. Jahrhundert, und das einzige Volk, das aus dem reaktionären Krieg auf revolutionärem Wege ausgeschieden ist, nicht zum Nutzen dieser oder jener Regierung, sondern im Kampf gegen sie – das ist das russische Volk, und es war die russische Revolution, die es aus dem Krieg herausgeführt hat. Und was die russische Revolution errungen hat, ist unzerstörbar. Das kann keine Macht der Welt rückgängig machen, ebenso wie keine Macht rückgängig machen kann, was mit dem Sowjetstaat geschaffen worden ist. Das ist ein welthistorischer Sieg. Jahrhundertelang waren die Staaten nach bürgerlichem Typus aufgebaut, und zum erstenmal ist nun die Form eines nichtbürgerlichen Staates gefunden worden. Vielleicht ist unser Apparat schlecht, aber man sagt, die erste Dampfmaschine, die erfunden wurde, sei auch schlecht gewesen, und es ist sogar fraglich, ob sie funktioniert hat. Doch nicht darauf kommt es an, sondern darauf, daß die Erfindung gemacht worden ist. Mag die erste Dampfmaschine ihrer Form nach auch nichts getaugt haben, so haben wir doch heute die Lokomotive. Mag unser Staatsapparat noch so miserabel sein, so ist er doch geschaffen, die große geschichtliche Erfindung ist gemacht, ein Staat von proletarischem Typus ist geschaffen – und darum mag ganz Europa, mögen Tausende von bürgerlichen Zeitungen erzählen, was für Mißstände und welches Elend bei uns herrschen, daß das werktätige Volk nichts als Qualen durchzumachen hat – dennoch fühlen sich in der ganzen Welt alle Arbeiter zum Sowjetstaat hingezogen. Das sind die großen Errungenschaften, die wir erzielt haben und die unverrückbar sind. Doch für uns, die Vertreter der Kommunistischen Partei, bedeutet das nur, daß die

Tür aufgemacht ist. Wir stehen jetzt vor der Aufgabe, das Fundament der sozialistischen Wirtschaft zu errichten. Ist das vollbracht? Nein, es ist nicht vollbracht. Wir haben noch kein sozialistisches Fundament. Die Kommunisten, die sich einbilden, das Fundament sei schon vorhanden, machen einen ganz großen Fehler. Die Hauptsache ist jetzt, daß wir das, was bei uns das welthistorische Verdienst der russischen Revolution ausmacht, sicher, klar und nüchtern von dem trennen, was wir im höchsten Grade schlecht ausführen, was noch nicht geschaffen ist und was wir noch viele Male umarbeiten müssen.

Die politischen Ereignisse sind stets sehr verworren und kompliziert. Man kann sie mit einer Kette vergleichen. Will man die ganze Kette festhalten, so muß man das Hauptkettenglied packen. Man kann sich nicht künstlich das Kettenglied auswählen, das man packen will. Was war im Jahre 1917 der Angelpunkt? Das Ausscheiden aus dem Krieg, wonach das ganze Volk verlangte, und dahinter trat alles andere zurück. Das revolutionäre Rußland brachte es fertig, aus dem Krieg auszuscheiden. Es kostete große Anstrengungen, doch dafür wurde dem Hauptbedürfnis des Volkes Rechnung getragen, und das brachte uns den Sieg für viele Jahre. Das Volk spürte, der Bauer sah, jeder von der Front heimkehrende Soldat begriff ausgezeichnet, daß er in der Sowjetmacht eine demokratischere, eine den Werktätigen näherstehende Staatsmacht erhält. So viele Dummheiten und Ungereimtheiten wir uns auch auf anderen Gebieten leisten mochten, da wir diese Hauptaufgabe gelöst hatten, war alles im Lot.

Was war in den Jahren 1919 und 1920 der Angelpunkt? Der militärische Widerstand. Gegen uns marschierte, uns würgte die Weltmacht der Entente – und es bedurfte keiner Propaganda, jeder parteilose Bauer merkte, was los ist. Der Gutsbesitzer kommt. Die Kommunisten verstehen, gegen ihn zu kämpfen. Deshalb waren die Bauern in ihrer Masse für die Kommunisten, und deshalb siegten wir.

Im Jahre 1921 war der Angelpunkt der geordnete Rückzug. Und dazu bedurfte es strengster Disziplin. Die „Arbeiteropposition" sagte: „Ihr unterschätzt die Arbeiter, die Arbeiter müssen mehr Initiative an den Tag legen." Die Initiative, sagten wir, muß darin bestehen, den Rückzug geordnet durchzuführen und strengste Disziplin zu halten. Wer die geringste Panikstimmung hineinträgt oder die Disziplin bricht, würde die Revolution zugrunde richten, weil es nichts Schwierigeres gibt als einen Rückzug mit Menschen, die gewohnt sind, Eroberungen zu machen, die von revolutionären Anschauungen und Idealen durchdrungen sind und im Grunde ihrer Seele jeden Rückzug für etwas Schändliches halten. Die Hauptgefahr besteht darin, daß die Ordnung gestört werden könnte, und die Hauptaufgabe darin, die Ordnung zu wahren.

Und was ist heute der Angelpunkt? Dieser Angelpunkt liegt - darauf wollte ich eben in meinem Referat hinführen und dahingehend möchte ich es zusammenfassen - nicht in der Politik, im Sinne eines Richtungswechsels. Darüber wird im Zusammenhang mit der NÖP maßlos viel geredet. Das alles wird ins Blaue hineingeredet. Das ist höchst schädliches Geschwätz. Im Zusammenhang mit der NÖP beginnt man bei uns geschäftig zu werden, Institutionen umzustellen, neue Institutionen zu gründen. Das ist höchst schädliches Geschwätz. Wir sind an einem Punkt angelangt, wo es hauptsächlich auf die Menschen, auf die Auswahl der Menschen ankommt. Das zu begreifen fällt einem Revolutionär schwer, der gewohnt ist, gegen Kleinigkeitskrämerei, gegen Kulturgeckentum anzukämpfen, der statt der Umgestaltung der Institutionen die Rolle der Persönlichkeit in den Vordergrund gerückt hat. Aber wir sind jetzt in einer Lage, die man politisch nüchtern beurteilen muß - wir sind so weit vorgerückt, daß wir nicht alle Stellungen halten können und halten dürfen.

In internationaler Hinsicht ist die Besserung unserer Lage in diesen letzten Jahren gigantisch. Den Sowjettypus des Staates haben wir erkämpft, das ist ein Fortschritt der ganzen Menschheit, und die Kommunistische Internationale liefert uns durch Meldungen aus jedem beliebigen Land täglich die Bestätigung dafür. Darüber besteht bei niemand auch nur der geringste Zweifel. Aber im Sinne der praktischen Arbeit steht die Sache so, daß die Bauernschaft die Kommunisten nicht unterstützen wird, wenn diese nicht imstande sein sollten, ihr praktische Hilfe zu erweisen. Im Mittelpunkt der Aufmerksamkeit steht nicht, daß man Gesetze macht, bessere Dekrete erläßt usw. Es gab bei uns eine Zeit, da Dekrete als eine Form der Propaganda dienten. Man spottete über uns, man sagte, die Bolschewiki verstünden nicht, daß ihre Dekrete nicht durchgeführt werden; die ganze weißgardistische Presse war voll von Spötteleien darüber, aber diese Periode war berechtigt, als die Bolschewiki die Macht ergriffen und dem einfachen Bauern, dem einfachen Arbeiter erklärten: So möchten wir den Staat verwaltet haben, hier habt ihr ein Dekret, probiert es aus. Wir übermittelten dem einfachen Arbeiter und Bauern unsere Vorstellungen von der Politik sogleich in Form von Dekreten. Dadurch gewannen wir das gewaltige Vertrauen, das wir unter den Volksmassen besaßen und besitzen. Das war eine Zeit, eine Periode, die am Anfang der Revolution notwendig war, sonst hätten wir uns nicht an die Spitze der revolutionären Welle stellen können, sondern wären ins Hintertreffen geraten. Sonst hätten wir nicht das Vertrauen aller Arbeiter und Bauern gewonnen, die ein Leben auf neuen Grundlagen aufbauen wollten. Doch diese Periode ist vorbei, wir aber wollen das nicht begreifen. Heute werden die Bauern und Arbeiter lachen, wenn man vorschreiben wollte, die und die Institution zu errichten bzw. umzugestalten. Heute wird sich der einfache Arbeiter und Bauer dafür nicht interessieren, und sie haben recht, denn hier liegt der Schwerpunkt nicht. Du, Kommunist, darfst jetzt dem Volk nicht damit kommen. Obwohl wir, die wir in den staatlichen Institutionen sitzen, stets mit solchem Kleinkram überhäuft sind, ist es nicht dieses Kettenglied, das es zu ergreifen gilt, nicht das ist der Angelpunkt, der Angelpunkt ist vielmehr, daß die Menschen nicht an den richtigen Platz gestellt sind, daß ein verantwortlicher Kommunist, der die ganze Revolution glänzend durchlaufen hat, mit einem Handels- und Industrieposten betraut ist, von dem er nichts versteht und wo er uns hindert, die Wahrheit zu sehen, weil sich hinter seinem Rücken Geschäftemacher und Gauner ausgezeichnet zu verstecken wissen. Es handelt sich darum, daß es bei uns keine praktische Kontrolle darüber gibt, was durchgeführt worden ist. Das ist eine prosaische, eine kleine Aufgabe, das ist Kleinarbeit, aber wir leben nach der größten politischen Umwälzung unter solchen Verhältnissen, daß wir eine Zeitlang inmitten der kapitalistischen Wirtschaftsform existieren müssen, und der Angelpunkt der ganzen Lage liegt nicht in der Politik im engeren Sinne des Wortes (was in den Zeitungen geredet wird, ist politisches Wortgeprassel, und daran ist nichts Sozialistisches), der Angelpunkt der ganzen Lage liegt nicht in Resolutionen, nicht in Institutionen, nicht in Umorganisierung. Soweit diese Dinge für uns notwendig sind, werden wir das machen, aber kommt dem Volk nicht damit, sucht lieber die nötigen Leute aus und kontrolliert die praktische Durchführung - das wird das Volk zu schätzen wissen.

In der Volksmasse sind wir immerhin nur ein Tropfen im Meer, und wir können nur dann regieren, wenn wir richtig zum Ausdruck bringen, was das Volk erkennt. Andernfalls wird die Kommunistische Partei nicht das Proletariat führen und das Proletariat nicht die Massen führen, und die ganze Maschinerie wird zerfallen. Heute sehen das Volk und die gesamten werktätigen Massen das Wesentliche für sich nur darin, daß man der verzweifelten Notlage und dem Hunger praktisch abhilft und zeigt, daß wirklich eine Besserung eintritt, die der Bauer nötig hat, die dem entspricht, was er gewöhnt ist. Der Bauer kennt den Markt, er kennt den Handel. Die direkte kommunistische Verteilung haben wir nicht einführen können. Dazu mangelte es an Fabriken und an deren Ausrüstungen. Wir müssen also durch den Handel liefern, aber nicht schlechter liefern, als es der Kapitalist getan hat, sonst kann das Volk eine solche Regierung nicht ertragen. Das ist der Angelpunkt in der jetzigen Lage. Und wenn nichts Überraschendes eintritt, dann muß das zum Angelpunkt unserer ganzen Arbeit für 1922 werden – unter drei Bedingungen.

Erstens unter der Bedingung, daß es keine Intervention geben wird. Wir tun durch unsere Diplomatie alles, um sie zu vermeiden, nichtsdestoweniger ist sie jeden Tag möglich. Wir müssen wirklich auf der Hut sein und müssen zugunsten der Roten Armee gewisse schwere Opfer bringen, wobei wir natürlich das Ausmaß dieser Opfer streng festlegen. Uns steht die ganze Welt der Bourgeoisie gegenüber, die nur nach einer Form sucht, uns zu erwürgen. Unsere Menschewiki und Sozialrevolutionäre sind nichts anderes als Agenten dieser Bourgeoisie. Das ist ihre politische Stellung.

Die zweite Bedingung: wenn die Finanzkrise nicht allzu heftig sein wird. Sie ist im Anzug. Sie werden darüber beim Punkt über die Finanzpolitik hören. Wenn sie allzu heftig und schwer wird, so werden wir vieles wieder umstellen und alle Kräfte auf diese eine Aufgabe werfen müssen. Wenn die Krise nicht allzu schwer wird, so kann sie sogar nützlich sein: sie wird unter den Kommunisten in allen möglichen staatlichen Trusts etwas aufräumen. Man darf nur nicht vergessen, das zu tun. Die Finanzkrise rüttelt Institutionen und Betriebe durch, und in erster Linie platzen die untauglichen unter ihnen. Man muß nur darauf achten, daß nicht alle Schuld auf die Spezialisten abgewälzt wird, während man von den verantwortlichen Kommunisten sagt, sie seien sehr gut, hätten an den Fronten gekämpft und immer gut gearbeitet. Wenn also die Finanzkrise nicht übermäßig schwer sein sollte, wird man aus ihr Nutzen ziehen und ein wenig säubern können, nicht so, wie es die Zentrale Kontrollkommission oder die Zentrale Überprüfungskommission[77] tun,

77 Die *Zentrale Überprüfungskommission* – Zentrale Kommission zur Überprüfung des Mitgliederbestandes der Partei – wurde am 25. Juni 1921 vom ZK der

sondern man wird alle verantwortlichen Kommunisten in den Wirtschaftsinstitutionen gründlich durchkämmen.

Und die dritte Bedingung ist, daß während dieser Zeit keine politischen Fehler gemacht werden. Wenn wir politische Fehler machen, dann wird natürlich der ganze wirtschaftliche Aufbau untergraben werden, dann werden wir uns mit Diskussionen über Berichtigung und Ausrichtung zu beschäftigen haben. Wenn aber solche leidigen Fehler nicht vorkommen, dann werden in der nächsten Zukunft nicht Dekrete und nicht die Politik im engeren Sinne des Wortes, nicht Institutionen und nicht deren Organisation den Angelpunkt bilden - damit wird man sich, soweit das notwendig ist, in den Kreisen der verantwortlichen Kommunisten und in den Sowjetinstitutionen befassen -, sondern der Angelpunkt der gesamten Arbeit wird in der Auswahl der Menschen und in der Kontrolle der Durchführung liegen. Wenn wir in dieser Hinsicht praktisch lernen, praktischen Nutzen bringen, dann werden wir wieder alle Schwierigkeiten überwinden.

Zum Schluß muß ich noch die praktische Seite der Frage unserer Sowjetorgane, der höchsten Institutionen, und des Verhältnisses der Partei zu ihnen berühren. Es hat sich bei uns ein unrichtiges Verhältnis zwischen der Partei und den Sowjetinstitutionen herausgebildet, und diesbezüglich herrscht bei uns volle Einmütigkeit. Ich habe an einem Beispiel gezeigt, wie man eine konkrete kleine Angelegenheit schon vor das Politbüro bringt. Formal ist es sehr schwer, sich davon frei zu machen, weil bei uns eine einzige Regierungspartei am Ruder ist und man einem Parteimitglied nicht verbieten kann, Beschwerde zu führen. Deshalb wird aus dem Rat der Volkskommissare alles vor das Politbüro geschleppt. Ein Großteil der Schuld trifft hier auch mich, weil die Verbindung zwischen dem Rat der Volkskommissare und dem Politbüro weitgehend von mir

KPR(B) gebildet, um die Durchführung der Parteireinigung entsprechend dem Beschluß des X. Parteitags der KPR(B) zu leiten.

persönlich aufrechterhalten wurde. Und als ich ausscheiden mußte, stellte sich heraus, daß die zwei Räder nicht sofort ineinandergreifen, und Kamenew hatte eine dreifache Arbeitslast zu tragen, um diese Verbindungen aufrechtzuerhalten.

Was die grundlegenden Direktiven betrifft, so besteht hierüber im ZK volle Einmütigkeit, und ich hoffe, daß der Parteitag dieser Frage große Aufmerksamkeit zuwenden und die Direktiven in dem Sinne bestätigen wird, daß man das Politbüro und das ZK von Kleinkram befreien und die Arbeit der verantwortlichen Funktionäre auf eine höhere Stufe heben muß. Die Volkskommissare müssen für ihre Arbeit die Verantwortung tragen, anstatt daß sie zuerst in den Rat der Volkskommissare und dann ins Politbüro laufen. Formal können wir das Recht der Beschwerde beim ZK nicht aufheben, weil unsere Partei die einzige Regierungspartei ist. Hier muß man jedwede Anrufung wegen Kleinigkeiten unterbinden, dafür aber muß man die Autorität des Rats der Volkskommissare dergestalt heben, daß mehr die Volkskommissare mitarbeiten und nicht ihre Stellvertreter; man muß den Charakter der Arbeit des Rats der Volkskommissare in der Richtung ändern, in der ich es im letzten Jahr nicht zu tun vermocht habe: weitaus mehr Aufmerksamkeit darauf richten, daß auf die Kontrolle der Durchführung geachtet wird.

Im Zusammenhang damit muß man darauf achten, daß die Kommissionen des Rats der Volkskommissare und des Rats für Arbeit und Verteidigung eingeschränkt werden, damit sie ihre eigenen Angelegenheiten kennen und entscheiden und ihre Kräfte nicht auf eine endlose Zahl von Kommissionen verzetteln. Dieser Tage wurde eine Überprüfung der Kommissionen vorgenommen. Man zählte 120 Kommissionen. Und wie viele erwiesen sich als nötig? 16 Kommissionen. Und das ist nicht die erste Überprüfung. Statt sich für seine Arbeit verantwortlich zu fühlen, im Rat der Volkskommissare einen Beschluß zu fassen und zu wissen, daß man dafür Rede und Antwort stehen wird, versteckt man sich hinter

Kommissionen. In den Kommissionen findet sich selbst der Teufel nicht zurecht, niemand kennt sich aus, wer verantwortlich ist; alles ist durcheinandergewürfelt, und schließlich wird ein Beschluß gefaßt, für den alle verantwortlich sind.

In diesem Zusammenhang muß darauf hingewiesen werden, daß es notwendig ist, die Autonomie und die Tätigkeit der Gebietswirtschaftsräte zu erweitern und zu entfalten. Die Einteilung Rußlands in Gebiete ist jetzt bei uns nach wissenschaftlichen Grundsätzen vorgenommen worden, unter Berücksichtigung der wirtschaftlichen und klimatischen Bedingungen, der Lebensweise der Bevölkerung, der Bedingungen für die Brennstoffversorgung, für die örtliche Industrie usw. Auf Grund dieser Einteilung sind Wirtschaftsräte der Bezirke und Gebiete geschaffen worden. Natürlich wird es teilweise Korrekturen geben, aber man muß die Autorität dieser Wirtschaftsräte heben.

Ferner muß erreicht werden, daß das Gesamtrussische ZEK energischer arbeitet und regelmäßig zu Tagungen zusammentritt, die von längerer Dauer sein müssen. Die Tagungen sollen die Gesetzentwürfe beraten, die manchmal in aller Eile im Rat der Volkskommissare eingebracht werden, ohne daß es unbedingt notwendig wäre. Es ist besser, damit zu warten und den örtlichen Funktionären Zeit zu sorgfältiger Überlegung zu geben und strengere Anforderungen an die Verfasser der Gesetze zu stellen, was bei uns nicht geschieht.

Wenn die Tagungen des Gesamtrussischen ZEK erst länger dauern, dann werden sie sich in Sektionen und Unterkommissionen aufteilen und die Arbeit strenger kontrollieren können, um das durchzusetzen, was meines Erachtens den Angelpunkt, den Kernpunkt der gegenwärtigen politischen Lage bildet: das Schwergewicht auf die Auswahl der Menschen, auf die Kontrolle der tatsächlichen Durchführung verlegen.

Man muß einsehen und darf sich dieser Einsicht nicht verschließen, daß die verantwortlichen Kommunisten in 99 von 100 Fällen nicht an den Platz gestellt sind, für den sie sich jetzt eignen, daß sie ihre Arbeit nicht leisten können und jetzt lernen müssen. Wenn das als richtig erkannt wird und da wir dazu vollauf die Möglichkeit haben – und nach der allgemeinen internationalen Lage zu urteilen, reicht uns die Zeit, um erfolgreich zu lernen –, dann muß das getan werden, koste es, was es wolle. (Stürmischer Beifall.)

NOTIZ FÜR DAS POLITBÜRO ÜBER DEN KAMPF GEGEN DEN GROSSMACHTCHAUVINISMUS[78]

Dem großrussischen Chauvinismus erkläre ich den Kampf auf Leben und Tod. Sobald ich erst den verfluchten Zahn los bin, werde ich mich mit allen gesunden Zähnen auf ihn stürzen.

Man muß *unbedingt* darauf bestehen, daß im Zentralexekutivkomitee der Union der Reihe nach
ein Russe
ein Ukrainer
ein Georgier **usw.**
den Vorsitz führt.
Unbedingt!

Ihr *Lenin*

Geschrieben am 6. Oktober 1922.
Zuerst veröffentlicht
am 21. Januar 1937
in der „Prawda" Nr. 21.

Nach dem
Manuskript.

---

78 Die „*Notiz für das Politbüro über den Kampf gegen den Großmachtchauvinismus*" wurde anläßlich der Beratung über die Bildung einer Union der Sozialistischen Sowjetrepubliken auf dem Oktoberplenum des ZK der KPR(B) geschrieben, an dem Lenin krankheitshalber nicht teilnehmen konnte. In einem Brief an die Mitglieder des Politbüros vom 27. September 1922 hatte Lenin betont, daß die Vereinigung der Republiken von größter Wichtigkeit sei und daß dieser Bund auf den Prinzipien der Freiwilligkeit und der vollen Gleichberechtigung der Republiken fußen müsse. W. I. Lenins Hinweise wurden dem vom Plenum angenommenen Entwurf der Resolution über die Vereinigung der Sowjetrepubliken zugrunde gelegt. Zur Leitung der Arbeit für den Zusammenschluß der Sowjetrepubliken zu einem einheitlichen Bundesstaat bildete das Plenum des ZK eine Kommission. Das am 18. Dezember 1922 tagende Plenum des ZK erörterte den Vertragsentwurf über die Bildung der Union der Sozialistischen Sowjetrepubliken. In den Vertrag wurde Lenins Vorschlag aufgenommen, entsprechend der Anzahl der Unionsrepubliken (Russische Sozialistische Föderative Sowjetrepublik, Ukrainische Sozialistische Sowjetrepublik, Belorussische Sozialistische Sowjetrepublik und Transkaukasische Sozialistische Föderative Sowjetrepublik - Georgien, Aserbaidshan und Armenien) vier Vorsitzende des Zentralexekutivkomitees der Union zu wählen, um die volle Gleichberechtigung der sich vereinigenden Völker bei der Errichtung des Bundesstaates zu sichern.

I

BRIEF AN DEN PARTEITAG

Ich würde sehr empfehlen, auf diesem Parteitag eine Reihe von Änderungen in unserer politischen Struktur vorzunehmen.

Ich möchte Ihnen die Erwägungen mitteilen, die ich für die wichtigsten halte.

In erster Linie rate ich, die Zahl der Mitglieder des ZK auf einige Dutzend oder sogar auf hundert zu erhöhen. Mir scheint, unserem Zentralkomitee würden, falls wir eine solche Reform nicht vornehmen, große Gefahren drohen, wenn sich der Gang der Ereignisse nicht ganz günstig für uns gestaltet (damit müssen wir aber rechnen).

Sodann möchte ich der Aufmerksamkeit des Parteitags empfehlen, den Beschlüssen der Staatlichen Plankommission unter bestimmten Voraussetzungen gesetzgeberischen Charakter zu verleihen, diesbezüglich also Gen. Trotzki bis zu einem gewissen Grad und unter gewissen Bedingungen entgegenzukommen.

Was den ersten Punkt betrifft, d. h. die Erhöhung der Zahl der Mitglieder des ZK, so glaube ich, daß das nötig ist, sowohl um die Autorität des ZK zu heben als auch um ernsthaft an der Verbesserung unseres Apparats zu arbeiten und um zu verhindern, daß Konflikte kleiner Teile des ZK eine übermäßig große Bedeutung für das ganze Schicksal der Partei erlangen könnten.

Ich glaube, daß unsere Partei das Recht hat, von der Arbeiterklasse 50–100 Mitglieder des ZK zu verlangen, und daß sie diese von ihr ohne übermäßige Anspannung ihrer Kräfte erhalten kann.

Eine solche Reform würde unsere Partei erheblich festigen und ihren Kampf erleichtern, den sie inmitten feindlicher Staaten zu führen hat, und der sich meiner Meinung nach in den nächsten Jahren stark zuspitzen kann und muß. Mir scheint, daß unsere Partei durch eine solche Maßnahme tausendfach an Stabilität gewinnen würde.

Lenin

23. XII. 1922
Niederschrift: M. W.

II

Fortsetzung der Aufzeichnungen.

24. Dezember 1922

Unter der Stabilität des Zentralkomitees, von der ich oben gesprochen habe, verstehe ich Maßnahmen gegen eine Spaltung, insoweit solche Maßnahmen überhaupt getroffen werden können. Denn der Weißgardist in der „Russkaja Mysl" (ich glaube, es war S. F. Oldenburg[79]) hatte natürlich recht, als er erstens seine Hoffnungen in dem Spiel dieser Leute gegen Sowjetrußland auf eine Spaltung unserer Partei setzte und als er zweitens seine Hoffnungen hinsichtlich dieser Spaltung auf sehr ernste Meinungsverschiedenheiten in der Partei setzte.

Unsere Partei stützt sich auf zwei Klassen, und deshalb ist ihre Instabilität möglich und ihr Sturz unvermeidlich, wenn es dahin käme, daß zwischen diesen beiden Klassen kein Einvernehmen erzielt werden könnte. Es ist zwecklos, für diesen Fall diese oder jene Maßnahme zu treffen und überhaupt von der Stabilität unseres ZK zu sprechen. Keinerlei Maßnahmen werden in diesem Fall eine Spaltung verhindern können. Ich hoffe jedoch, das liegt in allzu fer-

79 Der politische Beobachter der im Jahre 1922 in Prag erscheinenden weißgardistischen Zeitschrift Peter Struves „Russkaja Mysl" war nicht S. F. Oldenburg (wie im Brief gesagt wird), sondern S. S. Oldenburg.
S. F. Oldenburg ist der bekannte russische Gelehrte und Orientalist, der 1922 ständiger Sekretär der Akademie der Wissenschaften war.

ner Zukunft und ist ein allzu unwahrscheinliches Ereignis, als daß man darüber sprechen müßte.

Ich meine mit Stabilität die Garantie vor einer Spaltung in allernächster Zeit und beabsichtige, hier eine Reihe von Erwägungen rein persönlicher Natur anzustellen.

Ich denke, ausschlaggebend sind in der Frage der Stabilität unter diesem Gesichtspunkt solche Mitglieder des ZK wie Stalin und Trotzki. Die Beziehungen zwischen ihnen stellen meines Erachtens die größere Hälfte der Gefahr jener Spaltung dar, die vermieden werden könnte und zu deren Vermeidung meiner Meinung nach unter anderem die Erhöhung der Zahl der Mitglieder des ZK auf 50, auf 100 Personen dienen soll.

Gen. Stalin hat, nachdem er Generalsekretär geworden ist, eine unermeßliche Macht in seinen Händen konzentriert, und ich bin nicht überzeugt, daß er es immer verstehen wird, von dieser Macht vorsichtig genug Gebrauch zu machen. Anderseits zeichnet sich Gen. Trotzki, wie schon sein Kampf gegen das ZK in der Frage des Volkskommissariats für Verkehrswesen bewiesen hat, nicht nur durch hervorragende Fähigkeiten aus. Persönlich ist er wohl der fähigste Mann im gegenwärtigen ZK, aber auch ein Mensch, der ein Übermaß von Selbstbewußtsein und eine übermäßige Vorliebe für rein administrative Maßnahmen hat.

Diese zwei Eigenschaften zweier hervorragender Führer des gegenwärtigen ZK können unbeabsichtigt zu einer Spaltung führen, und wenn unsere Partei nicht Maßnahmen ergreift, um das zu verhindern, so kann die Spaltung überraschend kommen.

Ich will die persönlichen Eigenschaften der anderen Mitglieder des ZK nicht weiter charakterisieren. Ich erinnere nur daran, daß die Episode mit Sinowjew und Kamenew im Oktober[80] natürlich kein

80 Gemeint ist das kapitulantenhafte Verhalten Sinowjews und Kamenews in den Sitzungen des ZK der Partei am 10. (23.) und 16. (29.) Oktober 1917, als sie gegen Lenins Resolution über die sofortige Vorbereitung des bewaffneten Aufstands auftraten und dagegen stimmten. Nachdem Kamenew und

Zufall war, daß man sie ihm* aber ebensowenig als persönliche Schuld anrechnen kann wie Trotzki den Nichtbolschewismus.

Was die jungen Mitglieder des ZK betrifft, so möchte ich einige Worte über Bucharin und Pjatakow sagen. Das sind meines Erachtens die hervorragendsten Kräfte (unter den jüngsten Kräften), und ihnen gegenüber sollte man folgendes im Auge haben: Bucharin ist nicht nur ein überaus wertvoller und bedeutender Theoretiker der Partei, er gilt auch mit Recht als Liebling der ganzen Partei, aber seine theoretischen Anschauungen können nur mit sehr großen Bedenken zu den völlig marxistischen gerechnet werden, denn in ihm steckt etwas Scholastisches (er hat die Dialektik nie studiert und, glaube ich, nie vollständig begriffen).

25. XII. Nun zu Pjatakow. Er ist zweifellos ein Mensch mit großer Willenskraft und glänzenden Fähigkeiten, der jedoch einen allzu starken Hang für das Administrieren und für administrative Maßnahmen hat, als daß man sich in einer ernsten politischen Frage auf ihn verlassen könnte.

Natürlich mache ich die eine wie die andere Bemerkung nur für die Gegenwart und für den Fall, daß diese beiden hervorragenden und ergebenen Funktionäre keine Gelegenheit finden sollten, ihr Wissen zu erweitern und ihre Einseitigkeit zu überwinden.

Lenin

25. XII. 1922

Niederschrift: M. W.

Sinowjew in beiden Sitzungen entschieden zurückgewiesen worden waren, veröffentlichten sie am 18. Oktober in der menschewistischen Zeitung „Nowaja Shisn" eine Erklärung des Inhalts, daß die Bolschewiki den Aufstand vorbereiten, daß sie beide aber den Aufstand für ein Abenteuer halten. Damit verrieten sie den streng geheimen Beschluß des ZK über die unmittelbare Organisierung des Aufstands an Rodsjanko und Kerenski. Am gleichen Tag verurteilte W. I. Lenin in dem „Brief an die Mitglieder der Partei der Bolschewiki" diese Handlungsweise und bezeichnete sie als unerhörtes Streikbrechertum. (Siehe *Werke*, Bd. 26, S. 204-207.)

* Offenbar ein Schreibfehler: statt „ihm" muß es sinngemäß „ihnen" heißen. *Die Red.*

ERGÄNZUNG ZUM BRIEF VOM 24. DEZEMBER 1922

Stalin ist zu grob, und dieser Mangel, der in unserer Mitte und im Verkehr zwischen uns Kommunisten durchaus erträglich ist, kann in der Funktion des Generalsekretärs nicht geduldet werden. Deshalb schlage ich den Genossen vor, sich zu überlegen, wie man Stalin ablösen könnte, und jemand anderen an diese Stelle zu setzen, der sich in jeder Hinsicht von Gen. Stalin nur durch einen Vorzug unterscheidet, nämlich dadurch, daß er toleranter, loyaler, höflicher und den Genossen gegenüber aufmerksamer, weniger launenhaft usw. ist. Es könnte so scheinen, als sei dieser Umstand eine winzige Kleinigkeit. Ich glaube jedoch, unter dem Gesichtspunkt der Vermeidung einer Spaltung und unter dem Gesichtspunkt der von mir oben geschilderten Beziehungen zwischen Stalin und Trotzki ist das keine Kleinigkeit, oder eine solche Kleinigkeit, die entscheidende Bedeutung erlangen kann.

Lenin

Niederschrift: L. F.
4. Januar 1923

III

Fortsetzung der Aufzeichnungen.
26. Dezember 1922

Die Erhöhung der Zahl der Mitglieder des ZK auf 50 oder sogar 100 Personen soll meines Erachtens einem doppelten oder sogar dreifachen Ziel dienen: Je mehr Mitglieder dem ZK angehören, desto mehr Genossen werden in der ZK-Arbeit geschult und desto geringer wird die Gefahr einer Spaltung auf Grund irgendeiner Unvorsichtigkeit sein. Die Einbeziehung vieler Arbeiter in das ZK wird den Arbeitern helfen, unseren Apparat zu verbessern, der unter aller Kritik ist. Im Grunde genommen wurde er uns vom alten Regime hinterlassen, denn es war völlig unmöglich, ihn in so kurzer Zeit, besonders während des Krieges, der Hungersnot usw. umzugestalten. Daher kann man den „Kritikern", die uns spöttisch oder boshaft mit Hinweisen auf die Defekte unseres Apparates aufwarten, ruhig antworten, daß diese Leute die Bedingungen der gegenwärtigen Revolution absolut nicht begreifen. Den Apparat in einem Jahrfünft hinreichend umzugestalten ist überhaupt unmöglich, besonders unter den Bedingungen, unter denen sich die Revolution bei uns vollzogen hat. Es genügt, daß wir in fünf Jahren einen Staat von neuem Typus geschaffen haben, in dem die Arbeiter, gefolgt von den Bauern, gegen die Bourgeoisie vorgehen, auch das ist angesichts der feindlichen internationalen Umgebung eine gigantische Leistung. Aber dieses Bewußtsein darf uns den Blick nicht dafür trüben, daß wir im Grunde den alten Apparat vom Zaren und von der Bourgeoisie übernommen haben und daß jetzt, nachdem der Frieden gekommen und der minimale Bedarf zur Stillung des Hungers gesichert ist, alle Arbeit darauf gerichtet sein muß, den Apparat zu verbessern.

Ich stelle mir die Sache so vor, daß einige Dutzend Arbeiter, die Mitglieder des ZK werden, sich besser als irgend jemand sonst damit befassen können, unseren Apparat zu überprüfen, zu verbessern und neuzugestalten. Die Arbeiter- und Bauerninspektion, die diese Funktion zunächst innehatte, erwies sich als außerstande, ihr gerecht zu werden, und kann lediglich als „Anhängsel" oder unter bestimmten Voraussetzungen als Helferin dieser Mitglieder des ZK Verwendung finden. Die Arbeiter, die ins ZK aufzunehmen sind, dürfen meiner Meinung nach vorwiegend nicht unter jenen Arbeitern ausgewählt werden, die einen langen Sowjetdienst durchgemacht haben (in diesem Teil meines Briefes zähle ich zu den Arbeitern überall auch die Bauern), weil sich bei diesen Arbeitern schon bestimmte Traditionen und bestimmte Vorurteile herausgebildet haben, die wir gerade bekämpfen wollen.

Arbeitermitglieder des ZK sollen vorwiegend Arbeiter sein, die unter jener Schicht stehen, welche bei uns in den fünf Jahren in die Reihen der Sowjetangestellten aufgerückt ist, und mehr zu den einfachen Arbeitern und zu den Bauern gehören, die jedoch nicht direkt oder indirekt unter die Kategorie der Ausbeuter fallen. Ich glaube, daß solche Arbeiter, die in allen Sitzungen des ZK, in allen Sitzungen des Politbüros anwesend sind und alle Dokumente des ZK lesen, einen Stamm ergebener Anhänger der Sowjetordnung bilden können, die erstens fähig sind, dem ZK selbst Stabilität zu verleihen, und die zweitens imstande sind, wirklich an der Erneuerung und Verbesserung des Apparats zu arbeiten.

Lenin

Niederschrift: L. F.
26. XII. 1922

VII

Fortsetzung der Aufzeichnungen.
29. Dezember 1922

(ZUM ABSCHNITT ÜBER DIE ERHÖHUNG DER ZAHL DER ZK-MITGLIEDER)

Wird die Zahl der Mitglieder des ZK erhöht, so muß man sich meines Erachtens auch und wohl hauptsächlich damit befassen, unseren Apparat, der absolut nichts taugt, zu überprüfen und zu verbessern. Zu diesem Zweck müssen wir die Dienste hochqualifizierter Spezialisten in Anspruch nehmen, und es muß die Aufgabe der Arbeiter- und Bauerninspektion sein, diese Spezialisten zu stellen.

Wie man die Arbeit dieser Kontrollspezialisten, die ausreichende Kenntnisse haben, und dieser neuen Mitglieder des ZK verbindet – diese Aufgabe muß in der Praxis gelöst werden.

Mir scheint, die Arbeiter- und Bauerninspektion hat (infolge ihrer Entwicklung und infolge unseres Befremdens über ihre Entwicklung) als Ergebnis das gezeitigt, was wir jetzt beobachten, nämlich einen Übergangszustand von einem besonderen Volkskommissariat zu einer besonderen Funktion von Mitgliedern des ZK; von einer Institution, die alle und alles revidiert, zu einem Gremium nicht sehr zahlreicher, aber erstklassiger Revisoren, die gut bezahlt werden müssen. (Das ist besonders notwendig in unserem Jahrhundert, in dem für alles gezahlt werden muß, und angesichts des Umstands, daß die Revisoren direkt im Dienste jener Institutionen stehen, von denen sie am besten bezahlt werden.)

Wird die Zahl der Mitglieder des ZK entsprechend erhöht und werden diese Mitglieder mit Hilfe solcher hochqualifizierten Spezialisten und auf allen Gebieten kompetenten Mitglieder der Arbeiter- und Bauerninspektion Jahr für Jahr einen Lehrgang in Staatsverwaltung durchmachen, so werden wir, glaube ich, diese Aufgabe, mit der wir so lange nicht fertig werden konnten, erfolgreich lösen.

Also, noch einmal - bis zu 100 Mitglieder des ZK und nicht mehr als 400-500 Helfer, Mitarbeiter der Arbeiter- und Bauerninspektion, die im Auftrag dieser ZK-Mitglieder Revisionen vornehmen.

Lenin

29. Dezember 1922
Niederschrift: M. W.

TAGEBUCHBLÄTTER

Die dieser Tage herausgegebene Arbeit über die Elementarbildung der Bevölkerung Rußlands nach den Angaben der Volkszählung von 1920 („Elementarbildung in Rußland", Moskau 1922, Statistische Zentralverwaltung, Abteilung für Volksbildungsstatistik) stellt eine sehr wichtige Erscheinung dar.

Ich führe nachstehend eine dieser Arbeit entnommene Tabelle über die Elementarbildung der Bevölkerung Rußlands für die Jahre 1897 und 1920 an.

Es konnten lesen und schreiben:

	von 1000 männl. Einwohnern		von 1000 weibl. Einwohnern		Von 1000 Personen der Gesamtbevölkerung	
	1897	1920	1897	1920	1897	1920
1. im Europäischen Rußland	326	422	136	255	229	330
2. im Nordkaukasus	241	357	56	215	150	281
3. in Sibirien (West)	170	307	46	134	108	218
Insgesamt	318	409	131	244	223	319

Während wir über proletarische Kultur und über ihr Verhältnis zur bürgerlichen Kultur geschwatzt haben, bieten uns die Tatsachen Zahlen dar, die zeigen, daß es bei uns sogar um die bürgerliche Kultur sehr schwach bestellt ist. Es hat sich, wie ja auch zu erwarten war, herausgestellt, daß wir noch sehr weit von der allgemeinen Schulbildung entfernt sind und daß sogar unser Fortschritt im Vergleich zu den zaristischen Zeiten (1897) ein allzu langsamer ist. Das ist eine strenge Warnung und ein ernster Vorwurf an die Adresse derjenigen, die in Träumereien von der „proletarischen Kultur" geschwelgt haben und bis jetzt schwelgen. Das zeigt, wieviel dringende Kleinarbeit wir noch zu leisten haben, um das Niveau eines gewöhnlichen zivilisierten westeuropäischen Staates zu erreichen. Das zeigt ferner, welche Unmenge von Arbeit uns jetzt bevorsteht, damit wir auf dem Boden unserer proletarischen Errungenschaften tatsächlich ein einigermaßen hohes Kulturniveau erreichen.

Wir dürfen uns auf diese unbestreitbare, aber allzu theoretische These nicht beschränken. Wir müssen bei der nächsten Überprüfung unseres Vierteljahrbudgets die Arbeit auch praktisch in Angriff nehmen. Natürlich müssen in erster Linie die Ausgaben nicht etwa des Volkskommissariats für Bildungswesen, sondern anderer Ressorts gekürzt werden, damit die frei werdenden Summen für die Bedürfnisse des Volkskommissariats für Bildungswesen verwendet werden können. Wir sollten in einem Jahr wie dem jetzigen, wo wir mit Getreide verhältnismäßig leidlich versorgt sind, bei der Erhöhung der Brotzuteilung an die Lehrerschaft nicht knausern.

Die Arbeit, die jetzt auf dem Gebiet der Volksbildung geleistet wird, kann, allgemein gesprochen, nicht als allzu engbegrenzt bezeichnet werden. Es wird gar nicht so wenig getan, um die alte Lehrerschaft aufzurütteln, sie an die neuen Aufgaben heranzuführen, sie für die neuen Gesichtspunkte der Pädagogik zu interessieren, ihr Interesse in solchen Fragen wie der Frage der Religion zu wecken.

Das Wichtigste aber tun wir nicht. Wir sorgen nicht oder sorgen bei weitem nicht genug dafür, daß der Volksschullehrer auf die Höhe gehoben wird, ohne die von irgendwelcher Kultur gar keine Rede sein kann: weder von proletarischer noch sogar von bürgerlicher Kultur. Es muß die Rede sein von der halbasiatischen Kulturlosigkeit, aus der wir bisher nicht herausgekommen sind und aus der wir ohne ernste Anstrengungen nicht herauskommen können, obwohl wir die Möglichkeit dazu haben, denn die Volksmassen sind nirgends so an wahrer Kultur interessiert wie bei uns; nirgends werden die Fragen dieser Kultur so tiefschürfend und so folgerichtig gestellt wie bei uns; nirgends, in keinem anderen Lande, liegt die Staatsmacht in den Händen der Arbeiterklasse, die in ihrer Masse die Unzulänglichkeiten ihrer, ich will nicht sagen, Kultur, aber ihrer Elementarbildung ausgezeichnet begreift; nirgends ist sie bereit, zur Verbesserung ihrer Lage in dieser Hinsicht solche Opfer zu bringen und bringt sie solche Opfer wie bei uns.

Bei uns wird noch viel zuwenig, unermeßlich wenig getan, um unseren ganzen Staatshaushalt in der Richtung umzustellen, daß vor allem den Bedürfnissen der elementaren Volksbildung Rechnung getragen wird. Selbst im Volkskommissariat für Bildungswesen kann man auf Schritt und Tritt übermäßig aufgeblähte Stellenpläne irgendeines Staatsverlages finden, ohne jede Rücksicht darauf, daß der Staat sich in erster Linie nicht um das Verlagswesen kümmern soll, sondern darum, daß es des Lesens Kundige gibt und daß die Zahl der Menschen, die lesen können, stetig größer wird, damit das Verlagswesen im künftigen Rußland zu größerer politischer Wirksamkeit gelange. Wir widmen, nach alter (schlechter) Gewohnheit, technischen Fragen wie dem Verlagswesen immer noch viel mehr Zeit und Kraft als der allgemein-politischen Frage der Volksbildung.

Nimmt man die Hauptverwaltung für Berufsausbildung, so kann man auch hier, davon sind wir überzeugt, sehr viel Überflüssiges finden, das durch Ressortinteressen aufgebauscht ist und den Anforderungen einer umfassenden Volksbildung nicht entspricht. Bei weitem nicht alles läßt sich in der Hauptverwaltung für Berufsausbildung durch den berechtigten Wunsch rechtfertigen, zunächst die Ausbildung unserer Jugend in den Fabriken und Werken zu heben und sie in eine praktische Richtung zu lenken. Wollte man die Stellenpläne der Hauptverwaltung für Berufsausbildung aufmerksam durchsehen, so würde sich herausstellen, daß von diesem Standpunkt aus vieles, sehr vieles aufgebauscht und fiktiv ist und abgeschafft werden muß. Im proletarisch-bäuerlichen Staat kann und muß man noch sehr, sehr viel einsparen, um die elementare

Volksbildung auszubauen, indem man alle möglichen Institutionen schließt, die entweder zur Hälfte vornehme Spielereien sind oder Einrichtungen darstellen, ohne die wir bei dem Stand der elementaren Volksbildung, den uns die Statistik anzeigt, noch auskommen können, noch lange auskommen können und auskommen müssen.

Der Volksschullehrer muß bei uns so hoch gestellt werden, wie er in der bürgerlichen Gesellschaft nie gestanden hat, nicht steht und nicht stehen kann. Das ist eine Wahrheit, die keiner Beweise bedarf. Zu diesem Stand der Dinge müssen wir kommen durch systematische, unablässige, zähe Arbeit, um sowohl sein geistiges Niveau zu heben als auch ihn allseitig auf seine wahrhaft hohe Berufung vorzubereiten und - vor allem und hauptsächlich - seine materielle Lage zu verbessern.

Es gilt, die Arbeit zur Organisierung der Volksschullehrer systematisch zu verstärken, um sie aus einer Stütze der bürgerlichen Ordnung, die sie bis jetzt in ausnahmslos allen kapitalistischen Ländern sind, zu einer Stütze der Sowjetordnung zu machen, um durch sie die Bauernschaft vom Bündnis mit der Bourgeoisie abzubringen und sie für das Bündnis mit dem Proletariat zu gewinnen.

In Kürze sei hervorgehoben, daß hierbei systematische Fahrten ins Dorf, die übrigens bei uns schon durchgeführt werden und die man planmäßig weiterentwickeln soll, eine besondere Rolle spielen müssen. Für solche Maßnahmen wie diese Fahrten ist es nicht schade, Geld zu geben, das wir oft genug für einen noch fast gänzlich der alten Geschichtsepoche angehörenden Staatsapparat zum Fenster hinauswerfen.

Ich hatte zu einer Rede auf dem Sowjetkongreß im Dezember 1922, die ich dann nicht halten konnte, Material über die Patenschaft von städtischen Arbeitern über die Landbevölkerung gesammelt. Einiges Material hierzu hat mir Gen. Chodorowski verschafft, und ich stelle jetzt den Genossen anheim, dieses Thema auszuarbeiten, da ich selbst nicht dazu kam, es auszuarbeiten und durch den Sowjetkongreß der Öffentlichkeit zu unterbreiten.

Die grundlegende politische Frage ist hier das Verhältnis zwischen Stadt und Land, eine Frage, die für unsere ganze Revolution entscheidende Bedeutung hat. Während der bürgerliche Staat systematisch alle Anstrengungen darauf richtet, die städtischen Arbeiter zu verdummen, und diesem Zweck die gesamte auf Kosten des Staates, auf Kosten der zaristischen und der bürgerlichen Parteien erscheinende Literatur anpaßt, können und müssen wir unsere Macht dazu benutzen, aus dem städtischen Arbeiter wirklich einen Vermittler der kommunistischen Ideen unter dem Landproletariat zu machen.

Ich sagte „kommunistische" und beeile mich, einen Vorbehalt zu machen, da ich fürchte, ein Mißverständnis hervorzurufen oder allzu buchstäblich verstanden zu werden. Das darf auf keinen Fall so aufgefaßt werden, als sollten wir sofort rein kommunistische Ideen im engsten Sinne des Wortes ins Dorf tragen. Solange bei uns auf dem flachen Lande die materielle Grundlage für den Kommunismus nicht gegeben ist, würde das für den Kommunismus, man kann sagen, schädlich sein, würde das, man kann sagen, verhängnisvoll sein.

Nein. Man muß damit anfangen, den Verkehr zwischen Stadt und Land herzustellen, und darf sich nicht von vornherein das Ziel setzen, den Kommunismus ins Dorf zu verpflanzen. Ein solches Ziel kann gegenwärtig nicht erreicht werden. Ein solches Ziel ist nicht zeitgemäß. Sich dieses Ziel setzen hieße der Sache Schaden statt Nutzen bringen.

Aber den Verkehr zwischen den Arbeitern der Stadt und den Werktätigen des flachen Landes herzustellen, jene Form der Kameradschaftlichkeit zwischen ihnen zu schaffen, die sich leicht erreichen läßt – das ist unsere Pflicht, das ist eine der Hauptaufgaben der Arbeiterklasse, die an der Macht steht. Zu diesem Zweck ist es notwendig, eine Reihe von Vereinigungen (der Partei, der Gewerkschaften oder spezieller Art) der Betriebsarbeiter zu gründen, die sich systematisch das Ziel setzen, dem Dorf bei seiner kulturellen Entwicklung zu helfen.

Wird es gelingen, alle Stadtzellen auf alle Dorfzellen „aufzuteilen“, damit jede Arbeiterzelle, die einer entsprechenden Zelle im Dorf „zugeteilt“ ist, bei jeder Gelegenheit, in jedem Fall systematisch dafür sorgt, daß dieses oder jenes kulturelle Bedürfnis ihrer Patenzelle befriedigt wird? Oder wird es gelingen, andere Formen der Verbindung ausfindig zu machen? Ich beschränke mich hier darauf, die Frage lediglich aufzuwerfen, um die Aufmerksamkeit der Genossen darauf zu lenken, um auf die Erfahrung Westsibiriens hinzuweisen (auf diese Erfahrung hat mich Gen. Chodorowski aufmerksam gemacht) und um diese gigantische kulturelle Aufgabe von welthistorischer Bedeutung in ihrem ganzen Umfang deutlich zu machen.

Abgesehen von unserem offiziellen Staatshaushalt oder unseren offiziellen Beziehungen tun wir für das Dorf so gut wie nichts. Allerdings nehmen die kulturellen Beziehungen zwischen Stadt und Land bei uns von selbst, und zwar unvermeidlich, einen anderen Charakter an. Unter dem Kapitalismus gab die Stadt dem Dorf das, was das Dorf politisch, wirtschaftlich, moralisch, physisch usw. demoralisierte. Bei uns beginnt die Stadt von selbst dem Dorf das gerade Gegenteil davon zu geben. Aber das alles geht eben von selbst, spontan vor sich, und das alles kann verstärkt (und sodann hundertfach vermehrt) werden, wenn man in diese Arbeit Bewußtheit, Planmäßigkeit und Systematik hineinträgt.

Wir werden erst dann vorwärtszuschreiten beginnen (und werden dann bestimmt hundertmal schneller vorwärtskommen), wenn wir diese Frage studieren und wenn wir alle möglichen Arbeitervereinigungen gründen – dabei aber mit allen Mitteln ihre Verbürokratisierung verhindern –, um diese Frage aufzurollen, zu behandeln und sie praktisch zu lösen.

2. Januar 1923

„Prawda" Nr. 2,
4. Januar 1923.
Unterschrift: N. L e n i n.

Nach dem Text der „Prawda", verglichen mit der stenographischen Niederschrift.

ÜBER DAS GENOSSENSCHAFTSWESEN

I

Dem Genossenschaftswesen wird bei uns, wie mir scheint, nicht genügend Aufmerksamkeit geschenkt. Wohl kaum alle begreifen, daß das Genossenschaftswesen jetzt, seit der Oktoberrevolution und unabhängig von der NÖP (umgekehrt, in dieser Beziehung muß man sagen: gerade dank der NÖP), bei uns eine ganz außerordentliche Bedeutung gewinnt. In den Träumereien der alten Genossenschaftler ist vieles phantastisch. Sie wirken wegen ihrer Phantasterei oft lächerlich. Aber worin besteht ihre Phantasterei? Darin, daß diese Leute die wesentliche, grundlegende Bedeutung des politischen Kampfes der Arbeiterklasse zum Sturz der Ausbeuterherrschaft nicht verstehen. Dieser Sturz ist bei uns jetzt Tatsache geworden, und nun wird vieles von dem, was an den Träumereien der alten Genossenschaftler phantastisch, sogar romantisch, ja abgeschmackt war, zur ungeschminkten Wirklichkeit.

Bei uns ist wirklich, da die Staatsmacht in den Händen der Arbeiterklasse liegt, da alle Produktionsmittel dieser Staatsmacht gehören – bei uns ist wirklich nur die Aufgabe übriggeblieben, die Bevölkerung genossenschaftlich zusammenzuschließen. Unter der Voraussetzung des maximalen genossenschaftlichen Zusammenschlusses der Bevölkerung erreicht jener Sozialismus, der früher berechtigten Spott, mitleidiges Lächeln, geringschätziges Verhalten seitens derjenigen hervorrief, die mit Recht von der Notwendigkeit des Klassenkampfes, des Kampfes um die politische Macht usw. überzeugt waren, von selbst das Ziel. Nun geben sich aber nicht alle Genossen Rechenschaft darüber, welche gigantische, unermeßliche Bedeutung der genossenschaftliche Zusammenschluß Rußlands jetzt für uns gewinnt. Mit der NÖP haben wir dem Bauern als Händler, dem Prinzip des privaten Handels ein Zugeständnis gemacht; gerade daraus folgt (entgegen der landläufigen Meinung) die gigantische Bedeutung des Genossenschaftswesens. Unter der Herrschaft der NÖP ist ein genügend breiter und tiefer genossenschaftlicher Zusammenschluß der russischen Bevölkerung im Grunde genommen alles, was wir brauchen, weil wir jetzt jenen Grad der Vereinigung der Privatinteressen, der privaten Handelsinteressen, ihrer Überwachung und Kontrolle durch den Staat, den Grad ihrer Unterordnung unter die allgemeinen Interessen gefunden haben, der früher für viele, viele Sozialisten einen Stein des Anstoßes bildete. In der Tat, die Verfügungsgewalt des Staates über alle großen Produktionsmittel, die Staatsmacht in den Händen des Proletariats, das Bündnis dieses Proletariats mit den vielen Millionen Klein- und Zwergbauern, die Sicherung der Führerstellung dieses Proletariats gegenüber der Bauernschaft usw. – ist das nicht alles, was notwendig ist, um aus den Genossenschaften, allein aus den Genossenschaften, die wir früher geringschätzig als krämerhaft behandelt haben und die wir in gewisser Hinsicht jetzt, unter der NÖP, ebenso zu behandeln berechtigt sind, ist das nicht alles, was notwendig ist, um die vollendete sozialistische Gesellschaft zu errichten? Das ist noch nicht die Errichtung der sozialistischen Gesellschaft, aber es ist alles, was zu dieser Errichtung notwendig und hinreichend ist.

Eben dieser Umstand wird von vielen unserer Praktiker unterschätzt. Man blickt bei uns auf die Genossenschaften von oben herab und begreift nicht, welche außerordentliche Bedeutung diese Genossenschaften haben, erstens von der prinzipiellen Seite her gesehen (das Eigentum an den Produktionsmitteln in den Händen des Staates), zweitens unter dem Gesichtspunkt des Übergangs zu neuen Zuständen auf einem Wege, der möglichst *einfach, leicht und zugänglich für den Bauern* ist.

Und das ist ja doch wiederum die Hauptsache. Es ist eine Sache, über alle möglichen Arbeitervereinigungen zum Aufbau des Sozialismus zu phantasieren, und eine andere Sache, diesen Sozialismus praktisch so aufbauen zu lernen, daß *jeder* Kleinbauer an diesem

Aufbau teilnehmen kann. Gerade diese Stufe haben wir jetzt erreicht. Und es steht außer Zweifel, daß wir, nachdem wir diese Stufe erreicht haben, sie uns viel zuwenig zunutze machen.

Wir haben beim Übergang zur NÖP den Bogen überspannt, nicht in der Beziehung, daß wir dem Prinzip der Gewerbe- und Handelsfreiheit zuviel Platz eingeräumt hätten, sondern wir haben beim Übergang zur NÖP den Bogen in der Beziehung überspannt, daß wir vergessen haben, an die Genossenschaften zu denken, daß wir jetzt die Genossenschaften unterschätzen, daß wir schon begonnen haben, die riesige Bedeutung der Genossenschaften in dem oben angedeuteten zweifachen Sinn dieser Bedeutung zu vergessen.

Ich habe die Absicht, mich nun mit dem Leser darüber zu unterhalten, was man, von diesem „Genossenschafts“prinzip ausgehend, praktisch sofort tun kann und muß. Mit welchen Mitteln kann und muß man sofort beginnen, dieses „Genossenschafts“prinzip so zu entwickeln, daß seine sozialistische Bedeutung allen und jedem einleuchtet?

Man muß für die Genossenschaften eine solche politische Lage schaffen, daß nicht nur die Genossenschaften überhaupt und immer eine gewisse Vergünstigung genießen, sondern daß diese Vergünstigung rein materieller Natur ist (Höhe der Bankzinsen usw.). Man muß den Genossenschaften aus staatlichen Mitteln Darlehen geben, die, wenn auch nur um ein geringes, die Mittel übersteigen, die wir den Privatbetrieben, selbst den Betrieben der Schwerindustrie usw., als Darlehen gewähren.

Jede Gesellschaftsordnung entsteht nur, wenn sie durch eine bestimmte Klasse finanziell unterstützt wird. Man braucht nicht an jene Hunderte und aber Hunderte Millionen Rubel zu erinnern, die die Geburt des „freien“ Kapitalismus kostete. Jetzt müssen wir erkennen, daß gegenwärtig diejenige Gesellschaftsordnung, die wir über das gewöhnliche Maß hinaus unterstützen müssen, die genossenschaftliche Ordnung ist, und diese Erkenntnis in die Tat umsetzen. Aber unterstützen müssen wir sie im wahren Sinne dieses Wortes, d. h., es genügt nicht, unter dieser Unterstützung die Förderung eines beliebigen genossenschaftlichen Umsatzes zu verstehen, unter dieser Unterstützung muß man die Unterstützung eines solchen genossenschaftlichen Umsatzes verstehen, an dem *wirkliche Massen der Bevölkerung wirklich teilnehmen.* Dem Bauern, der sich am Genossenschaftsumsatz beteiligt, eine Prämie zu gewähren, das ist unbedingt eine richtige Form, doch gilt es hierbei, diese Beteiligung zu kontrollieren und zu prüfen, ob es eine bewußte und qualitativ einwandfreie Beteiligung ist - das ist der Kernpunkt der Frage. Wenn der Genossenschaftler in ein Dorf kommt und dort einen Genossenschaftsladen einrichtet, so ist die Bevölkerung, strenggenommen, daran nicht beteiligt, gleichzeitig aber wird sie, vom eigenen Vorteil geleitet, schleunigst versuchen, sich daran zu beteiligen.

Diese Sache hat auch noch eine andere Seite. Vom Standpunkt des „zivilisierten" (vor allem des lese- und schreibkundigen) Europäers müssen wir nur noch sehr wenig tun, um ausnahmslos alle zu veranlassen, sich an den Transaktionen der Genossenschaften zu beteiligen, und zwar nicht passiv, sondern aktiv. Eigentlich bleibt uns *„nur"* eines zu tun: unsere Bevölkerung so „zivilisiert" zu machen, daß sie alle aus der allgemeinen Beteiligung an den Genossenschaften entspringenden Vorteile einsieht und diese Beteiligung organisiert. *„Nur"* das. Wir brauchen jetzt keine anderen Weisheiten, um zum Sozialismus überzugehen. Um aber dieses „Nur" zu vollbringen, bedarf es einer ganzen Umwälzung, einer ganzen Periode kultureller Entwicklung der gesamten Volksmasse. Deshalb müssen wir uns zur Regel machen: möglichst wenig Klügeleien und möglichst wenig Floskeln. Die NÖP bedeutet in dieser Hinsicht insofern einen Fortschritt, als sie sich dem Niveau des allergewöhnlichsten Bauern anpaßt, als sie von ihm nichts Höheres verlangt. Um aber durch die NÖP die Beteiligung ausnahmslos der gesamten Bevölkerung an den Genossenschaften herbeizuführen, dazu bedarf es einer ganzen geschichtlichen Epoche. Wir können im günstigsten Fall diese Epoche in ein, zwei Jahrzehnten durchschreiten. Aber dennoch wird das eine besondere geschichtliche Epoche sein, und ohne diese geschichtliche Epoche, ohne allgemeine Elementarbildung der gesamten Bevölkerung, ohne einen genügend hohen Grad von Aufgewecktheit, ohne die Bevölkerung in ausreichendem Grade daran gewöhnt zu haben, Bücher zu gebrauchen, und ohne die materielle Grundlage darfür, ohne eine gewisse Sicherung, sagen wir, gegen Mißernte, gegen Hungersnot usw. – ohne das können wir unser Ziel nicht erreichen. Alles kommt jetzt darauf an, daß wir es verstehen, den revolutionären Schwung, den revolutionären Enthusiasmus, den wir schon gezeigt, und zwar hinreichend gezeigt und mit vollem Erfolg gekrönt haben, mit der (hier möchte ich fast sagen) Fähigkeit zu vereinigen, ein aufgeweckter und des Schreibens und Rechnens kundiger Händler zu sein, was für einen guten Genossenschaftler durchaus genügt. Unter der Fähigkeit, ein Händler zu sein, verstehe ich die Fähigkeit, ein Händler zu sein, der Kulturansprüchen genügt. Das mögen sich die russischen Menschen oder einfach die Bauern hinter die Ohren schreiben, die meinen: Wenn einer Handel treibt, dann versteht er auch Händler zu sein. Das ist ganz falsch. Wohl treibt er Handel, aber von da bis zu der Fähigkeit, ein Händler zu sein, der Kulturansprüchen genügt, ist es noch sehr weit. Er treibt heute Handel auf asiatische Manier; um aber zu verstehen, ein Händler zu sein, muß man auf europäische Manier Handel treiben. Davon trennt ihn eine ganze Epoche.

Ich komme zum Schluß. Eine Reihe von ökonomischen, finanziellen und Bankprivilegien für die Genossenschaften – darin muß die Unterstützung bestehen, die unser sozialistischer Staat dem neuen Prinzip der Organisierung der Bevölkerung erweist. Damit ist jedoch die Aufgabe erst in allgemeinen Zügen umrissen, weil der ganze Inhalt der Aufgabe praktisch noch unbestimmt bleibt, noch nicht im Detail geschildert ist, d. h., man muß verstehen, jene Form der „Prämien“ (und jene Bedingungen für ihre Gewährung) ausfindig zu machen, die wir für den genossenschaftlichen Zusammenschluß geben, jene Form der Prämien, durch die wir die Genossenschaften genügend fördern, jene Form der Prämien, durch die wir zu einem zivilisierten Genossenschaftler gelangen. Aber ein System zivilisierter Genossenschaftler bei gesellschaftlichem Eigentum an den Produktionsmitteln, beim Klassensieg des Proletariats über die Bourgeoisie – das ist das System des Sozialismus.

4. Januar 1923

II

Immer, wenn ich über die Neue Ökonomische Politik schrieb, zitierte ich meinen Artikel über den Staatskapitalismus aus dem Jahre 1918.[113] Das erregte des öfteren Zweifel bei manchen jungen Genossen. Aber ihre Zweifel betrafen vorwiegend die abstrakt politische Seite.

Es schien ihnen, daß eine Gesellschaftsordnung, unter der die Produktionsmittel der Arbeiterklasse gehören und dieser Arbeiterklasse die Staatsmacht gehört, nicht als Staatskapitalismus bezeichnet werden dürfe. Sie merkten jedoch nicht, daß die Bezeichnung „Staatskapitalismus" bei mir gebraucht wurde: *Erstens,* um den historischen Zusammenhang unserer gegenwärtigen Position mit der Position in meiner Polemik gegen die sogenannten linken Kommunisten herzustellen, und auch damals schon suchte ich zu beweisen, daß der Staatskapitalismus höher stehen würde als unsere heutige Wirtschaftsweise; mir lag daran, den kontinuierlichen Zusammenhang des gewöhnlichen Staatskapitalismus mit jenem ungewöhnlichen, sogar ganz und gar ungewöhnlichen Staatskapita-

113 Lenin bezieht sich auf seinen Artikel „Über ‚linke' Kinderei und über Kleinbürgerlichkeit". (Siehe *Werke*, Bd. 27, S. 315–347.)

lismus festzustellen, von dem ich sprach, als ich den Leser in die Neue Ökonomische Politik einführte. *Zweitens* war für mich stets der praktische Zweck wichtig. Und der praktische Zweck unserer Neuen ökonomischen Politik bestand darin, zu Konzessionen zu gelangen; Konzessionen aber wären unter unseren Verhältnissen zweifellos schon ein Staatskapitalismus von reinem Typus gewesen. Aus dieser Sicht stellte ich meine Erwägungen über den Staatskapitalismus an.

Die Sache hat jedoch noch eine andere Seite, bei der uns der Staatskapitalismus oder wenigstens ein Vergleich damit nötig sein kann. Das ist die Frage der Genossenschaften.

Es ist unzweifelhaft, daß die Genossenschaften in einem kapitalistischen Staat eine kapitalistische Kollektiveinrichtung sind. Unzweifelhaft ist auch, daß in unserer jetzigen ökonomischen Wirklichkeit, wo wir privatkapitalistische Betriebe - jedoch nur auf gesellschaftlichem Grund und Boden und nur unter der Kontrolle der Staatsmacht, die in den Händen der Arbeiterklasse liegt - mit Betrieben von konsequent sozialistischem Typus (sowohl die Produktionsmittel als auch der Grund und Boden, auf dem der Betrieb steht, wie der Betrieb als Ganzes gehören dem Staat) vereinigen, noch die Frage nach einer dritten Art von Betrieben auftaucht, denen früher vom Standpunkt der prinzipiellen Bedeutung aus keine Selbständigkeit zukam, nämlich den genossenschaftlichen Betrieben. Unter dem Privatkapitalismus unterscheiden sich genossenschaftliche Betriebe von kapitalistischen als kollektive Betriebe von privaten. Unter dem Staatskapitalismus unterscheiden sich genossenschaftliche Betriebe von staatskapitalistischen dadurch, daß sie erstens private, zweitens kollektive Betriebe sind. In der bei uns bestehenden Gesellschaftsordnung unterscheiden sich genossenschaftliche Betriebe von privatkapitalistischen als kollektive Betriebe, aber sie unterscheiden sich nicht von sozialistischen Betrieben, wenn sie auf dem Grund und Boden errichtet und mit Produktionsmitteln ausgerüstet sind, die dem Staat, d. h. der Arbeiterklasse, gehören.

Eben dieser Umstand wird bei uns nicht genügend berücksichtigt, wenn man von den Genossenschaften spricht. Man vergißt, daß die Genossenschaften bei uns dank der Besonderheit unserer Staatsordnung eine ganz außerordentliche Bedeutung gewinnen. Sondert man die Konzessionen aus, die bei uns, nebenbei bemerkt, keine irgendwie beträchtliche Entwicklung erfahren haben, so decken sich die Genossenschaften unter unseren Verhältnissen in der Regel völlig mit dem Sozialismus.

Ich will meinen Gedanken näher ausführen. Worin besteht das Phantastische an den Plänen der alten Genossenschaftler, angefangen mit Robert Owen? Darin, daß sie von einer friedlichen Umgestaltung der modernen Gesellschaft durch den Sozialismus träumten, ohne eine so grundlegende Frage wie die des Klassenkampfes, der Eroberung der politischen Macht durch die Arbeiterklasse, des Sturzes der Herrschaft der Ausbeuterklasse zu beachten. Und deshalb sind wir im Recht, wenn wir in diesem „Genossenschafts"Sozialismus pure Phantasterei sehen, wenn wir etwas Romantisches, ja sogar Abgeschmacktes in den Träumereien erblicken, daß man durch bloßen genossenschaftlichen Zusammenschluß der Bevölkerung die Klassenfeinde in Klassenfreunde und den Klassenkrieg in den Klassenfrieden (den sogenannten Burgfrieden) verwandeln könne.

Es besteht kein Zweifel, daß wir vom Standpunkt der Grundaufgabe der Gegenwart aus gesehen recht hatten, denn ohne den Klassenkampf um die politische Macht im Staat kann der Sozialismus nicht verwirklicht werden.

Man betrachte aber, wie sich die Sache jetzt geändert hat, da ja die Staatsmacht bereits in den Händen der Arbeiterklasse liegt, da die politische Macht der Ausbeuter gestürzt ist und alle Produktionsmittel (mit Ausnahme derer, die der Arbeiterstaat freiwillig, zeitweilig und bedingt den Ausbeutern als Konzessionen überläßt) sich in den Händen der Arbeiterklasse befinden.

Jetzt haben wir das Recht zu sagen, daß das einfache Wachstum der Genossenschaften für uns (mit der obenerwähnten „kleinen"

Ausnahme) mit dem Wachstum des Sozialismus identisch ist, und zugleich müssen wir zugeben, daß sich unsere ganze Auffassung vom Sozialismus grundlegend geändert hat. Diese grundlegende Änderung besteht darin, daß wir früher das Schwergewicht auf den politischen Kampf, die Revolution, die Eroberung der Macht usw. legten und auch legen mußten. Heute dagegen ändert sich das Schwergewicht so weit, daß es auf die friedliche organisatorische „Kultur“arbeit verlegt wird. Ich würde sagen, daß sich das Schwergewicht für uns auf bloße Kulturarbeit verschiebt, gäbe es nicht die internationalen Beziehungen, hätten wir nicht die Pflicht, für unsere Position in internationalem Maßstab zu kämpfen. Wenn man aber davon absieht und sich auf die inneren ökonomischen Verhältnisse beschränkt, so reduziert sich bei uns jetzt das Schwergewicht der Arbeit tatsächlich auf bloße Kulturarbeit.

Vor uns stehen zwei Hauptaufgaben, die eine Epoche ausmachen. Das ist einmal die Aufgabe, unseren Apparat umzugestalten, der absolut nichts taugt und den wir gänzlich von der früheren Epoche übernommen haben. Hier ernstlich etwas umzugestalten, das haben wir in fünf Jahren Kampf nicht fertiggebracht und konnten es auch nicht fertigbringen. Unsere zweite Aufgabe besteht in der kulturellen Arbeit für die Bauernschaft. Und diese kulturelle Arbeit unter der Bauernschaft verfolgt als ökonomisches Ziel eben den genossenschaftlichen Zusammenschluß. Bei einem vollständigen genossenschaftlichen Zusammenschluß stünden wir bereits mit beiden Füßen auf sozialistischem Boden. Aber diese Voraussetzung, der vollständige genossenschaftliche Zusammenschluß, schließt ein derartiges Kulturniveau der Bauernschaft (eben der Bauernschaft als der übergroßen Masse) in sich ein, daß dieser vollständige genossenschaftliche Zusammenschluß ohne eine ganze Kulturrevolution unmöglich ist.

Unsere Gegner hielten uns oft entgegen, es sei ein sinnloses Beginnen von uns, in einem Lande mit ungenügender Kultur den Sozialismus einführen zu wollen. Aber sie irrten sich, und zwar deshalb, weil wir nicht an dem Ende anfingen, an dem es nach der Theorie (von allerlei Pedanten) hätte geschehen sollen, und weil bei uns die politische und soziale Umwälzung jener kulturellen Umwälzung, jener Kulturrevolution vorausging, der wir jetzt dennoch gegenüberstehen.

Uns genügt nun diese Kulturrevolution, um ein vollständig sozialistisches Land zu werden, aber für uns bietet diese Kulturrevolution ungeheure Schwierigkeiten sowohl rein kultureller (denn wir sind Analphabeten) als auch materieller Natur (denn um Kultur zu haben, braucht man eine bestimmte Entwicklung der materiellen Produktionsmittel, braucht man eine bestimmte materielle Basis).

6. Januar 1923

Zuerst veröffentlicht am 26. und 27. Mai 1923 in der „Prawda" Nr. 115 und 116. Unterschrift: N. Lenin.

Nach dem Text der „Prawda", verglichen mit der stenografischen Niederschrift

ÜBER UNSERE REVOLUTION

(Aus Anlaß der Aufzeichnungen N. Suchanows)

I

Ich blätterte dieser Tage in Suchanows Aufzeichnungen über die Revolution. Besonders auffallend ist die Pedanterie aller unserer kleinbürgerlichen Demokraten wie auch aller Helden der II. Internationale. Ganz abgesehen davon, daß sie außerordentlich feige sind, daß sogar die Besten unter ihnen sich hinter Vorbehalten verschanzen, sobald es sich um die kleinste Abweichung vom deutschen Vorbild handelt - ganz abgesehen von dieser Eigenschaft aller kleinbürgerlichen Demokraten, die sie während der ganzen Revolution zur Genüge an den Tag gelegt haben, springt ihre sklavische Nachäffung der Vergangenheit in die Augen.

Sie alle nennen sich Marxisten, fassen aber den Marxismus unglaublich pedantisch auf. Das Entscheidende im Marxismus haben sie absolut nicht begriffen: nämlich seine revolutionäre Dialektik. Sogar die direkten Hinweise von Marx, daß in Zeiten der Revolution größte Elastizität notwendig ist[81], haben sie absolut nicht begriffen und zum Beispiel nicht einmal die Hinweise in Marx' Briefwechsel, soweit ich mich erinnere, aus dem Jahr 1856 bemerkt, als Marx die Hoffnung aussprach, ein Bauernkrieg in Deutschland, der eine revolutionäre Situation herbeiführen könne, werde sich mit der Arbeiterbewegung vereinigen.[82] Ja, selbst diesen direkten Hin-

81 Offensichtlich beruft sich Lenin hier auf das, was Marx in seiner Schrift „Der Bürgerkrieg in Frankreich" und im Brief an Kugelmann vom 12. April 1871 gesagt hat. (Siehe Karl Marx und Friedrich Engels, *Ausgewählte Schriften in zwei Bänden*, Bd. I, Berlin 1961, S. 494, und Bd. II, Berlin 1961, S. 435/436.)

82 Siehe den Brief von Marx an Engels vom 16. April 1856 (Karl Marx und Fried-

weis meiden sie und gehen um ihn herum wie die Katze um den heißen Brei.

In ihrem ganzen Verhalten zeigen sie sich als feige Reformisten, die sich fürchten, von der Bourgeoisie abzurücken oder gar mit ihr zu brechen, und die gleichzeitig ihre Feigheit durch zügellose Phrasendrescherei und Prahlerei bemänteln. Aber sogar in rein theoretischer Hinsicht springt ihre völlige Unfähigkeit in die Augen, die folgenden Gedankengänge des Marxismus zu begreifen. Denn sie sahen bisher einen bestimmten Entwicklungsweg des Kapitalismus und der bürgerlichen Demokratie in Westeuropa. Und nun können sie sich nicht vorstellen, daß dieser Weg nur mutatis mutandis* als Muster betrachtet werden kann, nicht anders als mit gewissen Korrekturen (die, vom Standpunkt der Weltgeschichte aus gesehen, ganz unerheblich sind).

Erstens: Eine Revolution, die mit dem ersten imperialistischen Weltkrieg zusammenhängt. In einer solchen Revolution mußten neue oder eben durch den Krieg modifizierte Züge in Erscheinung treten, denn noch niemals hat es auf der Welt einen solchen Krieg, unter solchen Verhältnissen, gegeben. Wir sehen bis heute, daß die Bourgeoisie der reichsten Länder außerstande ist, nach diesem Krieg „normale" bürgerliche Verhältnisse herzustellen, unsere Reformisten aber, kleine Bourgeois, die sich als Revolutionäre aufspielen, waren und sind des Glaubens, daß normale bürgerliche Verhältnisse die (nicht zu überschreitende) Grenze bilden, wobei sie diese „Norm" äußerst schablonenhaft und beschränkt auffassen.

Zweitens: Ihnen ist jeder Gedanke daran völlig fremd, daß bei allgemeiner Gesetzmäßigkeit der Entwicklung in der gesamten Weltgeschichte einzelne Etappen der Entwicklung, die eine Eigentüm-

---

rich Engels, *Ausgewählte Schriften in zwei Bänden*, Bd. II, Berlin 1961, S. 425/426).

* mit entsprechenden Änderungen. *Die Red.*

lichkeit entweder der Form oder der Aufeinanderfolge der Entwicklung darstellen, keineswegs auszuschließen, sondern im Gegenteil anzunehmen sind. Es kommt ihnen zum Beispiel gar nicht in den Sinn, daß Rußland, das an der Grenze steht zwischen den zivilisierten Ländern und den erstmalig durch diesen Krieg endgültig in die Zivilisation einbezogenen Ländern, den Ländern des gesamten Ostens, den außereuropäischen Ländern – daß Rußland infolgedessen gewisse Eigentümlichkeiten aufweisen konnte und mußte, die natürlich auf der allgemeinen Linie der Entwicklung der Welt liegen, die aber die russische Revolution von allen vorangegangenen Revolutionen der westeuropäischen Länder unterscheiden und beim Übergang zu den Ländern des Ostens gewisse teilweise Neuerungen mit sich bringen.

Unendlich schablonenhaft ist zum Beispiel ihr Argument, das sie im Verlauf der Entwicklung der westeuropäischen Sozialdemokratie auswendig gelernt haben und das darin besteht, daß wir für den Sozialismus noch nicht reif seien, daß uns, wie sich die verschiedenen „gelehrten" Herren unter ihnen ausdrücken, die objektiven ökonomischen Voraussetzungen für den Sozialismus fehlen. Und keinem kommt es in den Sinn, sich zu fragen: Könnte nicht ein Volk, das auf eine revolutionäre Situation gestoßen ist, eine Situation, wie sie sich im ersten imperialistischen Kriege ergeben hat, könnte nicht dieses Volk, infolge der Aussichtslosigkeit seiner Lage, sich in einen Kampf stürzen, der ihm wenigstens irgendwelche Aussichten eröffnete, sich nicht ganz gewöhnliche Bedingungen für eine Weiterentwicklung der Zivilisation zu erringen?

„Rußland hat in der Entwicklung der Produktivkräfte noch nicht die Höhe erreicht, bei welcher der Sozialismus möglich wäre." Mit diesem Leitsatz tun sich alle Helden der II. Internationale, und unter ihnen natürlich auch Suchanow, so wichtig, als wäre es der Stein der Weisen. Diesen unstrittigen Satz wiederkäuen sie auf tausenderlei Weise, und es scheint ihnen, als sei er entscheidend für die Beurteilung unserer Revolution.

Wie aber, wenn die Eigentümlichkeit der Situation Rußland erstens in den imperialistischen Weltkrieg hineinstellte, in den alle einigermaßen einflußreichen westeuropäischen Länder verwickelt waren, und zweitens seine Entwicklung an der Grenze der beginnenden und teilweise bereits begonnenen Revolutionen des Ostens in Verhältnisse versetzte, unter denen wir gerade jene Verbindung eines „Bauernkriegs“ mit der Arbeiterbewegung verwirklichen konnten, von der, als einer der möglichen Perspektiven, ein solcher „Marxist“ wie Marx im Jahre 1856 in bezug auf Preußen geschrieben hatte?

Wie aber, wenn die völlige Ausweglosigkeit der Lage, wodurch die Kräfte der Arbeiter und Bauern verzehnfacht wurden, uns die Möglichkeit eines anderen Übergangs eröffnete, um die grundlegenden Voraussetzungen der Zivilisation zu schaffen, als in allen übrigen westeuropäischen Staaten? Hat sich denn dadurch die allgemeine Linie der Entwicklung der Weltgeschichte geändert? Hat sich denn dadurch das grundlegende Wechselverhältnis der Hauptklassen in jedem Staate geändert, der in den allgemeinen Gang der Weltgeschichte einbezogen wird und schon einbezogen worden ist?

Wenn zur Schaffung des Sozialismus ein bestimmtes Kulturniveau notwendig ist (obwohl niemand sagen kann, wie dieses bestimmte „Kulturniveau“ aussieht, denn es ist in jedem westeuropäischen Staat verschieden), warum sollten wir also nicht damit anfangen, auf revolutionärem Wege die Voraussetzungen für dieses bestimmte Niveau zu erringen, und *dann* schon, auf der Grundlage der Arbeiter- und Bauernmacht und der Sowjetordnung, vorwärtsschreiten und die anderen Völker einholen.

16. Januar 1923

WIE WIR DIE ARBEITER- UND BAUERNINSPEKTION REORGANISIEREN SOLLEN

(Vorschlag für den XII. Parteitag)[83]

Es ist unzweifelhaft, daß die Arbeiter- und Bauerninspektion für uns eine sehr große Schwierigkeit darstellt und daß diese Schwierigkeit bis jetzt nicht überwunden ist. Ich glaube, daß die Genossen, die diese Frage in dem Sinne entscheiden, daß sie die Nützlichkeit oder Notwendigkeit der Arbeiter- und Bauerninspektion verneinen, im Unrecht sind. Aber gleichzeitig bestreite ich keineswegs, daß unser Staatsapparat und seine Verbesserung ein sehr schwieriges, bei weitem nicht gelöstes und zugleich außerordentlich dringendes Problem darstellt.

Unser Staatsapparat ist, mit Ausnahme des Volkskommissariats für Auswärtige Angelegenheiten, zum größeren Teil ein Überbleibsel des Alten, an dem nur zum geringeren Teil einigermaßen ernsthafte Veränderungen vorgenommen worden sind. Er ist nur äußerlich leicht übertüncht worden, im übrigen aber stellt er etwas ganz typisch Altes aus unserem alten Staatsapparat dar. Will man nun das Mittel ausfindig machen, ihn wirklich zu erneuern, so muß man, wie mir scheint, die Erfahrungen unseres Bürgerkriegs zu Rate ziehen.

---

83 Den Artikel „*Wie wir die Arbeiter- und Bauerninspektion reorganisieren sollen*" und den Artikel „*Lieber weniger, aber besser*", der die Gedanken des ersten Artikels fortsetzt, schrieb Lenin zum XII. Parteitag.
Der XII. Parteitag der KPR(B), der vom 17. bis 25. April 1923 tagte, berücksichtigte in seinen Beschlüssen alle Hinweise, die Lenin in seinen letzten Artikeln und Briefen gegeben hatte. Der Parteitag nahm eine spezielle Resolution „Über die Aufgaben der Arbeiter- und Bauerninspektion und der Zentralen Kontrollkommission" sowie einen Beschluß über die Vereinigung der Arbeit der Organe der Zentralen Kontrollkommission und des Volkskommissariats der Arbeiter- und Bauerninspektion an. (Siehe „Die KPdSU in Resolutionen und Beschlüssen der Parteitage, Parteikonferenzen und Plenartagungen des ZK", 7. Auflage, Teil I, Moskau 1954, S. 719–723 und 725/726, russ.)

Wie sind wir in den gefährlichen Situationen des Bürgerkriegs vorgegangen?

Wir konzentrierten unsere besten Parteikräfte in der Roten Armee; wir griffen zur Mobilisierung der besten unserer Arbeiter; wir wandten uns auf der Suche nach neuen Kräften dorthin, wo unsere Diktatur am tiefsten verwurzelt ist.

In derselben Richtung sollten wir meiner Überzeugung nach auch die Quelle für die Reorganisierung der Arbeiter- und Bauerninspektion suchen. Ich schlage unserem XII. Parteitag vor, folgenden Plan einer solchen Reorganisation anzunehmen, der auf einer neuartigen Erweiterung unserer Zentralen Kontrollkommission beruht.

Die Plenartagung des Zentralkomitees unserer Partei hat schon die Tendenz gezeigt, sich zu einer Art höchster Parteikonferenz zu entwickeln. Sie tritt durchschnittlich nicht öfter als einmal in zwei Monaten zusammen, während die laufende Arbeit im Namen des ZK bekanntlich von unserem Politbüro, unserem Orgbüro, unserem Sekretariat usw. geleistet wird. Ich glaube, daß wir den Weg, den wir damit beschritten haben, zu Ende gehen und die Plenartagungen des ZK endgültig in höchste Parteikonferenzen umwandeln sollen, die einmal in zwei Monaten unter Teilnahme der ZKK zusammentreten. Diese ZKK aber soll unter den nachstehenden Bedingungen mit dem Grundstock der reorganisierten Arbeiter- und Bauerninspektion vereinigt werden.

Ich schlage dem Parteitag vor, 75–100 neue Mitglieder der ZKK aus Arbeitern und Bauern zu wählen. Die zu Wählenden müssen der gleichen Überprüfung auf Parteilinie unterzogen werden wie die ordentlichen Mitglieder des ZK, denn die zu Wählenden sollen alle Rechte von Mitgliedern des ZK genießen.

Anderseits muß die Arbeiter- und Bauerninspektion auf 300–400 Angestellte reduziert werden, die besonders erprobt sind, was ihre Gewissenhaftigkeit und ihre Kenntnis unseres Staatsapparats betrifft, und eine besondere Prüfung darin bestanden haben, ob und inwieweit sie mit den Grundlagen der wissenschaftlichen Organisation der Arbeit im allgemeinen und der Verwaltungs-, der Büroarbeit usw. im besonderen vertraut sind.

Meiner Meinung nach wird eine derartige Vereinigung der Arbeiter- und Bauerninspektion mit der ZKK diesen beiden Institutionen Nutzen bringen. Einerseits wird die Arbeiter- und Bauerninspektion dadurch eine so hohe Autorität erlangen, daß sie zum mindesten nicht schlechter dastehen wird als unser Volkskommissariat für Auswärtige Angelegenheiten. Anderseits wird unser ZK gemeinsam mit der ZKK endgültig jenen Weg zur Umwandlung in eine höchste Parteikonferenz einschlagen, den es im Grunde genommen schon beschritten hat und den es zu Ende gehen muß, wenn es seine Aufgaben in doppelter Hinsicht richtig erfüllen will: sowohl in Hinsicht auf die Planmäßigkeit, Zweckmäßigkeit und Systematik *seiner* Organisation und Tätigkeit als auch in Hinsicht auf die Verbindung mit den wirklich breiten Massen durch Vermittlung der besten unserer Arbeiter und Bauern.

Ich sehe einen Einwand voraus, der direkt oder indirekt aus denjenigen Kreisen kommt, die unseren Apparat zu dem alten machen, d. h. von den Anhängern einer Konservierung unseres Apparats in derselben geradezu unmöglichen, geradezu unanständigen vorrevolutionären Gestalt, in der er auch heute noch besteht (nebenbei bemerkt, haben wir jetzt die in der Geschichte ziemlich seltene Gelegenheit erhalten, die Fristen festzustellen, die notwendig sind, um radikale soziale Änderungen durchzuführen, und wir sehen jetzt klar, *was* man in fünf Jahren machen kann und was viel längere Fristen erfordert).

Dieser Einwand besteht in der Behauptung, daß bei der von mir vorgeschlagenen Umgestaltung nichts als ein einziges Chaos herauskommen werde. Die Mitglieder der ZKK würden sich in allen Institutionen herumtreiben, ohne zu wissen, wohin, wozu und an wen sie sich zu wenden haben, und würden dabei überall Desorganisation hineintragen, die Angestellten von ihrer laufenden Arbeit ablenken usw. usf.

Ich denke, der böswillige Ursprung dieses Einwands ist so offenkundig, daß darauf nicht einmal eine Antwort erforderlich ist. Es versteht sich von selbst, daß vom Präsidium der ZKK sowie vom Volkskommissar der Arbeiter- und Bauerninspektion und seinem Kollegium (und in den entsprechenden Fällen auch vom Sekretariat unseres ZK) mehr als ein Jahr beharrlicher Arbeit erforderlich sein wird, um das Volkskommissariat und dessen Arbeit in Gemeinschaft mit der ZKK richtig zu organisieren. Der Volkskommissar der Arbeiter- und Bauerninspektion kann (und soll) meiner Meinung nach Volkskommissar bleiben, wie auch das ganze Kollegium bleiben und die Leitung der Tätigkeit der gesamten Arbeiter- und Bauerninspektion behalten soll, einschließlich sämtlicher Mitglieder der ZKK, die als zu seiner Verfügung „abkommandiert" gelten werden. Die nach meinem Plan verbleibenden 300–400 Angestellten der Arbeiter- und Bauerninspektion werden einerseits reine Sekretärsfunktionen bei den anderen Mitgliedern der Arbeiter- und Bauerninspektion und den neu hinzukommenden Mitgliedern der ZKK ausüben, anderseits aber müssen sie hochqualifiziert, besonders erprobt, besonders zuverlässig sein und ein hohes Gehalt beziehen, das sie aus der jetzigen wahrhaft unglückseligen Lage (um kein schlimmeres Wort zu gebrauchen) eines Beamten der Arbeiter- und Bauerninspektion völlig befreit.

Ich bin überzeugt, daß die Verringerung der Angestelltenzahl bis zu der von mir angegebenen Anzahl sowohl die Qualität der Mitarbeiter in der Arbeiter- und Bauerninspektion als auch die Qualität der ganzen Arbeit um ein vielfaches verbessern und zugleich dem Volkskommissar und den Mitgliedern des Kollegiums die Möglichkeit geben wird, sich voll und ganz auf die Organisierung der Arbeit und auf die systematische, unentwegte Verbesserung ihrer Qualität zu konzentrieren, die für die Arbeiter- und Bauernmacht und für unsere Sowjetordnung eine so unbedingte Notwendigkeit ist.

Anderseits denke ich auch, daß der Volkskommissar der Arbeiter- und Bauerninspektion künftig daran arbeiten muß, die höheren

Institute für Arbeitsorganisation (Zentralinstitut für Arbeit, Institut für wissenschaftliche Organisation der Arbeit usw.), von denen wir in unserer Republik gegenwärtig nicht weniger als zwölf haben, miteinander teils zu verschmelzen, teils zu koordinieren. Übermäßige Einförmigkeit und das daraus entspringende Bestreben zur Verschmelzung dürften schädlich sein. Hier muß man im Gegenteil einen vernünftigen und zweckentsprechenden Mittelweg finden zwischen der Verschmelzung aller dieser Institutionen zu einem Ganzen und ihrer richtigen Abgrenzung, unter Beibehaltung einer gewissen Selbständigkeit jeder dieser Institutionen.

Es besteht kein Zweifel, daß durch eine derartige Reorganisation nicht minder als die Arbeiter- und Bauerninspektion auch unser eigenes ZK gewinnen wird, sowohl im Sinne der Verbindung mit den Massen als auch im Sinne der Regelmäßigkeit und Solidität seiner Arbeit. Man wird dann eine strengere, verantwortungsbewußtere Ordnung bei der Vorbereitung der Sitzungen des Politbüros einführen können (und müssen), auf denen eine bestimmte Anzahl von Mitgliedern der ZKK, die entweder für eine gewisse Zeitspanne oder nach einem bestimmten Organisationsplan bestimmt werden, anwesend sein muß.

Der Volkskommissar der Arbeiter- und Bauerninspektion wird gemeinsam mit dem Präsidium der ZKK festlegen, wie die Arbeit unter ihre Mitglieder zu verteilen ist, und zwar unter dem Gesichtspunkt, daß sie verpflichtet sind, an den Sitzungen des Politbüros teilzunehmen und alle Dokumente zu prüfen, die ihm so oder anders zugehen, um behandelt zu werden, oder unter dem Gesichtspunkt, daß sie verpflichtet sind, ihre Arbeitszeit auf die theoretische Schulung, auf das Studium der wissenschaftlichen Arbeitsorganisation zu verwenden, oder aber unter dem Gesichtspunkt, daß sie verpflichtet sind, an der Kontrolle und Verbesserung unseres Staatsapparats, angefangen von den höchsten Staatsinstitutionen bis hinab zu den untersten Ortsbehörden, praktisch teilzunehmen, usw.

Ich glaube auch, neben dem politischen Vorteil, daß die Mitglieder des ZK und der ZKK bei einer derartigen Reform um ein vielfaches besser unterrichtet und auf die Sitzungen des Politbüros besser vorbereitet sein werden (alle für diese Sitzungen bestimmten Unterlagen müssen spätestens 24 Stunden vor der Sitzung des Politbüros im Besitz sämtlicher Mitglieder des ZK und der ZKK sein, mit Ausnahme solcher Fälle, die absolut keinen Aufschub dulden und eine besondere Regelung zur Unterrichtung der Mitglieder des ZK und der ZKK sowie eine Regelung ihrer Entscheidung erfordern), wird man es auch noch als einen Gewinn betrachten müssen, daß sich in unserem ZK der Einfluß rein persönlicher und zufälliger Umstände vermindern und sich dadurch die Gefahr einer Spaltung verringern wird.

Unser ZK hat sich zu einer streng zentralisierten Gruppe herausgebildet, die hohe Autorität genießt, aber für die Arbeit dieser Gruppe sind nicht die Bedingungen geschaffen, die ihrer Autorität entsprächen. Dem soll die von mir vorgeschlagene Reform abhelfen; die Mitglieder der ZKK, von denen eine bestimmte Anzahl verpflichtet ist, in jeder Sitzung des Politbüros anwesend zu sein, müssen eine geschlossene Gruppe bilden, die „ohne Ansehen der Person" darüber zu wachen haben wird, daß niemandes Autorität sie daran hindern könne, Anfragen einzubringen, Dokumente zu überprüfen und überhaupt unbedingte Informiertheit und strengste Korrektheit in allen Angelegenheiten zu erreichen.

Natürlich beruht die soziale Ordnung in unserer Sowjetrepublik auf der Zusammenarbeit zweier Klassen, der Arbeiter und der Bauern, zu der jetzt noch die „NÖP-Leute", d. h. die Bourgeoisie, unter gewissen Bedingungen zugelassen sind. Wenn zwischen diesen Klassen ernsthafte Klassendifferenzen auftauchen, dann wird eine Spaltung unvermeidlich sein, aber unsere soziale Ordnung bietet keine Handhabe zu Anlässen, die eine solche Spaltung als notwendig erscheinen ließen, und die Hauptaufgabe unseres ZK und unserer ZKK sowie unserer Partei in ihrer Gesamtheit besteht darin, aufmerksam die Umstände zu verfolgen, aus denen sich eine Spaltung ergeben könnte, und ihnen vorzubeugen, denn in letzter Instanz wird das Schicksal unserer Republik davon abhängen, ob die Bauernmasse der Arbeiterklasse folgen, also dem Bündnis mit ihr die Treue wahren wird oder ob sie es den „NÖP-Leuten", d. h. der neuen Bourgeoisie, gestatten wird, sie mit den Arbeitern zu entzweien, sie von ihnen abzuspalten. Je klarer wir diesen zweifachen Ausgang vor uns sehen, je klarer ihn alle unsere Arbeiter und Bauern begreifen werden, desto größer sind die Aussichten, daß es uns gelingen wird, eine Spaltung zu vermeiden, die für die Sowjetrepublik verhängnisvoll wäre.

23. Januar 1923

„Prawda" Nr. 16,
25. Januar 1923.
Unterschrift: N. Lenin

Nach dem Text der „Prawda", verglichen mit der stenografischen Niederschrift.

LIEBER WENIGER, ABER BESSER

In der Frage der Verbesserung unseres Staatsapparats sollte die Arbeiter- und Bauerninspektion meiner Meinung nach nicht auf Quantität ausgehen und sich nicht überstürzen. Wir sind bisher so wenig dazu gekommen, über die Qualität unseres Staatsapparats nachzudenken und uns um sie zu kümmern, daß es wohl berechtigt ist, sich besonders ernsthaft damit zu befassen und in der Arbeiter- und Bauerninspektion ein Menschenmaterial von wirklich moderner, d. h. den besten westeuropäischen Vorbildern nicht nachstehender Qualität zu konzentrieren. Gewiß, für eine sozialistische Republik ist das eine allzu bescheidene Voraussetzung. Doch hat uns das erste Jahrfünft gehörig mit Mißtrauen und Skeptizismus erfüllt. Wir sind unwillkürlich geneigt, uns mit dieser Eigenschaft gegenüber denen zu wappnen, die sich allzuviel und allzuleicht in Reden beispielsweise über „proletarische Kultur" ergehen: Für den Anfang sollte uns eine wirkliche bürgerliche Kultur genügen, für den Anfang sollte es uns genügen, wenn wir ohne die besonders ausgeprägten Typen vorbürgerlicher Kultur auskommen, d. h. der Beamten- oder der Leibeigenschaftskultur usw. In Kulturfragen gibt es nichts Schädlicheres als Übereile und Leichtfertigkeit. Das sollten sich viele unserer jungen Publizisten und Kommunisten gut hinter die Ohren schreiben.

Was nun die Frage des Staatsapparats betrifft, so müssen wir aus den bisherigen Erfahrungen den Schluß ziehen: Lieber etwas langsamer.

Mit dem Staatsapparat steht es bei uns derart traurig, um nicht zu sagen abscheulich, daß wir uns zunächst gründlich überlegen müssen, wie wir seine Mängel bekämpfen sollen, eingedenk dessen, daß diese Mängel ihre Wurzeln in der Vergangenheit haben, die zwar über den Haufen geworfen, aber noch nicht überwunden, noch nicht in das Stadium einer in die ferne Vergangenheit entrückten Kultur eingetreten ist. Ich schneide hier gerade die Frage der

Kultur an, weil in diesen Dingen nur das als erreicht gelten darf, was in die Kultur, in das Alltagsleben, in die Gewohnheiten eingegangen ist. Bei uns aber, das kann man wohl sagen, ist das Gute an der sozialen Ordnung äußerst schlecht durchdacht, nicht verstanden, nicht innerlich empfunden, ist hastig aufgegriffen, nicht nachgeprüft, nicht erprobt, nicht durch Erfahrung bestätigt, nicht verankert usw. Anders konnte es natürlich in der revolutionären Epoche und bei dieser schwindelerregenden Schnelligkeit der Entwicklung, die uns in fünf Jahren vom Zarismus zum Sowjetsystem geführt hat, auch gar nicht sein.

Man muß sich rechtzeitig besinnen. Man muß sich mit einem heilsamen Argwohn gegen die unbedacht schnelle Vorwärtsbewegung, gegen jede Prahlsucht usw. wappnen, man muß an die Überprüfung jener Schritte nach vorn denken, die wir jede Stunde verkünden, jede Minute machen, um dann jede Sekunde ihre Unhaltbarkeit, ihre Unsolidität, ihre Unverständlichkeit zu beweisen. Hier wäre es am allerschädlichsten, sich zu übereilen. Es wäre am allerschädlichsten, sich darauf zu verlassen, daß wir immerhin einiges wissen, oder darauf, daß es bei uns eine einigermaßen beträchtliche Menge von Elementen für den Aufbau eines wirklich neuen Apparats gibt, der wirklich den Namen eines sozialistischen, eines sowjetischen usw. verdient.

Nein, von einem solchen Apparat und selbst von Elementen dazu haben wir lächerlich wenig, und wir sollten bedenken, daß man zur Schaffung dieses Apparats keine Zeit scheuen darf und viele, viele, viele Jahre darauf verwenden muß.

Welche Elemente sind bei uns zur Schaffung dieses Apparats vorhanden? Nur zwei. Erstens die Arbeiter, die begeistert für den Sozialismus kämpfen. Diese Elemente sind ungenügend gebildet. Sie möchten uns den besten Apparat geben. Aber sie wissen nicht, wie man das zustande bringt. Sie können das nicht zustande bringen. Sie haben bis jetzt noch nicht die Entwicklung durchgemacht, sich noch nicht die Kultur angeeignet, die dazu nötig ist. Und dazu ist eben Kultur nötig. Da ist mit Draufgängertum oder Tatendrang, mit Forschheit oder Energie oder mit sonst noch so guten menschlichen Eigenschaften im allgemeinen nichts auszurichten. Zweitens die Elemente des Wissens, der Bildung, der Schulung, von denen wir im Vergleich mit allen anderen Staaten lächerlich wenig haben.

Und dabei darf man nicht vergessen, daß wir noch allzusehr geneigt sind, dieses Wissen durch Eifer, Übereile usw. zu ersetzen (oder uns einzubilden, daß man es dadurch ersetzen kann).

Wir müssen uns, koste es, was es wolle, zur Erneuerung unseres Staatsapparats die Aufgabe stellen: erstens zu lernen, zweitens zu lernen und drittens zu lernen, und dann zu kontrollieren, ob die Wissenschaft bei uns nicht toter Buchstabe oder modische Phrase geblieben ist (und das kommt bei uns, verhehlen wir es nicht, besonders häufig vor), ob die Wissenschaft wirklich in Fleisch und Blut übergegangen, ob sie vollständig und wirklich zu einem Bestandteil des Alltags geworden ist. Kurzum, wir müssen nicht die Forderungen stellen, die die Bourgeoisie Westeuropas stellt, sondern Forderungen, wie sie einem Land anstehen und geziemen, das sich zur Aufgabe gemacht hat, sich zu einem sozialistischen Land zu entwickeln.

Schlußfolgerungen aus dem Gesagten: Wir müssen die Arbeiter- und Bauerninspektion als Instrument zur Verbesserung unseres Apparats zu einer wirklich mustergültigen Einrichtung machen.

Damit sie die erforderliche Höhe erreichen könne, muß man sich an die Regel halten: Siebenmal abmessen, einmal abschneiden.

Dazu ist notwendig, daß wirklich das Beste, was es in unserer sozialen Ordnung gibt, mit der größten Vorsicht, Überlegung und Sachkenntnis bei der Schaffung des neuen Volkskommissariats angewandt wird.

Dazu ist notwendig, daß die besten Elemente, die es in unserer sozialen Ordnung gibt – nämlich: erstens die fortschrittlichsten Arbeiter und zweitens die wirklich aufgeklärten Elemente, für die man bürgen kann, daß sie kein Wort auf Treu und Glauben hinnehmen, kein Wort gegen ihr Gewissen sagen werden –, sich nicht scheuen, jede Schwierigkeit einzugestehen, und vor keinem Kampf zur Erreichung des Zieles zurückschrecken, das sie sich ernsthaft gesteckt haben.

Schon seit fünf Jahren sind wir geschäftig dabei, unseren Staatsapparat zu verbessern, aber das ist eben nur Geschäftigkeit, die in den fünf Jahren lediglich ihre Untauglichkeit oder sogar ihre Nutzlosigkeit oder gar ihre Schädlichkeit bewiesen hat. Als Geschäftigkeit erweckte sie bei uns den Anschein von Arbeit, während sie in Wirklichkeit unsere Institutionen und unsere Gehirne verunreinigte.

Das muß endlich anders werden.

Man muß sich zur Regel machen: Lieber der Zahl nach weniger, aber höhere Qualität. Man muß sich zur Regel machen: Lieber in zwei Jahren oder sogar in drei Jahren als in aller Eile, ohne jede Hoffnung, ein solides Menschenmaterial zu bekommen.

Ich weiß, daß es schwierig sein wird, diese Regel einzuhalten und auf unsere Wirklichkeit anzuwenden. Ich weiß, daß sich bei uns die gegenteilige Regel durch tausend Hintertürchen einen Weg bahnen wird. Ich weiß, daß es nötig sein wird, einen gigantischen Widerstand zu leisten, eine verteufelte Beharrlichkeit an den Tag zu legen, daß die Arbeit hier zumindest in den ersten Jahren verflucht undankbar sein wird; und nichtsdestoweniger bin ich überzeugt, daß wir nur durch eine solche Arbeit imstande sein werden, unser Ziel zu erreichen, und erst wenn wir dieses Ziel erreicht haben, werden wir eine Republik schaffen, die wirklich würdig ist, eine sowjetische, sozialistische usw. usf. u. dgl. m. genannt zu werden.

Wahrscheinlich haben viele Leser die Zahlen, die ich als Beispiel in meinem ersten Artikel angeführt habe*, zu geringfügig gefunden. Ich bin überzeugt, daß sich zum Beweis der Unzulänglichkeit

* Der gemeinte Artikel ist hier auf S. 220–226 zu finden.

dieser Zahlen viele Berechnungen anstellen lassen. Aber ich glaube, daß wir höher als alle diese und jegliche Berechnungen das eine stellen müssen: das Interesse an wirklich vorbildlicher Qualität.

Ich bin der Ansicht, daß für unseren Staatsapparat gerade jetzt endlich der Zeitpunkt gekommen ist, wo wir an diesem Apparat gehörig, mit allem Ernst arbeiten müssen und wo Übereilung so ziemlich der schädlichste Zug dieser Arbeit sein dürfte. Deshalb würde ich vor einer Erhöhung dieser Zahlen sehr warnen. Meiner Meinung nach sollte man hier im Gegenteil mit den Zahlen besonders kargen. Sprechen wir offen. Das Volkskommissariat der Arbeiter- und Bauerninspektion genießt gegenwärtig nicht die geringste Autorität. Jedermann weiß, daß es keine schlechter organisierten Institutionen als die unserer Arbeiter- und Bauerninspektion gibt und daß unter den gegenwärtigen Verhältnissen von diesem Volkskommissariat rein gar nichts zu erwarten ist. Das müssen wir uns fest einprägen, wenn wir uns wirklich das Ziel setzen wollen, in einigen Jahren eine Institution zustande zu bringen, die erstens mustergültig sein soll, zweitens allen unbedingtes Vertrauen einflößen und drittens jedermann beweisen soll, daß wir die Arbeit einer so hochgestellten Institution wie der ZKK wirklich gerechtfertigt haben. Alle allgemeinen Normen für die Zahl der Angestellten sollten meiner Meinung nach sofort und unwiderruflich verworfen werden. Die Angestellten der Arbeiter- und Bauerninspektion müssen wir ganz besonders und nicht anders als auf Grund strengster Prüfung auswählen. In der Tat, wozu denn ein Volkskommissariat bilden, in dem die Arbeit schlecht und recht gemacht würde, zu dem man wiederum nicht das geringste Vertrauen hätte, dessen Wort eine unendlich geringe Autorität genösse? Das zu vermeiden, denke ich, ist unsere Hauptaufgabe bei einer derartigen Umgestaltung, wie wir sie jetzt im Auge haben.

Die Arbeiter, die wir als Mitglieder der ZKK heranziehen, müssen als Kommunisten tadelfrei sein, und ich glaube, man wird sich noch längere Zeit mit ihnen beschäftigen müssen, um ihnen die

Methoden und Aufgaben ihrer Arbeit beizubringen. Weiter, als Hilfspersonal für diese Arbeit muß es eine bestimmte Anzahl von Sekretären geben, von denen vor ihrer Einstellung in den Dienst eine dreifache Prüfung zu verlangen sein wird. Schließlich müssen diejenigen Personen, die wir uns entschließen werden, ausnahmsweise sofort als Mitarbeiter der Arbeiter- und Bauerninspektion fest anzustellen, den folgenden Bedingungen genügen:

erstens müssen sie von mehreren Kommunisten empfohlen sein;

zweitens müssen sie daraufhin geprüft werden, ob sie mit unserem Staatsapparat vertraut sind;

drittens müssen sie daraufhin geprüft werden, ob sie die theoretischen Grundlagen in der Frage unseres Staatsapparats, die Grundlagen der Verwaltungswissenschaft, der Geschäftsführung usw. kennen;

viertens müssen sie sich mit den Mitgliedern der ZKK und mit ihrem Sekretariat so einarbeiten, daß wir für die Arbeit dieses ganzen Apparats in seiner Gesamtheit bürgen können.

Ich weiß, daß diese Forderungen überaus weitgehende Vorbedingungen voraussetzen, und ich neige sehr zu der Befürchtung, daß die meisten „Praktiker" in der Arbeiter- und Bauerninspektion diese Forderungen für unerfüllbar erklären oder verächtlich darüber spotten werden. Aber ich frage den erstbesten unter den gegenwärtigen Leitern der Arbeiter- und Bauerninspektion oder unter denjenigen, die mit ihr zu tun haben, ob er mir auf Ehre und Gewissen sagen kann, wozu man in der Praxis ein solches Volkskommissariat wie die Arbeiter- und Bauerninspektion braucht. Ich glaube, diese Frage wird ihm dazu verhelfen, das Gefühl für das richtige Maß zu finden. Entweder lohnt es gar nicht, sich bei einer so aussichtslosen Sache, wie es die Arbeiter- und Bauerninspektion ist, mit einer jener Reorganisationen zu beschäftigen, wie wir sie in Hülle und Fülle gehabt haben, oder man muß sich wirklich die Aufgabe stellen, auf langsamem, schwierigem, ungewöhnlichem Wege, nicht ohne zahlreiche Überprüfungen, etwas wirklich

Vorbildliches zu schaffen, das dazu angetan ist, jedermann Achtung einzuflößen, und zwar nicht nur, weil Titel und Würden das erfordern.

Wenn man sich nicht mit Geduld wappnet, wenn man für diese Sache nicht mehrere Jahre daransetzen will, dann soll man lieber die Finger ganz davonlassen.

Meiner Meinung nach sollte man unter solchen Institutionen, wie den von uns neugebackenen höheren Instituten für Arbeit und ähnliches, ein Minimum auswählen, nachprüfen, ob die Arbeit vollauf ernst zu nehmen ist, und sie nur so fortsetzen, daß sie wirklich auf der Höhe der modernen Wissenschaft steht und uns alle ihre Leistungen zugute kommen läßt. Dann wird es nicht utopisch sein, zu hoffen, daß wir in einigen Jahren eine Institution erhalten, die imstande sein wird, das Ihre zu leisten, nämlich systematisch und unbeirrt, gestützt auf das Vertrauen der Arbeiterklasse, der Kommunistischen Partei Rußlands und der ganzen Masse der Bevölkerung unserer Republik, an der Verbesserung unseres Staatsapparats zu arbeiten.

Mit den Vorarbeiten dazu könnte schon jetzt begonnen werden. Gäbe das Volkskommissariat der Arbeiter- und Bauerninspektion seine Zustimmung zu dem Plan einer wirklichen Umgestaltung, so könnte es sofort vorbereitende Schritte unternehmen, um systematisch bis zu deren endgültiger Vollendung zu arbeiten, ohne Hast und ohne darauf zu verzichten, das einmal Gemachte zu ändern.

Jede halbe Entscheidung wäre hier im höchsten Grade schädlich. Alle Normen hinsichtlich der Angestellten der Arbeiter- und Bauerninspektion, die von irgendwelchen anderen Erwägungen ausgingen, würden im Grunde auf den alten bürokratischen Erwägungen, auf den alten Vorurteilen beruhen, auf dem, was bereits verworfen ist, was allgemeinen Spott hervorruft, usw.

Genaugenommen steht hier die Frage so:

Entweder wir zeigen jetzt, daß wir auf dem Gebiet des Staatsaufbaus ernstlich etwas gelernt haben (es ist keine Sünde, in fünf

Jahren etwas gelernt zu haben), oder aber, daß wir dazu noch nicht reif sind; und dann lohnt es nicht, ans Werk zu gehen.

Es ist sofort ein Preisausschreiben für die Abfassung von zwei oder mehr Lehrbüchern über Organisation der Arbeit im allgemeinen und der Verwaltungsarbeit im besonderen zu veranstalten. Als Grundlage könnte das bereits vorliegende Buch von Jermanski dienen, obwohl er sich, in Parenthese bemerkt, durch offenkundige Sympathie für den Menschewismus auszeichnet und zur Abfassung eines für die Sowjetmacht brauchbaren Lehrbuches ungeeignet ist. Ferner könnte man das unlängst erschienene Buch von Kershenzew als Grundlage nehmen; schließlich mögen noch manche der vorhandenen Lehrmittel über Teilfragen brauchbar sein.

Einige vorgebildete und gewissenhafte Personen sollen nach Deutschland oder England geschickt werden, um Literatur zu sammeln und diese Frage zu studieren. England nenne ich für den Fall, daß eine Entsendung nach Amerika oder Kanada sich als unmöglich herausstellen sollte.

Es ist eine Kommission einzusetzen, die das anfängliche Programm der Prüfungen für die Bewerber um eine Anstellung in der Arbeiter- und Bauerninspektion ausarbeitet; ebenso für die vorgesehenen Mitglieder der ZKK.

Diese und ähnliche Arbeiten werden selbstverständlich weder dem Volkskommissar noch den Kollegiumsmitgliedern der Arbeiter- und Bauerninspektion, noch auch dem Präsidium der ZKK Schwierigkeiten bereiten.

Parallel damit wird man eine vorbereitende Kommission einsetzen müssen, um Kandidaten für die Funktion von Mitgliedern der ZKK ausfindig zu machen. Ich hoffe, daß sich für diese Funktion jetzt bei uns bereits mehr als genug Kandidaten finden werden, sowohl aus den Reihen der erfahrenen Mitarbeiter aller Behörden als auch aus den Reihen der Studierenden unserer Sowjetschulen. Es dürfte kaum richtig sein, diese oder jene Kategorie von vornherein auszuschließen. Wahrscheinlich wird für diese Institution, in der wir eine Vereinigung vieler Eigenschaften, eine Vereinigung ungleichartiger Vorzüge suchen müssen, eine mannigfaltige Zusammensetzung vorzuziehen sein, so daß man hier an der Aufstellung der Kandidatenliste eine Weile wird arbeiten müssen. Es wäre zum Beispiel ganz und gar unerwünscht, wenn das neue Volkskommissariat nach einer Schablone zusammengesetzt würde, sagen wir, aus lauter typischen Beamtennaturen oder unter Ausschluß von Menschen mit agitatorischem Einschlag oder unter Ausschluß von Menschen, deren hervorstechende Eigenschaft Umgänglichkeit oder die Fähigkeit ist, in Kreise einzudringen, die für Funktionäre dieser Art nicht allzu gewohnt sind, usw.

*

Ich glaube, ich werde meinen Gedanken am besten ausdrücken, wenn ich meinen Plan mit Institutionen von akademischem Typus vergleiche. Die Mitglieder der ZKK werden unter Leitung ihres Präsidiums systematisch an der Durchsicht aller Akten und Dokumente des Politbüros arbeiten müssen. Zugleich werden sie ihre Zeit für die einzelnen Arbeiten zur Kontrolle der Geschäftsführung in unseren Institutionen, angefangen von den kleinsten und speziellsten bis hinauf zu den obersten Staatsinstitutionen, richtig einteilen müssen. Schließlich werden zu ihrem Tätigkeitsbereich gehören die Beschäftigung mit der Theorie, d. h. mit der Theorie der Organisation derjenigen Arbeit, der sie sich zu widmen gedenken, und praktische Übungen unter der Leitung entweder von alten Genossen oder von Lehrern der höheren Lehranstalten für Arbeitsorganisation.

Ich glaube aber, sie werden sich keineswegs auf derartige akademische Arbeiten beschränken können. Sie werden sich gleichzeitig auf Arbeiten vorbereiten müssen, die ich nicht anstehen würde, als eine Ausbildung zum Herausfischen, ich will nicht sagen: von Spitzbuben, aber doch von Leuten dieses Schlages, zu bezeichnen, und zum Aushecken besonderer Kniffe, um die eigenen Vorhaben, Schachzüge usw. zu verschleiern.

Wenn in den westeuropäischen Institutionen derartige Vorschläge unerhörte Empörung, das Gefühl sittlicher Entrüstung usw. hervorrufen würden, so hoffe ich, daß wir uns noch nicht so weit verbürokratisiert haben, um dazu fähig zu sein. Noch hat die NÖP bei uns nicht eine solche Achtung erworben, daß sich jemand bei dem Gedanken gekränkt fühlen würde, man könnte hier irgend jemand herausfischen wollen. Unsere Sowjetrepublik wurde erst vor so kurzer Zeit errichtet, und es liegt ein solcher Haufen von allerhand Gerümpel herum, daß es kaum jemand in den Sinn kommen dürfte, sich bei dem Gedanken gekränkt zu fühlen, man könnte unter diesem Gerümpel mit Hilfe gewisser Listen, mit Hilfe von Auskundschaftungen, die mitunter auf ziemlich entlegene Quellen gerichtet sind oder auf ziemlichen Umwegen verlaufen, Ausgrabungen vornehmen, sollte sich aber dennoch jemand gekränkt fühlen, so kann man sicher sein, daß wir einen solchen Menschen alle von ganzem Herzen auslachen werden.

Unsere neue Arbeiter- und Bauerninspektion wird hoffentlich die Eigenschaft ablegen, die man auf französisch pruderie nennt, eine Eigenschaft, die wir als lächerliche Zimperlichkeit oder lächerliche Wichtigtuerei bezeichnen können und die unserer ganzen Bürokratie, der Sowjet- wie der Parteibürokratie, im höchsten Grade zupaß kommt. Nebenbei bemerkt, Bürokraten gibt es bei uns nicht nur in den Sowjet-, sondern auch in den Parteiinstitutionen.

Wenn ich oben geschrieben habe, daß wir in den Instituten für höhere Arbeitsorganisation usw. lernen, unermüdlich lernen müssen, so heißt das keineswegs, daß ich dieses „Lernen" auch nur im geringsten schulmäßig verstehe oder daß ich mich auf den Gedanken an ein nur schulmäßiges Lernen beschränken wollte. Ich hoffe, kein einziger wahrer Revolutionär wird mich im Verdacht haben, daß ich in diesem Falle von mir gewiesen hätte, unter „Lernen" auch irgendeinen halb scherzhaften Streich, irgendeinen Dreh, irgendeine Finte oder etwas von dieser Art zu verstehen. Ich weiß, in einem wohlanständigen und ernst zu nehmenden westeuropäischen Staat riefe dieser Gedanke wahres Entsetzen hervor, und kein einziger ordentlicher Beamter wäre damit einverstanden, ihn auch nur zur Debatte zu stellen. Doch hoffe ich, daß wir uns noch nicht so weit verbürokratisiert haben und daß bei uns die Erörterung dieses Gedankens nichts als Heiterkeit erregt.

In der Tat, warum sollte man nicht das Angenehme mit dem Nützlichen verbinden? Warum sollte man sich nicht irgendeines scherzhaften oder halb scherzhaften Streichs bedienen, um etwas Lächerliches, etwas Schädliches, etwas halb Lächerliches oder halb Schädliches usw. aufzudecken?

Mir scheint, daß unsere Arbeiter- und Bauerninspektion nicht wenig gewinnen wird, wenn sie diese Überlegungen in Erwägung zieht, und daß die Liste der Fälle, vermittels deren unsere ZKK oder ihre Kollegen von der Arbeiter- und Bauerninspektion einige ihrer glänzendsten Siege davongetragen haben, eine nicht geringe Bereicherung erfahren wird durch die Abenteuer unserer künftigen „Rabkrinisten"* und „Zekakisten"** an Orten, die in wohlanständigen und prüden Lehrbüchern zu erwähnen nicht ganz schicklich ist.

*

Wie kann man denn Parteiinstitutionen mit Sowjetinstitutionen vereinigen? Liegt hier nicht etwas Unzulässiges vor?

Ich stelle diese Frage nicht in meinem eigenen Namen, sondern im Namen derer, auf die ich früher angespielt habe, als ich sagte, daß es Bürokraten bei uns nicht nur in den Sowjet-, sondern auch in den Parteiinstitutionen gibt.

In der Tat, warum sollte man nicht die einen mit den anderen vereinigen, wenn das Interesse der Sache es verlangt? Sollte es etwa jemand geben, der niemals bemerkt hat, daß in einem Volkskommissariat wie dem für Auswärtige Angelegenheiten eine derartige Vereinigung außerordentlichen Nutzen bringt und von allem An-

---

* Mitarbeiter der Arbeiter- und Bauerninspektion. *Der Übers.*

** Mitglieder der Zentralen Kontrollkommission. *Der Übers.*

fang an praktiziert wird? Werden denn nicht im Politbüro vom Parteistandpunkt aus viele kleine und große Fragen beraten, bei denen es sich um „Gegenzüge" von unserer Seite als Antwort auf die „Züge" ausländischer Mächte handelt, damit ihren, na, sagen wir: Listen, um nicht einen weniger anständigen Ausdruck zu benutzen, vorgebeugt werde? Ist denn diese elastische Vereinigung von Sowjetischem und Parteilichem nicht eine Quelle außerordentlicher Kraft in unserer Politik? Ich glaube, was sich in unserer Außenpolitik bewährt und eingebürgert hat, was bereits so sehr zur Gewohnheit geworden ist, daß es auf diesem Gebiet keinerlei Bedenken hervorruft, das wird in bezug auf unseren gesamten Staatsapparat zumindest ebenso am Platze sein (ja, ich glaube, noch viel mehr am Platze sein). Und die Arbeiter- und Bauerninspektion ist doch für unseren gesamten Staatsapparat bestimmt, ihre Tätigkeit soll sich auf alle und jegliche staatlichen Institutionen ohne jede Ausnahme erstrecken: auf die örtlichen wie auf die zentralen, auf die kommerziellen wie auf die rein administrativen, auf die Lehranstalten, die Archive, die Theater usw. – mit einem Wort, auf alle ohne die geringste Ausnahme.

Warum sollte nun für eine Institution mit solch breitem Spielraum, für die überdies noch außerordentlich geschmeidige Formen der Tätigkeit erforderlich sind – warum sollte für sie die eigenartige Verschmelzung einer Parteikontrollinstitution mit einer Sowjetkontrollinstitution nicht zulässig sein?

Ich würde darin keinerlei Hindernis erblicken. Mehr noch, ich glaube, eine solche Vereinigung bietet die einzige Gewähr für erfolgreiche Arbeit. Ich glaube, daß alle Zweifel, die diesbezüglich auftauchen, aus den allerstaubigsten Winkeln unseres Staatsapparats herrühren und daß sie nur die eine Antwort verdienen, ausgelacht zu werden.

*

Ein anderes Bedenken: Ziemt es sich, die Lerntätigkeit mit der Amtstätigkeit zu verbinden? Mir scheint, das ist nicht nur angebracht, sondern auch erforderlich. Allgemein gesprochen, haben wir uns vom westeuropäischen Staatswesen, bei allem revolutionären Verhalten ihm gegenüber, bereits mit einer ganzen Reihe höchst schädlicher und lächerlicher Vorurteile anstecken lassen, und zum Teil haben uns damit unsere lieben Bürokraten absichtlich angesteckt, nicht ohne Vorbedacht, darauf spekulierend, daß es ihnen immer wieder gelingen werde, unter Ausnutzung derartiger Vorurteile im trüben zu fischen; und sie haben bis zu einem solchen Grade im trüben gefischt, daß nur ganz Blinde unter uns nicht gesehen haben, in welchem Umfang das praktiziert worden ist.

Auf dem gesamten Gebiet der gesellschaftlichen, ökonomischen und politischen Beziehungen sind wir „schrecklich" revolutionär. Aber was den Amtsrespekt betrifft, die Wahrung der Formen und Zeremonien in der Geschäftsführung, so ist es gang und gäbe, daß an Stelle unseres „Revolutionismus" die muffigste Routine tritt. Hier kann man oft genug die höchst interessante Erscheinung beobachten, daß sich im gesellschaftlichen Leben der größte Sprung nach vorn mit einer ungeheuren Zaghaftigkeit gegenüber den kleinsten Veränderungen verbindet.

Das ist auch begreiflich, weil die kühnsten Schritte nach vorn auf einem Gebiet lagen, das von jeher Domäne der Theorie war, auf einem Gebiet, das hauptsächlich und sogar fast ausschließlich theoretisch kultiviert wurde. Angesichts der verhaßten bürokratischen Wirklichkeit pflegte sich der Russe innerhalb seiner vier Wände das Herz mit ungemein kühnen theoretischen Konstruktionen zu erleichtern, und darum gewannen diese ungemein kühnen theoretischen Konstruktionen bei uns einen ungewöhnlich einseitigen Charakter. Bei uns vertrug sich sehr gut theoretische Kühnheit in den allgemeinen Konstruktionen mit erstaunlicher Zaghaftigkeit gegenüber irgendeiner ganz unbedeutenden Kanzleireform. Irgendeine grandiose Agrarrevolution von Weltbedeutung wurde mit einer Kühnheit ausgearbeitet, wie sie in anderen Staaten unerhört war, aber daneben versagte die Phantasie bei irgendeiner Kanzleireform zehnten Grades; es gebrach an Phantasie, oder es gebrach an Geduld, um auf diese Reform dieselben allgemeinen Grundsätze anzuwenden, die bei ihrer Anwendung auf allgemeine Fragen so „glänzende" Resultate zeitigten.

Und deshalb vereinigen sich in unserem heutigen Alltagsleben in erstaunlichem Grade Züge von Tollkühnheit mit Zaghaftigkeit des Denkens gegenüber den geringfügigsten Veränderungen.

Ich glaube, daß es in keiner einzigen wirklich großen Revolution je anders zugegangen ist, weil die wirklich großen Revolutionen geboren werden aus den Widersprüchen zwischen dem Alten, zwischen dem, was auf die Verarbeitung des Alten gerichtet ist, und dem ganz abstrakten Streben nach einem Neuen, das schon so neu sein muß, daß kein Quentchen der alten Zeit mehr darin enthalten ist.

Und je schroffer diese Revolution, desto länger die Zeitspanne, während der sich eine ganze Reihe solcher Widersprüche halten wird.

*

Der allgemeine Zug unseres Alltagslebens ist jetzt folgender: Wir haben die kapitalistische Industrie zerschlagen, haben alles getan, um die mittelalterlichen Einrichtungen, den gutsherrlichen Grundbesitz auszurotten, und haben auf diesem Boden eine Klein- und Zwergbauernschaft hervorgebracht, die dem Proletariat folgt, weil sie Vertrauen zu den Ergebnissen seiner revolutionären Arbeit hat. Mit diesem Vertrauen jedoch bis zum Sieg der sozialistischen Revolution in den höherentwickelten Ländern durchzuhalten, ist für uns nicht leicht, denn die Klein- und Zwergbauernschaft hält sich, insbesondere unter der NÖP, kraft ökonomischer Notwendigkeit auf einem äußerst niedrigen Niveau der Arbeitsproduktivität. Auch die internationale Lage hat bewirkt, daß Rußland jetzt zurückgeworfen ist, daß die Arbeitsproduktivität des Volkes im großen und ganzen jetzt bei uns beträchtlich geringer ist, als sie vor dem Krieg war. Die westeuropäischen kapitalistischen Mächte haben teils bewußt, teils spontan alles mögliche getan, um uns zurückzuwerfen, um die Elemente des Bürgerkriegs in Rußland zu einer möglichst großen Verwüstung des Landes auszunutzen. Gerade ein solcher Abschluß des imperialistischen Krieges schien natürlich beträchtliche Vorteile zu bieten: Wenn wir das revolutionäre Regime in Rußland nicht stürzen, so werden wir auf jeden Fall seine Entwicklung zum Sozialismus erschweren - so ungefähr dachten diese Mächte, und von ihrem Standpunkt aus konnten sie gar nicht anders denken. Im Ergebnis erreichten sie eine halbe Lösung ihrer Aufgabe. Sie haben das neue, von der Revolution geschaffene Regime nicht gestürzt, aber sie haben ihm auch die Möglichkeit genommen, sofort einen solchen Schritt vorwärts zu tun, der die Voraussagen der Sozialisten gerechtfertigt hätte, der es den Sozialisten ermöglicht hätte, mit ungeheurer Schnelligkeit die Produktivkräfte zu entwickeln, alle jene Möglichkeiten zu entfalten, die sich zum Sozialismus verdichtet hätten, und aller Welt anschaulich, augenfällig den Beweis zu liefern, daß der Sozialismus gigantische Kräfte in sich birgt und daß die Menschheit jetzt in ein neues Entwicklungsstadium eingetreten ist, das überaus glänzende Perspektiven eröffnet.

Es hat sich jetzt ein solches System internationaler Beziehungen herausgebildet, daß in Europa ein Staat von den Siegerstaaten geknechtet ist, nämlich Deutschland. Ferner befinden sich mehrere Staaten, und zwar die ältesten Staaten des Westens, infolge ihres Sieges in einer Lage, in der sie diesen Sieg dazu benutzen können, ihren unterdrückten Klassen eine Reihe unwichtiger Zugeständnisse zu machen, die immerhin die revolutionäre Bewegung in diesen Ländern hinauszögern und eine Art „sozialen Friedens" schaffen.

Gleichzeitig wurde eine ganze Reihe von Ländern - der Orient, Indien, China usw. - gerade infolge des letzten imperialistischen Krieges endgültig aus dem gewohnten Geleise geworfen. Ihre Entwicklung hat endgültig die allgemein-europäische kapitalistische

Richtung genommen. In diesen Ländern hat die gleiche Gärung wie in ganz Europa begonnen. Und jetzt ist es aller Welt klar, daß sie von einer Entwicklung erfaßt sind, die zwangsläufig zu einer Krise des gesamten Weltkapitalismus führen muß.

Wir stehen somit gegenwärtig vor der Frage: Wird es uns gelingen, angesichts unserer klein- und zwergbäuerlichen Produktion, angesichts der Zerrüttung unserer Wirtschaft so lange durchzuhalten, bis die westeuropäischen kapitalistischen Länder ihre Entwicklung zum Sozialismus vollenden werden? Aber sie vollenden diese Entwicklung nicht so, wie wir es früher erwartet haben. Sie vollenden sie nicht dadurch, daß der Sozialismus in diesen Ländern gleichmäßig „ausreift“, sondern auf dem Wege der Ausbeutung der einen Staaten durch die anderen, auf dem Wege der Ausbeutung des ersten während des imperialistischen Krieges besiegten Staates, verbunden mit der Ausbeutung des gesamten Ostens. Der Osten anderseits wurde eben infolge dieses ersten imperialistischen Krieges endgültig von der revolutionären Bewegung erfaßt und endgültig in den allgemeinen Strudel der revolutionären Weltbewegung hineingerissen.

Welche Taktik wird nun durch eine solche Lage der Dinge für unser Land vorgeschrieben? Offenbar die folgende: Wir müssen die größte Vorsicht walten lassen, um unsere Arbeitermacht zu behaupten, um unsere Klein- und Zwergbauernschaft unter der Autorität und Führung der Arbeitermacht zu behalten. Wir haben auf unserer Seite das Plus, daß die ganze Welt jetzt bereits in eine Bewegung eintritt, die die sozialistische Weltrevolution zur Folge haben muß. Aber wir haben auf unserer Seite das Minus, daß es den Imperialisten gelungen ist, die ganze Welt in zwei Lager zu spalten, wobei diese Spaltung noch dadurch kompliziert wird, daß es für Deutschland, ein Land von wirklich fortgeschrittener, kultureller kapitalistischer Entwicklung, jetzt im höchsten Grade schwierig ist, sich wieder aufzurichten. Alle kapitalistischen Mächte des sogenannten Westens hacken auf Deutschland ein und lassen es nicht auf die Beine kommen. Und anderseits ist der ganze Osten mit seiner nach Hunderten von Millionen zählenden ausgebeuteten werktätigen Bevölkerung, die an die äußerste Grenze menschlichen Elends getrieben ist, in Verhältnisse versetzt, wo seine physischen und materiellen Kräfte absolut keinen Vergleich mit den physischen, materiellen und militärischen Kräften irgendeines der viel kleineren westeuropäischen Staaten aushalten.

Können wir uns vor dem kommenden Zusammenstoß mit diesen imperialistischen Staaten retten? Besteht für uns die Hoffnung, daß die inneren Widersprüche und Konflikte zwischen den erfolgreichen imperialistischen Staaten des Westens und den erfolgreichen imperialistischen Staaten des Ostens uns ein zweites Mal eine Atempause gewähren werden, wie sie es das erstemal getan haben, als der Feldzug der westeuropäischen Konterrevolution, gerichtet auf die Unterstützung der russischen Konterrevolution, infolge der Gegensätze im Lager der Konterrevolutionäre des Westens und des Ostens, im Lager der östlichen und der westlichen Ausbeuter, im Lager Japans und Amerikas scheiterte?

Diese Frage, scheint mir, wird dahin zu beantworten sein, daß die Entscheidung hier von allzu vielen Umständen abhängt und der Ausgang des Kampfes sich im großen und ganzen nur auf der Grundlage voraussehen läßt, daß die gigantische Mehrheit der Erdbevölkerung schließlich durch den Kapitalismus selbst für den Kampf geschult und erzogen wird.

Der Ausgang des Kampfes hängt in letzter Instanz davon ab, daß Rußland, Indien, China usw. die gigantische Mehrheit der Erdbevölkerung stellen. Gerade diese Mehrheit der Bevölkerung wird denn auch in den letzten Jahren mit ungewöhnlicher Schnelligkeit in den Kampf um ihre Befreiung hineingerissen, so daß es in diesem Sinne nicht den geringsten Zweifel darüber geben kann, wie die endgültige Entscheidung des Kampfes im Weltmaßstab ausfallen wird. In diesem Sinne ist der endgültige Sieg des Sozialismus vollständig und unbedingt gesichert.

Aber uns interessiert nicht diese Unausbleiblichkeit des Endsieges des Sozialismus. Uns interessiert die Taktik, die wir, die Kommunistische Partei Rußlands, wir, die Sowjetmacht Rußlands, befolgen müssen, um die konterrevolutionären westeuropäischen Staaten zu hindern, uns zu erdrücken. Damit unsere Existenz gesichert ist bis zum nächsten kriegerischen Zusammenstoß zwischen dem konterrevolutionären imperialistischen Westen und dem revolutionären und nationalistischen Osten, zwischen den zivilisiertesten Staaten der Welt und den orientalisch zurückgebliebenen Staaten, die jedoch die Mehrheit ausmachen – muß es dieser Mehrheit gelingen, sich zu zivilisieren. Uns mangelt es ebenfalls an Zivilisation, um unmittelbar zum Sozialismus überzugehen, obwohl wir die politischen Voraussetzungen dafür haben. Wir müssen uns an die folgende Taktik halten bzw. zu unserer Rettung die folgende Politik annehmen.

Wir müssen danach streben, einen Staat aufzubauen, in dem die Arbeiter die Führung über die Bauern behaupten, sich das Vertrauen der Bauern bewahren und durch größte Sparsamkeit jede Spur jedweden überflüssigen Aufwands aus ihrer Gesellschaftsordnung ausmerzen.

Wir müssen unseren Staatsapparat auf die größte Sparsamkeit einstellen. Wir müssen jede Spur überflüssigen Aufwands aus ihm ausmerzen, der sich in ihm vom zaristischen Rußland, von seinem bürokratisch-kapitalistischen Apparat noch in so großem Ausmaß erhalten hat.

Wird das nicht ein Reich bäuerlicher Beschränktheit sein?

Nein. Wenn wir die Führung der Arbeiterklasse über die Bauernschaft behaupten, dann wird es uns um den Preis größter, allergrößter Sparsamkeit in der Wirtschaft unseres Staates möglich sein, zu erreichen, daß jede noch so kleine Einsparung der Entwicklung unserer maschinellen Großindustrie, der Entwicklung der Elektrifizierung, der Hydrotorfgewinnung, der Fertigstellung des Baus des Wolchowkraftwerks usw. zugute kommt.

Darin, und nur darin, wird unsere Hoffnung liegen. Nur dann werden wir imstande sein, um es bildlich auszudrücken, uns von dem einen Pferd auf das andere zu setzen, nämlich von dem Bauernklepper, von dem heruntergekommenen Gaul des Mushiks, dem Pferd der Sparmaßnahmen, die auf ein verarmtes Bauernland berechnet sind - auf ein Pferd, wie es das Proletariat für sich sucht und suchen muß, auf das Pferd der maschinellen Großindustrie, der Elektrifizierung, des Wolchowkraftwerks usw.

So verbinde ich in meinen Gedanken den allgemeinen Plan unserer Arbeit, unserer Politik, unserer Taktik, unserer Strategie mit den Aufgaben der reorganisierten Arbeiter- und Bauerninspektion. Darin besteht eben für mich die Rechtfertigung der außerordentlichen Fürsorge, der außerordentlichen Aufmerksamkeit, die wir der Arbeiter- und Bauerninspektion widmen müssen, indem wir sie auf eine außerordentliche Höhe heben, ihr eine Leitung mit den Rechten des ZK geben usw. usf.

Diese Rechtfertigung besteht darin, daß wir nur vermittels einer maximalen Reinigung unseres Apparats, vermittels eines maximalen Abbaus alles dessen, was darin nicht absolut notwendig ist, imstande sein werden, uns mit Sicherheit zu behaupten. Und zwar werden wir imstande sein, uns zu behaupten - nicht auf dem Niveau eines kleinbäuerlichen Landes, nicht auf dem Niveau dieser allgemeinen Beschränktheit, sondern auf einem Niveau, das unablässig steigt, aufwärts und stetig vorwärts zur maschinellen Großindustrie.

Das sind die hohen Aufgaben unserer Arbeiter- und Bauerninspektion, von denen ich träume. Zu diesem Zweck entwerfe ich für sie den Plan einer Verschmelzung der maßgebendsten Parteispitze mit einem „gewöhnlichen“ Volkskommissariat.

2. März 1923

„Prawda“ Nr. 49,
4. März 1923.
Unterschrift: N. Lenin

Nach dem Text der „Prawda“, verglichen mit der stenografischen Niederschrift.

519

*AN GENOSSE STALIN

Streng vertraulich
Persönlich

Kopie an die Genossen Kamenew und Sinowjew
Werter Gen. Stalin!

Sie besaßen die Grobheit, meine Frau ans Telefon zu rufen und sie zu beschimpfen. Obwohl sie sich Ihnen gegenüber bereit erklärt hat, das Gesagte zu vergessen, haben Sinowjew und Kamenew diese Tatsache durch sie selbst erfahren. Ich habe nicht die Absicht, so leicht zu vergessen, was man mir angetan hat, und selbstverständlich betrachte ich das, was man meiner Frau angetan hat, als etwas, das auch mir angetan wurde. Deshalb bitte ich Sie zu erwägen, ob Sie bereit sind, das Gesagte zurückzunehmen und sich zu entschuldigen, oder ob Sie es vorziehen, die Beziehungen zwischen uns abzubrechen.[84]

Hochachtungsvoll *Lenin*

5. März 23

Nach einer Aufzeichnung des Sekretärs
(maschinegeschriebener Text).

---

84 W. I. Lenin bezieht sich auf folgenden Vorfall. Nachdem er mit Erlaubnis der Ärzte am 21. Dezember 1922 den Brief an L. D. Trotzki zur Frage des Außenhandelsmonopols diktiert hatte, hatte J. W. Stalin, der von der Plenartagung des ZK am 18. Dezember persönlich für die Einhaltung des von den Ärzten für Lenin festgesetzten Regimes verantwortlich gemacht worden war, N. K. Krupskaja beschimpft und ihr mit der Kontrollkommission gedroht, weil sie den erwähnten Brief geschrieben hatte. Daraufhin hatte N. K. Krupskaja am 23. Dezember 1922 folgenden Brief an Kamenew geschickt: „Lew Borissowitsch, wegen des kurzen Briefes, den mir Wlad. Iljitsch mit Erlaubnis der

Ärzte diktiert hat, erlaubte sich Stalin mir gegenüber gestern einen groben Ausfall. Ich bin nicht erst seit gestern in der Partei. In all den dreißig Jahren habe ich von keinem Genossen ein einziges grobes Wort gehört. Die Interessen der Partei und Iljitschs sind mir nicht weniger teuer, als sie es Stalin sind. Ich brauche jetzt ein Maximum an Selbstbeherrschung. Worüber man mit Iljitsch sprechen kann und worüber nicht, weiß ich besser als jeder Arzt, denn ich weiß, was ihn aufregt und was nicht, auf alle Fälle weiß ich das besser als Stalin." N. K. Krupskaja bat, sie „vor grober Einmischung in ihr persönliches Leben, vor unwürdigen Beschimpfungen und Drohungen" zu schützen. „An dem einstimmigen Beschluß der Kontrollkommission", schrieb sie weiter, „mit der Stalin zu drohen sich erlaubte, zweifle ich nicht. Ich habe aber weder Kraft noch Zeit, mich mit diesen dummen Intrigen zu beschäftigen. Ich bin ein lebendiger Mensch, und meine Nerven sind zum Zerreißen gespannt. N. Krupskaja."

Allem Anschein nach hat N. K. Krupskaja Lenin Anfang März 1923 von diesem Vorfall erzählt, woraufhin Lenin das hier veröffentlichte Schreiben diktierte.

J. W. Stalin hat sich, wie M. I. Uljanowa später in einem Brief an das Präsidium des Vereinigten Plenums des ZK und der ZKK der KPdSU (B) vom Juli 1926 schrieb, auf dem G. J. Sinowjew, einer der Führer der „neuen Opposition", diese Frage aufgeworfen hatte, bei N. K. Krupskaja entschuldigt.

AN P. G. MDIWANI, F.J. MACHARADSE UND ANDERE

Streng vertraulich

An die Genossen Mdiwani, Macharadse und andere
Kopie an die *Genossen Trotzki und Kamenew*

Werte Genossen!

Von ganzem Herzen verfolge ich Ihre Angelegenheit. Ich bin empört über die Grobheit Ordshonikidses und über die Nachsicht von Stalin und Dzierżyński. Ich bereite für Sie Briefe und eine Rede vor.[85]

Hochachtungsvoll *Lenin*

6. März 23

Nach einer maschinegeschriebenen Kopie.

85 W. I. Lenin konnte den Brief und die Rede zur „georgischen Frage" nicht mehr vorbereiten, da sich sein Gesundheitszustand am 10. März 1923 plötzlich stark verschlechterte.
Der hier veröffentlichte Brief ist das letzte von W. I. Lenin diktierte Dokument.

Nachwort: Lenin steuert durch unbekanntes Gebiet

von Slavoj Žižek

Wer sich ein wenig mit dunklen, spirituell-kosmologischen Spekulationen auskennt, wird sicher von einer der gängigsten Annahmen in dem Bereich gehört haben. Sie besagt, dass etwas ganz Verheerendes und Katastrophales geschehen wird, wenn drei Himmelskörper (zumeist sind dies Erde, Mond und Sonne) sich auf der gleichen Achse befinden. Dabei gerät die gesamte Ordnung des Universums vorübergehend aus den Fugen und muss ihr Gleichgewicht erst wiederfinden (wie dies für das Jahr 2012 vorausgesagt war). Galt nicht etwas ganz Ähnliches auch für das Jahr 2017, als wir nicht nur den 100. Jahrestag der Oktoberrevolution feierten, sondern auch den 150. der ersten Ausgabe von Marx' *Kapital* (1867) und den 50. Jahrestag der sogenannten Shanghaier Kommune, als die Einwohner Shanghais auf dem Höhepunkt der Kulturrevolution beschlossen, Mao beim Wort zu nehmen und direkt die Macht zu ergreifen, indem sie die Kommunistische Partei stürzten (darum entschied Mao auch schnell, die Ordnung wiederherzustellen, indem er die Armee in Gang setzte, um diesen Zustand zu beenden)? Kennzeichnen diese drei Ereignisse nicht die drei Phasen der kommunistischen Bewegung? *Das Kapital* entfaltete die theoretischen Grundlagen der kommunistischen Revolution; die Oktoberrevolution bildete den ersten erfolgreichen Versuch zum Sturz des bürgerlichen Staates und zur Errichtung einer neuen Gesellschafts- und Wirtschaftsordnung; die Shanghaier Kommune wiederum stellte den radikalsten Versuch zur Umsetzung des kühnsten Aspekts der kommunistischen Vision in die Wirklichkeit dar – der Abschaffung staatlicher Macht bei gleichzeitiger Durchsetzung unmittelbar vom Volk ausgehender und als Netzwerk lokaler Kommunen organisierter Macht. Diese radikale Idee hatte schon Lenin bei seinen theoretischen Vorarbeiten zur Revolution angetrieben. In seiner Abhandlung *Staat und Revolution* entwirft er eine Vision des Arbeiterstaats, in dem jede *Kucharka* (nicht einfach eine Köchin und schon gar keine Küchenchefin, sondern eher eine kleine und unbedeutende weibliche Angestellte in der Küche einer wohlhabenden Familie) lernen muss zu regieren; in dem alle, selbst die höchsten Verwaltungsbeamten, den gleichen Arbeiterlohn erhalten; in dem sämtliche Verwaltungsbeamte von der Wählerschaft in ihrem Wahlbezirk bestimmt werden und auch jederzeit wieder abberufen werden können; in dem es kein stehendes Heer gibt. Wie diese Vision sich unmittelbar nach der Revolution in ihr Gegenteil verkehren konnte, ist Stoff zahlloser kritischer Analysen; vielleicht noch viel interessanter aber ist die Tatsache, dass Lenin dieser „utopischen" Vision den geradezu Habermas'schen Begriff „der elementaren Regeln des gesellschaftlichen Zusammenlebens" zugrunde legen wollte. Im Kommunismus, so Lenins Überzeugung, werde diese feste normative Basis ihre Wirkung schließlich ganz unverfälscht entfalten. Erst in der kommunistischen Gesellschaft nämlich würden die

> von der kapitalistischen Sklaverei, von den ungezählten Greueln, Brutalitäten, Widersinnigkeiten und Gemeinheiten der kapitalistischen Ausbeutung befreiten Menschen sich nach und nach *gewöhnen* [...], die elementaren, von alters her bekannten und seit Jahrtausenden in allen Vorschriften gepredigten Regeln des gesellschaftlichen Zusammenlebens einzuhalten, sie

> ohne Gewalt, ohne Zwang, ohne Unterordnung, *ohne den besonderen* Zwangs*apparat*, der sich Staat nennt, einzuhalten.[1]

Etwa eine Seite später führt Lenin wiederum aus, dass „[wir] wissen [...], daß die soziale Grundursache der Ausschreitungen, die eine Verletzung der Regeln des gesellschaftlichen Zusammenlebens bedeuten, in der Ausbeutung der Massen, ihrer Not und ihrem Elend zu suchen ist".[2] Heißt das, die Revolution wird normativ in einer Reihe von universellen Regeln gegründet, von denen angenommen wird, sie definierten den Menschen, wie er von Ewigkeit her ist? (Und möglicherweise klingt diese Beschäftigung mit den „elementaren Regeln des gesellschaftlichen Zusammenlebens" noch in Lenins kritischen Bemerkungen aus den letzten Monaten seines Lebens über Stalins schlechtes Benehmen nach.) In einem anderen Passus aus *Staat und Revolution* scheint Lenin nahezu das Gegenteil zu behaupten – überraschenderweise gründet er die berühmt-berüchtigte Unterscheidung zwischen der niedrigeren und der höheren Phase des Kommunismus in einem unterschiedlichen Verhältnis zur menschlichen Natur. In der ersten, niedrigeren Phase haben wir es noch mit dem gleichen Menschen zu tun wie in der gesamten Geschichte von Ausbeutung und Klassenkampf; in der zweiten, höheren Phase aber wird es zu einer Veränderung an ihm kommen:

> Wir sind keine Utopisten. Wir „träumen" nicht davon, wie man *unvermittelt* ohne jede Verwaltung, ohne jede Unterordnung auskommen könnte; diese anarchistischen Träumereien [...] dienen in Wirklichkeit nur dazu, die sozialistische Revolution auf die Zeit zu verschieben, da die Menschen anders geworden

1 Wladimir Iljitsch Lenin, „Staat und Revolution", in: Ders., *Werke*, Band 25, Berlin/DDR: Dietz 1960, S. 393–507, hier S. 476.
2 Ebd., S. 478.

> sein werden. Nein, wir wollen die sozialistische Revolution mit den Menschen, wie sie gegenwärtig sind, den Menschen, die ohne Unterordnung, ohne Kontrolle, ohne „Aufseher und Buchhalter" nicht auskommen werden. [...] [D]ie vereinigten Arbeiter [werden] Techniker, Aufseher, Buchhalter anstellen und ihrer *aller* Arbeit, wie die Arbeit *aller* „Staats"beamten überhaupt, mit dem Arbeiterlohn bezahlen.[3]

Der interessante Punkt ist hier, dass der Übergang von der niedrigeren zur höheren Phase nicht in erster Linie auf die Entwicklung der Produktivkräfte (jenseits von Knappheit und Mangel) angewiesen ist, sondern auf die Veränderung des Menschen selbst. So gesehen hatten die chinesischen Kommunisten in ihrem radikalsten Moment recht: Es kann einen Kommunismus der Armut geben (wenn der Mensch eine Veränderung durchmacht) und einen Sozialismus des (verhältnismäßigen) Wohlstands („Gulaschkommunismus"). Wenn die Lage am verzweifeltsten ist, wie sie es in Russland während des Bürgerkriegs von 1918–20 war, besteht immer die Erlösung verheißende Möglichkeit, in dieser äußersten Not eine einmalige Gelegenheit zum unmittelbaren Übergang in den Kommunismus zu erkennen. Platonows Roman *Tschewengur* muss vor diesem Hintergrund gelesen werden ... Worin liegen diese Schwankungen und Spannungen Lenins begründet? Wenden wir uns Jean-Claude Milners klarer Analyse jener Verwicklungen der modernen europäischen Revolutionen zu, die im Stalinismus kulminierten. Milners Ausgangspunkt bildet die radikale Kluft, die die Genauigkeit (Tatsachenwahrheit, Exaktheit) von der Wahrheit trennt (der Sache, an die wir grundlegend gebunden sind):

> Wenn man die radikale Differenz zwischen Genauigkeit und Wahrheit einräumt, dann bleibt bloß eine ethische Maxime be-

3 Ebd., S. 438–440.

stehen, und die besagt: Stelle dich beiden unter keinen Umständen entgegen. Mache das Ungenaue niemals zum bevorzugten Mittel der Wahrheitseffekte. Lass diese Effekte nie wie Nebenprodukte der Lüge aussehen. Mache das Reale unter keinen Umständen zum Werkzeug der Realitätseroberung. Und ich erlaube mir zu ergänzen: Mache die Revolution nie zum Hebel absoluter Macht.[4]

In der kommunistischen Tradition spielen Sprichwörter eine nicht unerhebliche Rolle, wenn es darum geht, diesen absoluten Machtanspruch zu rechtfertigen. Man denke etwa an Maos Satz „Die Revolution ist keine Abendgesellschaft" oder an die stalinistische Redensart, wonach man kein Omelett zubereiten könne, ohne Eier zu zerschlagen. Die jugoslawischen Kommunisten benutzten in diesem Zusammenhang lieber eine obszönere Wendung: „Man kann nicht mit einem Mädchen schlafen, ohne ein paar Spuren zu hinterlassen." Worum es dabei geht, ist jedoch jedes Mal dasselbe, sprich, es geht um eine Befürwortung schrankenloser Brutalität. Für diejenigen, für die Gott existiert (in Gestalt des großen Anderen der Geschichte, dessen Werkzeuge sie sind), ist alles erlaubt ... Der Bezug auf Gott kann jedoch auch umgekehrt funktionieren: nicht im fundamentalistischen Sinne, in dem politische Maßnahmen unmittelbar als Willensbekundungen Gottes legitimiert werden, dessen Werkzeuge die Revolutionäre sind; vielmehr dient die theologische Dimension als eine Art Sicherheitsventil, sie markiert die Offenheit und Ungewissheit der Situation und bewahrt die politisch Handelnden davor, sich ihr Tun selbst durchsichtig zu machen – „Gott" bedeutet, wir sollten immer daran denken, dass unser Handeln im Ergebnis nie unseren Erwartungen entsprechen wird. Diese imperativische Forderung nach Beachtung der Diskrepanz zwischen Absicht und Resultat hat nicht nur mit der Komplexität

4 Jean-Claude Milner, *Relire la revolution*, Lagrasse: Verdier 2016, S. 246.

der Situation zu tun, in die wir eingreifen; sie betrifft vor allem auch die äußerste Ambiguität, die sich mit der Ausübung unseres Willens verbindet.

Stellte dieser Kurzschluss zwischen Wahrheit und Genauigkeit nicht Stalins eigenen Grundsatz dar (der selbstverständlich unausgesprochen bleiben musste)? Der Wahrheit ist es nicht bloß erlaubt, es mit der Genauigkeit nicht so genau zu nehmen, sie darf sie auch willkürlich abändern. Möglicherweise kann uns hier die Besonderheit einiger russischer Wörter weiterhelfen. Das Russische kennt häufig zwei Worte für (wie es uns im Westen scheint) dieselbe Sache: Das eine bezeichnet sie in ihrer herkömmlichen Bedeutung, während das andere in einem stärker ethisch aufgeladenen „absoluten" Sinn verwendet wird. Nehmen wir etwa *istina*, den üblichen Begriff für Wahrheit als Tatsachenentsprechung, und (das in aller Regel großgeschriebene) *Prawda*, die absolute Wahrheit, die auch die ethisch verpflichtende Idealordnung des Guten bezeichnet. Daneben gibt es *swoboda*, die herkömmliche Freiheit, im Rahmen der bestehenden Gesellschaftsordnung zu tun und zu lassen, was man will, und *wolja*, den stärker metaphysisch aufgeladenen Drang, seinem Willen bis hin zur Selbstzerstörung zu folgen – oder wie die Russen gerne sagen: Ihr im Westen habt *swoboda*, wir aber haben *wolja*. Es gibt *gosudartswo*, den Staat unter den üblichen Verwaltungsaspekten, und *derzhawa*, den Staat als singuläre Instanz absoluter Macht. (Würde man darauf die bekannte Unterscheidung Walter Benjamins und Carl Schmitts anwenden, könnte man die Behauptung wagen, dass der Unterschied zwischen *gosudartswo* und *derzhawa* der zwischen konstituierter und konstituierender Macht ist: *Gosudartswo* ist die staatliche Verwaltungsmaschinerie, die nach den vorgegebenen Rechtsbestimmungen weiterläuft, während es sich bei *derzhawa* um die Vertretung unbedingter Macht handelt.) Es gibt *Intellektuelle*, gebildete Menschen, und die *Intelligentsia*, Intellektuelle, die mit einem speziellen Auftrag zur Umgestaltung der Gesellschaft betraut sind, dem sie sich entsprechend widmen. (In diesem Sinne findet sich bei Marx bereits eine implizite Unterscheidung zwischen der „Arbeiterklasse", die eine einfache Kategorie des gesellschaftlichen Seins bildet, und dem „Proletariat", bei dem es sich um eine Kategorie der Wahrheit handelt, um das eigentliche revolutionäre Subjekt.)

Entspricht dieser Gegensatz nicht letztlich dem von Alain Badiou entfalteten Gegensatz zwischen dem Ereignis und der Positivität bloßen Seins? *Istina* stellt die bloße Tatsachenwahrheit dar, während *Prawda* das selbstbezügliche Ereignis der Wahrheit bezeichnet; *swoboda* ist die herkömmliche Wahlfreiheit, während *wolja* das Ereignis entschiedener Freiheit bildet ... Dem Russischen ist diese Differenz unmittelbar eingeschrieben. Sie erscheint als solche und macht mithin das grundlegende Risiko sichtbar, das sich mit jedem Wahrheitsereignis verbindet: Es gibt keine ontologische Gewähr dafür, dass sich die *Prawda* auf der (von der *istina* abgedeckten) Tatsachenebene erfolgreich durchsetzen wird. Und es scheint wiederum, als sei das Bewusstsein dieser Differenz im Russischen eingeschrieben, und zwar in dem spezifischen Ausdruck *awos* oder *na awos*; dies heißt so viel wie „auf gut Glück", womit die Hoffnung ausgesprochen wird, dass die Dinge gut ausgehen werden, wenn man einen riskanten radikalen Schritt unternimmt, ohne dessen mögliche Folgen insgesamt absehen zu können – hierher gehört auch der von Lenin oft zitierte Satz Napoleons, *on s'engage, et puis on verra*.

Wo steht nun Lenin hier? Milners Auffassung nach hat Lenin, den er genau auf der Schwelle verortet, die Spannung zum Äußersten getrieben: Während er der marxistischen Lehrmeinung verpflichtet blieb, wonach Revolutionen Teil der globalen historischen Realität sind, ging er in seiner politischen Praxis mit äußerster Offenheit und Kompromissbereitschaft zu Werke und vollzog einen Übergang vom revolutionären Terror zur teilweisen Öffnung für den Kapitalismus. Die Bolschewiki hätten, wie es bei Lenin selbst heißt, im Verlauf des Geschehens „alle möglichen Fehler und Missgriffe" begangen. Milner schreibt:

> Im Hinblick auf die Französische Revolution selbst lassen sich leicht die Momente ausmachen, in denen die vernünftigsten und die mutigsten unter den Revolutionären in Verzweiflung gerieten. Die meisten von ihnen waren fähige und gebildete Leute, doch kein historischer Präzedenzfall in der Geschichte, keine wissenschaftliche Entdeckung und auch kein philosophisches Argument konnten ihnen helfen. Dasselbe lässt sich von Lenin sagen. Wer auch immer sich mit seinen Werken befasst, der kann gar nicht anders, als seine Intelligenz, seine enzyklopädische Bildung und seine Fähigkeit zur Erfindung neuer politischer Konzepte zu bewundern. Dennoch lassen seine Schriften eine wachsende Unsicherheit über die Situation erkennen, die er selbst herbeigeführt hatte. Ob richtig oder falsch – die Neue Ökonomische Politik stellte nicht nur einen Wendepunkt dar; sie bedeutete auch strenge Selbstkritik und konnte bis zur Verbannung führen. In jedem Fall aber ist sie der Beleg dafür, dass Lenin mit seinem eigenen Wissensmangel auf dem Feld der politischen Ökonomie konfrontiert wurde, auf dem er sich als Marxist seiner selbst am sichersten war; er entdeckte tatsächlich ein neues politisches Land. Ihm begegnete ebenjene Schwierigkeit, die Saint-Just angekündigt hatte.[5]

In der Praxis fungierte Lenin faktisch als der Kapitän eines Schiffes, das sich seinen Weg durch unbekannte stürmische Gewässer sucht. Obwohl er bestrebt war, dieser Praxis einen theoretischen Rahmen zu geben – den einer komplexen, überdeterminierten Totalität, in der die Ausnahme die Regel *ist* und die eine Revolution im

5 Jean-Claude Milner, „The Prince and the Revolutionary", abrufbar unter http://www.crisiscritique.org/ccmarch/milner.pdf.

„schwächsten Glied" des kapitalistischen Systems vorsieht –, machte sich die Spannung immer deutlicher bemerkbar. Was hat nun also Stalin an diesem Punkt getan? Er „wählte den einfachen Weg, indem er der absoluten Einsamkeit von S_1 den Vorzug gab, die zu absolutem Opportunismus führt. Keine Partei, keine Familie, keine Verbündeten, von solchen abgesehen, die weiter keine Bedeutung hatten, aber auch keine vorgegebene Theorie gesellschaftlicher Formen, keine akzeptierten Vernunftkriterien, keine ethischen Regeln."[6]

Millers Deutung fällt hier allerdings vielleicht doch ein klein wenig zu eng aus. Auf einer bestimmten Ebene war Stalins Bruch mit Lenin rein diskursiv, die gewaltsame Auferlegung einer radikal anderen subjektiven Ökonomie. Die noch bei Lenin spürbare Differenz zwischen Prinzipien, die allgemein gelten und die Wirklichkeit regulieren („historische Gesetze"), und improvisierten pragmatischen Entscheidungen wird bei Stalin einfach geleugnet, und beide Extreme fallen unmittelbar zusammen: Einerseits kommt es zu einem totalen realpolitischen Opportunismus; andererseits wird dieser Opportunismus durch eine neue marxistische Orthodoxie legitimiert, die eine allgemeine Ontologie bereithält. Der Marxismus wird so zu einer „Weltanschauung", die uns Zugang zur objektiven Realität samt ihren Gesetzen verschafft; zu einem Unternehmen, das ein ebenso neues wie falsches Gefühl der Sicherheit herbeiführt. Dieses Gefühl vermittelt, dass unsere Handlungen „ontologisch" gedeckt sind, dass sie Teil einer „objektiven Realität" sind, die durch Gesetze reguliert wird, die nur wir, die Kommunisten, kennen. Diese ontologische Sicherheit aber hat einen furchtbaren Preis: Die Genauigkeit, der Lenin nach wie vor verpflichtet war, verschwindet; Fakten können manipuliert werden und lassen sich rückwirkend ändern – aus Ereignissen werden Ereignisse, die es nicht gegeben hat, aus Personen Unpersonen. Anders gesagt kehrt

6 Ebd.

das Reale der Politik im Stalinismus mit voller Kraft zurück, in Form brutaler subjektiver Interventionen, die das Gefüge der Realität beschädigen, die aber als das Gegenteil davon erscheinen, nämlich als Respekt und Achtung vor dem objektiven Wissen.

Was Milner hier zu vernachlässigen scheint, ist demnach die entscheidende Tatsache, dass das Reale der „absoluten Einsamkeit von S_1" (die willkürlichen Interventionen des Herrn), „die zu absolutem Opportunismus führt", *als genaues Gegenteil davon erscheinen muss*, die Herrschaft des objektiven Wissens - lacanianisch ausgedrückt ist der Stalinismus der höchste Fall der vollständigen Herrschaft des „Universitätsdiskurses", der vom Wissen vertreten wird, nicht vom Herrn. Die einzige Möglichkeit zur Aufrechterhaltung der völligen Harmonie zwischen S_1 und S_2, zwischen dem Abgrund der willkürlichen Entscheidungen des Herrn und dem Wissen, besteht in der Unterordnung des (Fakten-)Wissens unter die Willkür des Herrn - und darum wiederum muss der stalinistische Diskurs rückwirkend die Fakten ändern. Im Stalinismus gibt es keine „Abtrünnigen" (Menschen, die vom rechten Pfad abgekommen sind), wie Kautsky für Lenin einer war; als Trotzki gegen Stalin zu opponieren begann und als Verräter beschuldigt wurde, musste der Beweis erbracht werden, dass er *immer schon ein Verräter gewesen ist*. Diese Bereitschaft, abrupte radikale Änderungen der Parteilinie hinzunehmen, ohne irgendeine Begründung dafür zu verlangen, kennzeichnet einen wahren Stalinisten. Er hält sich nicht nur treu ergeben an die Parteilinie durch alle Wechsel hindurch - zuerst sind die Sozialdemokraten unsere Feinde, dann heißt es, wir müssten eine Volksfront mit ihnen bilden; erst ist Hitler unser ultimativer Feind, dann schließen wir einen Pakt mit ihm -, er sieht in seinem Gehorsam gegenüber diesen willkürlichen Wechseln auch den endgültigen Beweis für seine Treue zur Sache. Anders gesagt ist der im Stalinismus bestehende Mangel an Begründungen für solche Wechsel kein Zeichen von Schwäche, sondern ein Beweis von Stärke - der neuen Linie soll gefolgt folgen, aber nicht obwohl die

Gründe für sie nicht verstanden werden, sondern *weil* man sie nicht versteht. Milner fasst seine Argumentation wie folgt zusammen:

> Ich zögere nicht, Lenins politische Strategie als wahnhaft zu bezeichnen: Im Oktober 1917 traf er eine Entscheidung, ohne einen klaren Begriff davon zu haben, was diese Entscheidung implizierte; darüber hinaus war es seiner Lehre nach ausgeschlossen, dass sich aus einem Ereignis irgendetwas Neues lernen ließe. Ihm zufolge wird Kühnheit durch die richtige Doktrin gelehrt; sie kann dieser Doktrin nichts hinzufügen. Anders gesagt, kann sie nichts Neues lehren. Lenins Überzeugung stellt das genaue Gegenteil von Saint-Justs Äußerung dar.[7] Wahnhaft ist sie, weil sie die Alterität zwischen S_1 und S_2 leugnet. Auf die ihm eigene gewundene Art stand Stalin auf der Seite Saint-Justs; zumindest begriff er intuitiv, dass eine Revolution etwas mit dem Realen zu tun hat und nicht mit dem imaginären Gemisch von zurückliegenden Ereignissen und früheren Bewertungen, das man „Realität" nennt. Lenin und alle wahren Marxisten-Leninisten behandelten die Revolution als Realität. Allgemeiner gesagt, scheinen sie kein Gespür für den tatsächlich bestehenden Unterschied zwischen dem Realen und der Realität gehabt zu haben. Stalin ist bloß das Symptom dessen, was passiert, wenn das Reale in einer Welt wiederkehrt, die es bestreitet: Es zerstört die ganze Realität.[8]

Milner geht näher auf die Differenz ein, die die Französische Revolution von den zwei (oder drei) späteren Paradigmen der idealen Revolution trennt (der Oktoberrevolution, der chinesischen und für manche der kubanischen Revolution), und ebenso auf ihre Differenz zum amerikanischen Unabhängigkeitskrieg. Die Geschichte

7 Siehe Anm. 9.
8 Milner, „The Prince and the Revolutionary".

der von Hannah Arendt als Vorbild gepriesenen amerikanischen „Revolution" steckt voller Kompromisse (Sklaverei usw.). In gewisser Weise war sie erst 1865 abgeschlossen, wenn nicht vielleicht sogar erst in den 1960er Jahren, und daher verfügte sie logischerweise nicht über die universelle Ausstrahlung der Französischen Revolution. Für die späteren kommunistischen Revolutionen, die sich auf die Französische Revolution sonst als Vorbild bezogen, schloss sie eine grundlegend andere Haltung gegenüber dem „großen Anderen" ein: Kommunistische Revolutionen gründeten in einer genauen Vorstellung von der historischen Realität („wissenschaftlicher Sozialismus"), ihren Gesetzen und Tendenzen, und darum war die Revolution bei aller Unvorhersehbarkeit fester Bestandteil dieses historischen Verlaufsprozesses. Wie es gerne hieß, sollte der Aufbau des Sozialismus in jedem Land nach den dort bestehenden Bedingungen, doch im Einklang mit den allgemeinen historischen Gesetzen erfolgen. In der Theorie war die Revolution demnach der Dimension eigentlicher Subjektivität beraubt, jener radikalen Einschnitte des Realen in das Gefüge der „objektiven Realität" - im eindeutigen Gegensatz zur Französischen Revolution, die von ihren radikalsten Gestalten als offener Prozess empfunden wurde, der keine Stütze in einer höheren Notwendigkeit hatte. Saint-Just schrieb 1794: *Ceux qui font des révolutions ressemblent au premier navigateur instruit par son audace* („Diejenigen, die die Revolutionen machen, gleichen einem Ersten Steuermann, der sich allein von seiner Kühnheit leiten lässt").[9] Milner versteht diese Zeilen wie folgt:

> In Saint-Justs Analogie entdeckt der Forscher, was niemand zuvor gesehen hat. Es gibt keine bereits vorliegende Karte der politischen Gebiete, auf die er zugreifen könnte. Diese Unkennt-

9 Louis Antoine de Saint-Just, „Rapport sur les factions de l'étranger", in: *Œuvres complètes, Paris: Gallimard 2004, S. 695.*

nis gilt vor allem für jene, die sich an der Erkundung nicht beteiligen. Sie können nicht sehen, was die Revolutionäre sehen. Natürlich nehmen Letztere keine höhere Warte ein als Erstere. Dennoch unterscheiden sich ihre politischen Wahrnehmungen radikal. Außerdem gibt es keine bereits bestehende theoretische oder praktische Revolutionswissenschaft, die den Revolutionären und ihren nichtrevolutionären Gegenübern geläufig sein könnte. Folglich kann niemand außer den Revolutionären selbst ein Urteil über ihre Entscheidungen abgeben. Die Parallele zu Descartes ist auffällig, aus Saint-Justs Analogie aber ergibt sich noch etwas Weiteres. Die revolutionäre Realität wird mit einem unentdeckten Teil der Erde verglichen. Die Annahme, es sei möglich, eine Karte von einer Revolution anzufertigen, bevor sie sich ereignet hat, wäre ein Widerspruch in sich. Saint-Just hätte Lenins Schrift *Staat und Revolution* als meisterhafte Science-Fiction abgelehnt. Man kann in der Tat sagen, dass das gesamte Programm des Marxismus-Leninismus im Voraus abgelehnt wird. Darin besteht das Paradoxe an dem, was für gewöhnlich „revolutionäre Tradition" genannt wird. Sie geht davon aus, dass einige Revolutionen in der Geschichte eine Reihe von Merkmalen gemeinsam haben, die zusammen einen Idealtyp von Revolution definieren; bei der bedeutendsten Quelle solcher Merkmale handelt es sich um die Französische Revolution. Doch als einer der Hauptteilnehmer an diesem historischen Geschehen hätte Saint-Just eine solche Auffassung entschieden zurückgewiesen. Aus seiner Sicht stellt jede Revolution einen Typ für sich dar.[10]

Aus dieser grundlegenden Differenz folgt eine Reihe weiterer. Kritiker bezeichnen den Terror gern als die von allen Revolutionen gemeinsam ausgehende Bedrohung. Für die Jakobiner aber waren

10 Milner, „The Prince and the Revolutionary".

Terror und Schrecken ein stark eingeschränktes Instrument, das sich auch gegen sich selbst einsetzen ließ: Sie entfesselten den staatlichen Terror, um den Volksterror (das „Septembermassaker“ von 1792) in geordnete Bahnen zu lenken und einzudämmen nach dem Motto: „Lasst uns furchtbar sein, dann müssen die Menschen es nicht sein.“ Die jakobinischen Prozesse waren alles andere als stalinistische Schauprozesse: Viele der Angeklagten wurden für unschuldig erklärt, und die Schuld der Angeklagten bestand in aller Regel wirklich (heute wissen wir etwa, dass Danton von den Briten finanzielle Unterstützung erhalten hatte). Das ganze Vorgehen der Jakobiner war auf Öffentlichkeit hin angelegt - keine heimlichen Verschwörungen, sondern Reden in der Nationalversammlung - und genau so verloren sie die Macht auch wieder (nach einer einfachen Abstimmung in der Versammlung). Robespierre „wollte die Revolution so bald wie möglich beenden; wie von seiner Lehre vorausgesehen, akzeptierte er bereitwillig, dass sein eigener Tod notwendig sein würde, um den Kriegen im Innern ein Ende zu machen“.[11] Im Unterschied zum stalinistischen Revolutionär, der vorgeht wie ein „Subjekt, dem Wissen unterstellt wird“ (Lacan), ist der jakobinische Revolutionär „nur genau in dem Maße Revolutionär, wie ihm kein Wissen unterstellt wird. Genauer gesagt ist er das für die revolutionäre Geste konstitutive Subjekt, dem unterstellt wird, nicht zu wissen.“[12] In diesem Sinne ist eine Revolution nicht Teil der objektiven Realität: Sie schließt eine subjektive Geste ein und als solches einen Ausbruch des Realen in der geschichtlichen Wirklichkeit.

Das heißt selbstverständlich nicht, dass Robespierres Position nicht ihre eigenen antagonistischen Spannungen gehabt hätte. Wenn Milner äußert, dass Robespierre „das glaubte, was er sagte - und man weiß, dies war sein Symptom“, sollten wir das Wort

11 Milner, *Relire la révolution*, S. 129.
12 Ebd.

„Symptom" hier im strengen psychoanalytischen Sinne verstehen und nicht einfach bloß als „Zeichen irgendeiner tiefen Eigenschaft". Robespierres äußerste Aufrichtigkeit (dass er glaubte, was er sagte) wird paradoxerweise zu einem Zeichen von etwas, was er verzweifelt zu vermeiden oder gar zu unterdrücken suchte, etwas, das als Kompromissbildung wiederkehrt, die widersprüchliche Eigenschaften in sich vereint. Und wir sollten uns nicht scheuen, auf den Marxismus zurückzugreifen, um diese Spannung zu erkennen: Bei aller Hingabe an den Gleichheitsgedanken entging Robespierre, wie sehr doch die politische Gleichstellung die eigentliche Form der wirtschaftlichen Ungleichheit, des ökonomischen Klassenkampfes bildet.

Auch wir steuern heute durch unbekanntes Gebiet, und auch uns steht dabei keine kognitive Weltkarte zur Verfügung – doch was ist, wenn darin Hoffnung liegt, was, wenn dies Öffnung bedeutet, um die totalitäre Schließung zu vermeiden, wie Saint-Just für Milner?[13] Was ist, wenn wir das Paar Lenin und Trotzki als Wiederholung des Paars Robespierre und Saint-Just deuten – wer sind oder wer könnten die Lenin und Trotzki von heute sein?

13 Milner, „The Prince and the Revolutionary".

Quellen

Alle hier abgedruckte Texte Lenins entstammen der Gesamtausgabe, herausgegeben vom Institut für Marxismus-Leninismus beim ZK der KPdSU: W.I. Lenin: *Werke*. (40 Bände). Berlin: Dietz Verlag. 1956–1972 sowie W.I. Lenin: *Briefe*. (10 Bände). Berlin: Dietz Verlag. 1967–1976.

An M. Sokolow (16. Mai 1921), *Werke*, Band 35, S. 466–468.
Brief an G. Mjasnikow, *Werke*, Band 32, S.528–533.
Neue Zeiten, alte Fehler in neuer Gestalt, *Werke*, Band 33, S. 1–9.
Notizen eines Publizisten: Über das Besteigen hoher Berge, über die Schädlichkeit der Verzagtheit, über den Nutzen des Handels, über das Verhältnis zu den Menschewiki u. dgl. m., *Werke*, Band 33, S. 188–196.
Politischer Bericht des Zentralkomitees der KPR (B), *Werke*, Band 33, S. 249–295.
Notiz für das Politbüro über den Kampf gegen den Großmachtchauvinismus, *Werke*, Band 33, S. 358
Brief an den Parteitag, *Werke*, Band 36, S. 577–582 sowie S. 588–589.
Tagebuchblätter (2. Januar 1923), *Werke*, Band 33, S. 447–452.
Über das Genossenschaftswesen, *Werke*, Band 33, S. 453–461.
Über unsere Revolution (Aus Anlaß der Aufzeichnungen N. Suchanows, 16. und 17. Januar 1923), *Werke*, Band 33, S. 462–467.
Wie wir die Arbeiter- und Bauerninspektion reorganisieren sollen, *Werke*, Band 33, S. 468–473.
Lieber weniger, aber besser, *Werke*, Band 33, S. 474–490.
An Genossen Stalin, *Briefe*, Band 9, S. 336.
An P. G. Mdiwani, F.J. Macharadse und andere, *Briefe*, Band 9, S. 336.